江 苏 新 农 村 发 展 系 列 报 告
南京农业大学人文社科重大招标项目

江苏农村金融发展报告 2014

张 兵 周月书 等 著

科 学 出 版 社

北 京

内 容 简 介

本书为《江苏新农村发展系列报告》之一。本书主要从江苏农村金融机构及其业务发展、农村金融市场结构、农村金融发展评价、农村金融风险和金融监管、深化农村金融改革的思路等方面分析 2013 年江苏农村金融发展总体状况；同时，就江苏村镇银行发展、农村土地制度改革和农地金融发展、新型农业经营主体融资障碍、江苏农村普惠金融发展等方面作了专题报告。本书运用丰富的调研数据，较全面地展现了 2013 年江苏农村金融发展状况。

本书可供从事农村经济、农村金融相关管理和研究工作的工作者使用。

图书在版编目(CIP)数据

江苏农村金融发展报告 2014 / 张兵，周月书等著. —北京：科学出版社，2015. 3

(江苏新农村发展系列报告)

ISBN 978-7-03-044021-1

I. ①江… II. ①张… ②周… III. ①农村金融 – 研究报告 – 江苏省 – 2014 IV. ①F832.35

中国版本图书馆 CIP 数据核字(2015)第 063155 号

责任编辑：王腾飞 黄 海/责任校对：刘亚琦
责任印制：徐晓晨/封面设计：许 瑞

科学出版社 出版
北京东黄城根北街 16 号
邮政编码：100717
http://www.sciencep.com
北京京华虎彩印刷有限公司 印刷
科学出版社发行 各地新华书店经销
*
2015 年 3 月第 一 版 开本：787 × 1092 1/16
2015 年 3 月第一次印刷 印张：17 1/8
字数：250 000
定价：99.00 元
(如有印装质量问题，我社负责调换)

《江苏农村金融发展报告 2014》主要撰写人员

张　兵　周月书　张　宁　林乐芬　董晓林　黄惠春
莫　媛　张龙耀　翁　辰　周明栋　任国平

本报告得到中央高校基本科研业务费专项资金、

南京农业大学人文社会科学重大招标项目

(项目编号：SKZD201204)的资助

总　序

为了深入贯彻落实党的十七届六中全会精神和国家中长期科技与教育发展规划纲要，繁荣我校人文社会科学，强化我校新农村发展研究院的政策咨询功能，从 2012 年起，南京农业大学在中央高校基本科研业务费中增设人文社会科学重大专项。人文社会科学重大专项通过招标方式，主要资助我校人文社科专家、教授针对我国农业现代化和社会主义新农村建设中遇到的具有全局性、战略性、前瞻性的重大理论和实践挑战，以解决复杂性、前沿性、综合性的重大现实问题为重点，以人文社会科学为基础、具有明显文理交叉特征的跨学科研究。其中，为江苏“三农”服务的发展报告是首批重点资助的项目，项目实施一期三年，每年提交一份年度发展报告，并向社会公布。

江苏地处中国经济发展最快速、最具活力的长三角地区，肩负“两个率先”的光荣使命，正处于率先实现小康社会奋斗目标、全面开启现代化建设征程的新的历史起点。其经济社会发展的现状为南京农业大学发挥学科特点和综合优势，服务社会需求和发展大局，提出了新的挑战，提供了新的机遇。我校设立校人文社会科学重大招标项目主要基于四个方面的出发点。第一，随着我国整体改革的进一步深入，农业现代化进程的不断加快，农业现代化过程中凸显的难点和重点问题，使得人文社科研究的整体性、系统性、迫切性更加突出。我校通过顶层设计设置的人文社科重大招标项目——江苏“三农”相关领域发展报告，就是希望我校农业相关的人文社科领域专家、教授发挥团队力量，通过系统设计、周密调研和深入剖析，实现集体“发声”，冀求研究成果为江苏“两个率先”的实现做出应有的贡献，并对全国的农业现代化、对将来起示范和引领作用，从而扩大南京农业大学人文社科研究整体的社会影响力。第二，通过项目的实施，希望进一步引导我校人文社科领域专家、教授更加注重实际、实例与实体研究，更加关注传统与现实的结合，更加注重研究的定点和定位，更加重视科学研究资料和素材的积累。第三，通过项目实施，一个报告针对一个问题、围绕一个主题，使人文社科老师的科研活动多与社会、多与政府对接，使得研究成果的社会影响力和政府影响力都能得到充分发挥。第四，希望我校人文社科的老师与自然科学的老师形成交叉，培育新的人文社科学科发展增长点，推动学校创新团队培养和学科交叉融合。通过项目的实施，人才、团队、成果、学科、学术都能得到同步成长。

《江苏新农村发展系列报告》(2014)共分为十三个分册，分别为《江苏农村经济社会发展报告 2014》、《江苏农民专业合作组织发展报告 2014》、《江苏农村金融发展报告 2014》、《江苏乡村治理发展报告 2014》、《江苏农村社会保障发展报告 2014》、《江苏休闲农业发展报告 2014》、《江苏农业信息化发展报告 2014》、《江苏农村政治文明发展报告 2014》、《江苏农村生态文明发展报告 2014》、《江苏农村公共服务发展报告 2014》、《江苏农村文化建设发展报告 2014》、《江苏农村工业和城镇化发展报告 2014》、《江苏农村农业生产经营发展报告 2014》。各报告包括了 2014 年江苏全省农业相关领域的发展现状、总体评价、趋势分析及对策建议等；分别针对苏南、苏北、苏中专题进行评述并提出了相关建议；评析了 2014 年全省农业相关领域发展的典型案例；并附有 2014 年全省农业相关领域发展统计数据、政策文件以及发展大事记等。项目通过实证研究和探索，获得来自于农民生活、农业生产和农村社会实际的第一手资料，以期为政府决策提供真实的信息。项目实施过程中充分发挥了青年教师与研究生等有生力量的作用，既扩大了工作的影响面，又培养了人才。

总之，我校从专家集体发声、鲜明的导向、与社会及政府部门的对接、团队和学科交叉的发展这四个方面设计资助人文社会科学重大招标项目，希望对我校的人文社科发展起到积极的推动作用，能真正达到“弘扬南农传统和优势、对接古典和现实、破解农业现代化难题、振兴南农人文社科”的目的，同时为我国“三农”事业、经济社会发展，为江苏省农业科技进步、农业现代化和新农村建设作出新的贡献。

在项目的实施和发展报告的编写过程中，农业相关领域省级主管部门及各级各单位、各项目负责人及课题组成员给予了大力支持和密切配合，相关领域的领导和专家给予了指导，在此一并致以谢忱。

《江苏新农村发展系列报告》是一个全新的尝试，不足甚至谬误在所难免，还望社会各界倾力指教，以利更真实地记录江苏农业现代化进程的印迹，为美好江苏建设留下一组侧影。

南京农业大学副校长　丁艳锋

二〇一四年十二月

前　言

农村金融是现代农村经济的核心，是支持服务“三农”的重要力量。党中央、国务院历来高度重视农村金融改革发展，从2004年至今，中央连续十一个“一号文件”聚焦“三农”问题，强调完善农村金融体系建设，提升农村金融服务质量和水平，促进农村经济发展。因此，全面调查分析农村金融发展状况，对于进一步加强和改进农村金融服务，推动发展普惠金融，转变农业发展方式，提升规模化、集约化水平，加快实现农业现代化和城乡一体化发展具有重大的现实意义。

江苏省作为全国首批农村金融改革的试点省份，在农村金融改革方面取得了显著成效，是我国第一个实现银行业金融机构对所有乡镇全覆盖的省份，基本形成了以商业性金融机构、合作性金融机构、政策性金融机构以及新型农村金融机构相结合，多层次、广覆盖的农村金融组织体系。为了进一步提高江苏农村金融服务水平，促进农村经济发展，课题组在南京农业大学人文社会科学重大招标项目资助下，开展了广泛深入的农村金融调查。根据课题研究目标，课题组于2014年7~9月，就江苏农村金融发展状况开展了广泛的调查，全面搜集了2013年江苏省51个县域所有银行类和非银行类金融机构业务发展、经营业绩等数据；此外，根据江苏农村金融发展实际，课题组对江苏村镇银行发展、农村土地制度改革和农地金融发展、新型农业经营主体融资障碍、农村普惠金融发展等作了专题调查。

基于丰富的调查数据，继《江苏农村金融发展报告 2013》，本年度再次撰写了《江苏农村金融发展报告 2014》，与上年度报告一致，本年度统计的县域农村地区共为51个县域。《江苏农村金融发展报告 2014》是对2013年江苏省农村金融改革发展新情况、新问题的总结和梳理。本书分为总报告和专题报告两部分。总报告主要从江苏农村金融机构发展、农村金融市场结构、农村金融发展评价、农村金融风险与金融监管、农村金融进一步发展的思路等方面分析江苏农村金融发展总况；专题报告主要对江苏村镇银行的设立与发展、农村土地制度改革和农地金融发展、新型农业经营主体融资障碍调查、江苏农村普惠金融发展情况及案例 4 个方面作专题报告。

本书的顺利完成，得益于多方的大力支持和课题组全体成员的共同努力。本报告主要撰写成员如下：林乐芬教授撰写第一章和第九章；张宁讲师撰写第二章；黄惠春副教授撰写第三章；莫媛讲师撰写第四章；翁辰博士撰写第五章；周月书教授撰写第六章；董晓林教授撰写第七章；张龙耀副教授撰写第八章；周明栋博士和任国平经济师撰写第十章。另有 20 多名研究生协助进行数据调查、整理和资料搜集的工作。感谢他们为本报告贡献的智慧和辛勤的汗水。感谢南京农业大学及相关部门的大力支持！在此，特别感谢江苏省金融办、中国人民银行南京分行、江苏省银监局、江苏省农村信用联社等相关部门提供大量数据资料，并提出许多中肯宝贵的建议，再次致以衷心地感谢！

撰写江苏农村金融发展报告，我们既深感荣幸，又觉得责任重大。在写作过程中，我们力求全面、客观地展现江苏农村金融发展现状，但由于学识和水平有限，难免存在不当之处，敬请专家、读者不吝指正！

张　兵

南京农业大学金融学院

江苏农村金融发展研究中心

2014 年 12 月 16 日

目　录

第二篇 江苏农村金融发展专题报告

第一篇　江苏农村金融发展总报告

第一章　导　　论

一、2013 年江苏农村经济发展概况

2013 年，江苏省地区生产总值达 59 161.75 亿元，较上年增加 5103.53 亿元，增长 9.44%，占全国的 10.4%；公共财政预算收入 6568.46 亿元，较上年增加 707.77 亿元，增长 12.08%，占全国的 5.1%。全省总人口 7939.49 万人，较上年增加 19.51 万人；其中城镇人口 5090.01 万人，农村人口 2849.48 万人。城乡居民收入分别达到人均 32 538 元和 13 598 元，同比上年增长率 9.64%、11.44%。

2013 年，江苏农村地区生产总值 28 706.76 亿元，较上年增加 1495.21 亿元，增长 5.49%。从江苏农村地区产业结构来看，农村地区第一产业增加值 2277.44 亿元，第二产业增加值 14 718.89 亿元，第三产业增加值 11 710.44 亿元，第一产业、第二产业、第三产业的比例为 7.93%、51.27%、40.79%，第二产业占比下降 1.27 个百分点，第三产业占比上升 1.34 个百分点。农村地区社会消费品零售总额达 7853.51 亿元，较上年增长 7.52%；固定资产投资 14 267.75 亿元，较上年增长 6.56%；公共财政预算收入 2341.34 亿元，较上年增长 10.56%。昆山市人均地区生产总值为全省县域最高，达 177 923 元；丰县最低，为 29 711 元；人均地区生产总值超过 10 万元的还有张家港市、江阴市、太仓市、常熟市和扬中市。

2013 年，江苏省认真贯彻中央关于加强“三农”工作的决策部署，全力推进农业现代化工程和农民收入倍增计划，农业、农村经济发展继续保持良

好态势，为全省经济社会发展稳中有进、稳中向好提供了重要支撑。

一是农业生产稳定发展，粮食实现“十连增”。在政策激励和各方共同努力下，全年粮食总产达3423.0万吨，比上年增50.5万吨，实现新中国成立以来首次连续十年增产。永久性“菜篮子”基地建设进展顺利，“菜篮子”产品生产稳中有增，蔬菜总产5100万吨。畜牧业克服前期生猪价格波动和H7N9禽流感疫情等不利影响，猪肉和禽蛋产量实现六连增。农产品质量合格率保持较高水平，全年未发生重大农产品质量安全事件和区域性重大动物疫情。

二是现代农业提质增效，农民收入增长较快。农业现代化工程扎实推进，高效设施农业面积占比15.2%，农业综合机械化水平达78%，农业科技进步贡献率比上年提高0.9%，农民人均纯收入增长11%，达到13 550元，增幅连续4年超过城镇居民，城乡居民收入比缩小为2.4∶1，是全国收入比最小的省份之一。

三是农村改革有序推进，新型经营体系加快构建。新型农业经营主体快速成长，农业组织形式和经营方式加快转变，种养业规模经营户3.4万家，经农业部门认定的家庭农场超过1.1万家，农民合作社入社农户比例达67.5%，省级以上龙头企业607家。完成近2000个村的土地承包经营权登记工作，适度规模经营比重达66%。

四是乡镇工业运行平稳。效益增幅快于产销增幅，企业亏损好转。2013年，全省乡镇工业完成工业增加值25 274.4亿元，同比增长15.9%；实现营业收入108 321.1亿元，同比增长13.2%；全省乡镇工业产销率为97.8%，比上年同期高0.7%。年末全省乡镇工业亏损企业数为12 471个，同比增长1.4%；净损额200.2亿元，同比下降14.9%。全年乡镇工业实现出口产品交货值11 198亿元，同比增长7.2%，特别是苏中和苏北地区出口高位增长。

二、2013 年江苏农村金融发展概述

2013 年，江苏省有关部门认真贯彻落实党中央、国务院有关部署，加强协作配合，创造性地开展工作，农村金融取得长足发展，初步形成了多层次、较完善的农村金融服务体系，覆盖面不断扩大，服务水平不断提高。

1. 金融机构涉农贷款明显增加

金融监管部门采取一系列措施，持续监测通报涉农信贷投放情况，督促落实“两个不低于”；对城区和县域农合机构采取差别化考核，对开业满 2 年的村镇银行确定农户和小微企业贷款占比，推动金融机构增强服务“三农”战略定力。在差别化财政政策、货币政策和监管政策等各项措施支持下，江苏金融机构涉农贷款持续增长。截至 2013 年年末，全省金融机构涉农贷款余额 22 662.45 亿元，比 2012 年年末增加 3031.92 亿元，增幅 15.44%。其中，农村贷款余额 20 187.33 亿元，比上年增加 2616.97 亿元，增幅 14.89%；农户贷款余额 3075.39 亿元，比上年增加 579.65 亿元，增幅 23.23%。从贷款用途看，农林牧渔业贷款余额 1714.14 亿元，比上年增加 386.70 亿元，增幅 29.13%。在信贷资金发挥支农主要作用的同时，资本市场也充分发挥直接融资功能，支持县域或涉农企业拓宽融资渠道。全省已有 80 余家县域企业或涉农企业在境内外成功上市，占全省上市公司总数的 35%，融资额超过 550 亿元。

2. 金融机构改革不断推进

一是农村信用社改革不断深入。股份制改革持续推进，全年有 3 家农村商业银行挂牌开业，江苏省内已改制农商行总数达 58 家，占比 94%，组建进度居全国首位。到 2013 年年末，全省农村信用社系统存、贷款余额分别突破 1 万亿元、8000 亿元，存、贷款市场份额均从省内银行业金融机构第 4 位上升至第 1 位。全省农信社不良贷款率从高峰时期的 36.1%下降到 2%左右。同

时，农信社在南北协调发展方面取得显著进展，苏南共有 18 家农商行向苏中、苏北 17 家农合机构入股，入股金额达 21.22 亿元。资本管理水平不断提升，全省农合机构通过制定、实施资本规划，提前谋划战略转型。苏南 8 家农商行实施新资本协议联合建设工作，签署战略合作框架等一系列协议并进入实质性开发阶段；江南、无锡两家农商行发行减记型二级资本债券已获银监会审批同意。

二是村镇银行覆盖面扩大。目前全省已有 64 家开业，2 家正在筹建，实现县域全覆盖，村镇银行在江苏农村金融体系中的作用进一步提升。到 2013 年年末，全省村镇银行资产总额达 521 亿元，各项贷款 362 亿元，从业人员 2778 人，营业网点 116 个。

三是小额贷款公司各项指标居全国首位。经过 6 年多的发展，截至 2013 年年底，江苏省已有农村小额贷款公司 558 家，实收注册资本 811.5 亿元，累计发放贷款 6675 亿元，贷款余额 1022 亿元，当年纳税 19 亿元，各主要指标均居全国首位，小额贷款公司成为江苏农村普惠金融的重要力量。目前全省小额贷款公司涉农贷款占比为 98%左右，其中 62.8%的贷款投向了农户、农村专业合作组织、农业龙头企业。全省农村小额贷款公司的存量客户超过了 6 万户，累计支持涉农贷款客户近 20 万户。江苏农村小额贷款公司与农村合作金融机构的贷款余额比已达到 1∶7，充分体现出农村小额贷款公司在服务“三农”中的重要地位。

3. 金融基础设施建设进一步提升

一是农村金融机构服务水平持续提升，普惠金融覆盖城乡。银行业金融机构在县城及以下的网点超过 6500 家，平均每 6100 人拥有一个银行网点。其中，农村合作金融机构在县城及以下的网点 2137 家，平均每县(市)拥有服务网点 47 个。农合机构服务能力持续增强，年内新增 10 家农商行省内异地支行，实现苏北、苏中全覆盖；村镇银行创造条件增设乡镇网点，已设立 53

家分支机构。金融服务渠道覆盖全部行政村和所有农户，50%以上的业务通过电子银行渠道办理。落实创新驱动战略，在全国率先形成“小额信贷扶贫”、“阳光信贷”、“金融服务村村通”三大特色服务模式。

二是农村基础金融服务覆盖面进一步扩大。现代支付结算服务加速向农村覆盖，加大ATM机、POS机、网上银行等现代支付结算渠道的推广应用。全省已布置助农取款服务终端3.3万台，平均每个行政村2.4台，助农取款服务行政村覆盖率已达100%，昆山市成为全国首个ATM机“村村通”的县级市。鼓励建设农村便民服务点，目前全省共设立了22 236个便民服务点，实现了行政村的全覆盖。积极支持机构开发特色化产品，鼓励引进先进微贷技术，创新服务渠道和方式。继续推动阳光信贷标准化、流程化、品牌化，目前全省91.16%的农村网点开办了“阳光信贷”业务，10家机构上线“阳光信贷标准化管理平台”。进一步推进送金融知识下乡、金融知识进课堂试点等活动，逐步解决农民不敢贷款、不会贷款的问题。

4. 金融生态环境逐步改善

一是农村信用体系建设深入推进。以农户信用评价为着力点，大力开展农村信用户、信用村和信用乡镇建设。截至2013年年末，全省建立农户信用档案930万户，建立农村合作经济组织信用档案1779户，已建立信用档案的农户贷款余额达1671亿元。推进农村信用体系试验区建设工作，完善试验区建设工作机制，在全省选择了17个积极性较高、条件较为成熟的地级市、县(市、区)深化试验区建设工作。

二是金融生态建设扎实推进。自2007年在全国率先开展金融生态县创建工作以来，全省共评定24个金融生态优秀县和31个金融生态达标县。金融生态县创建工作的积极推进，推动江苏金融生态品牌效应进一步显现，在吸引省外投资、推进金融集聚区建设等方面发挥了积极而重要的作用，有力地促进了县域金融持续健康发展。2013年，江苏省完善金融生态县动态考评制度，出台《关于进一步完善金融生态县考核 强化金融生态环境动态评估的意见》，对考核指标、考核标准、考核程序、约束机制等方面进行了完善，增加金融基础设施、金融风险防范、直接融资等方面的考核内容。

三是聚焦农村，突出做好县域金融消费权益保护工作。依托银行卡助农取款点，将散布在各乡镇的反假宣传站、支付结算服务站、征信工作站等功能进行整合，在绝大部分行政村建立了“农村金融综合服务站”，实现站点服务职能、宣传职能与受理投诉职能的有机结合，构建了“市、县、镇、村”四位一体的网络体系。截至 2013 年年末，“农村金融综合服务站”已在江苏 13 个地市全面推开，共建立综合服务站近 1700 家。

5. 农业保险覆盖面稳步扩大

作为率先在全国开展政策性农业保险试点的省份，江苏省农业保险保障和服务水平不断提升。《农业保险条例》经 2012 年 10 月 24 日国务院第 222 次常务会议通过，于 2013 年 3 月 1 日起施行；江苏省有关部门先后下发《关于贯彻落实〈农业保险条例〉的通知》和《关于完善江苏省政策性农业保险条款费率的通知》。上述文件的公布实施，对江苏农业保险的稳定发展具有重要意义，农业保险支农、惠农、强农力度持续增强。目前，全省政策性农业保险险种已达 29 个，实现了“三个基本涵盖”。“三农保险服务站”已覆盖全省所有乡镇，主要种植品种承保面达到 95%以上。2013 年，全省实现农险保费收入及农险基金共计 31.5 亿元，同比增长 32.5%；支付各类农险赔款 6 亿元，继续位居全国前列。

6. 支农服务监管制度初步建立

一是坚持稳定县域的基本原则，强化农村金融机构服务“三农”的监管。限制农村信用社撤并农村地区网点。实施新组建农村商业银行股东支农服务承诺制度，2013 年全面推广董事会下设“三农”服务委员会，指导建立符合

“三农”金融需求特点的组织架构、决策机制和经营模式。持续监测涉农贷款投放，建立县域法人存款用于当地的考核制度，将考核结果与存款准备金率、监管评级、市场准入挂钩。“事前有承诺、事中有监测、事后有考核”的监管框架基本建立。

二是农村金融政策支持体系初步建立。加大财政补贴力度，实行涉农贷款增量奖励，对新型农村金融机构给予费用补贴。制定实施一系列税收优惠政策，减少税收负担。对农村金融机构执行较低的存款准备金率，比大型商业银行低 2%~7%。免除农村中小金融机构监管费，设立农村网点和涉农金融产品市场准入绿色通道，实施弹性存贷比、降低农户贷款风险权重等支持性监管政策。上述政策在一定程度上弥补了市场机制的不足，对有效调动金融支农积极性发挥了重要作用。

三、当前江苏农村金融存在的突出问题

1. 农村金融投入仍落后于“三农”发展要求

农户和农村经济组织融资门槛和成本仍然较高，“融资难、融资贵”问题较为突出。如 2013 年南通市辖内省级以上农业专业合作社在未来 1~2 年内用于增加固定资产、增加流转土地、统一购买农业生产投入品等资金需求约在 1.76 亿元，但目前在金融机构贷款仅有 2176 万元，资金覆盖面仅为 29%。江苏省财政厅、农委联合金融机构，在全省范围内开展农民专业合作组织融资改革试点，省财政出资 4000 万元成立了“惠农贷”担保基金和江苏省平安农民专业合作社联盟共同基金，运用财政资金撬动金融资本，通过市场化的手段支持农民专业合作组织发展。但从试点县盱眙来看，金融机构开展业务积极性不高，相关贷款余额不到 1000 万元；融资成本仍然偏高，贷款综合费率达 11%左右，专业合作组织难以承受。

2. 农村金融产品和服务创新仍落后于农业现代化要求

多数农村金融机构的业务仍局限于传统的存、贷、汇，中间业务仅仅局限在代理保险、代收代付、代签汇票等简单的业务范畴内，电子化业务系统功能不够完善，缺乏具有地域特点、区域经济特色的金融品种。特别是不少农村金融产品在种类、期限上与现代农业经营特点脱节。如农业保险部分险种与现代农业发展需要不相适应，一些具有高投入、高产出、高风险特点的高效农险险种无法全面推开，现有保险险种整体赔付率较低、两极化差异明显，造成农民投保意愿不强。商业银行发放的农业贷款，一般为 1 年内的流动资金贷款，当年发放，当年收回，没有特殊情况不能跨年度使用，而苗木种植 3~5 年后才能够销售，信贷产品的使用期限与农产品的生长周期不相匹配。

3. 农村金融生态环境建设仍落后于金融稳定要求

目前，符合市场规范的农村信用体系尚未完全建立，对农村信用主体的行为缺乏充分有效的约束和监管机制。部分地区民间金融缺乏规范引导，非法集资和高利贷扰乱了农村金融市场秩序，给正规金融机构的经营和发展带来了一定冲击，不利于社会整体信用环境的改善。如一些个人和企业打着“农村经济信息合作社”的招牌从事不法金融活动。部分地区农民资金互助社存在变相吸收公众存款行为，一些互助社在村里设立了储蓄点，聘请退休村干部、“能人”帮助宣传、吸收存款，扩大了风险隐患。

四、本书的基本框架

1. 基本框架

本书分为总报告和专题报告两部分。总报告部分，首先对 2013 年江苏农村经济发展状况、江苏农村金融改革实践、江苏农村金融发展概况等问题进行了回顾，进而对 2013 年江苏农村所有银行类和非银行类金融机构及其业务发展、农村金融市场结构、农村金融发展评价、农村金融风险与金融监管、深化农村金融改革的思路等方面详细分析了 2013 年江苏农村金融发展状况。专题报告部分，分别就江苏村镇银行发展、农村土地制度改革和农地金融发展、新型农业经营主体融资障碍、江苏农村普惠金融发展四个方面展开专题调查分析。

2. 数据来源

本书中江苏农村经济发展状况及区域农村经济发展概况分析所需数据来自《江苏统计年鉴 2014》；2013 年江苏农村金融机构发展、江苏农村金融市场结构及其发展评价分析部分数据，根据中国人民银行南京分行统计数据整理得到；江苏村镇银行发展、江苏典型农村商业银行资产质量调查、新型农业经营主体融资障碍、农村土地制度改革和农地金融发展等专题分析数据来自课题组对江苏省的实地抽样调查。

第二章 江苏农村金融机构发展

本书所指农村金融机构是指农村范围内的各类金融机构，包括商业性金融机构、合作性金融机构、政策性金融机构以及新型农村金融机构四大类。其中，商业性金融机构具体包括五大国有商业银行、中小型股份制银行以及邮政储蓄银行；合作性金融机构包括农村信用社和农村商业银行；政策性金融机构是指中国农业发展银行；新型农村金融机构包括村镇银行和小额贷款公司。

截至 2013 年年末，江苏省 51 个县域(区)拥有银行类金融机构网点 6074 个，同比增长 2.74%，从业人员 88 667 人，同比增长 8.56%；非银行类金融机构[①]网点 1851 个，同比增长 3.29%，从业人员 62 791 人，同比增长 9.69%。

一、江苏农村银行类金融机构发展

1. 江苏农村银行类金融机构基本情况

1) 营业网点

近年，江苏农村银行类金融机构网点及从业人员数目不断增加(图 2-1)。截至 2013 年年末，江苏农村 6074 个银行类金融机构网点中，国有商业银行、农村合作金融机构和邮政储蓄银行网点比重较大，依次为 37.39%、36.01%和 19.66%；股份制商业银行网点仅 289 个，占比为 4.76 %。分地区来看，苏南银行类金融机构网点较多，占全省比重为 42.46%，苏中、苏北占比依次为

① 本报告中包括典当行、担保公司、小额贷款公司和保险公司。

30.89%和 26.65% (表 2-1)。

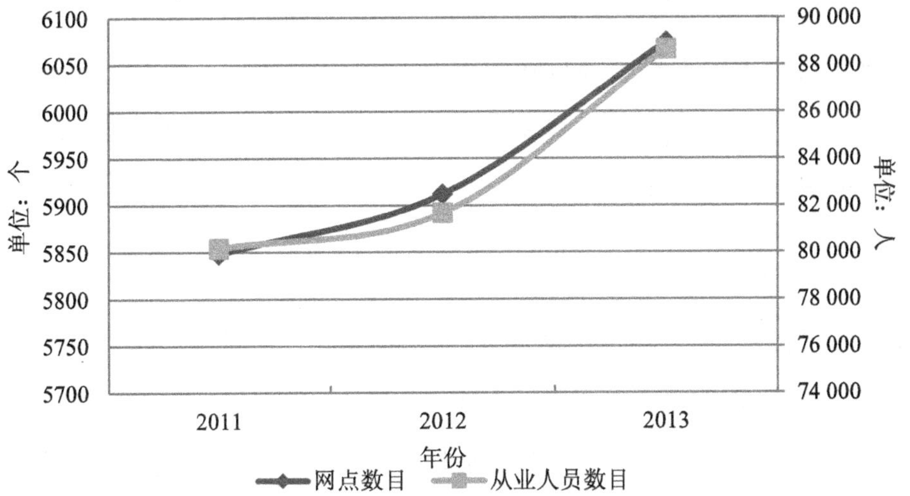

图 2-1　银行类金融机构网点及从业人员数目

江苏农村银行类金融机构网点构成是存在地区差异的：苏南地区以国有商业银行网点为主，国有商业银行、农村合作金融机构、邮政储蓄银行和股份制商业银行网点占比依次为 45.60%、28.93%、16.67%和 6.90%；苏中地区以农村合作金融机构、国有商业银行和邮政储蓄银行网点为主，占比依次为 34.81%、33.74%和 26.17%；苏北地区则以农村合作金融机构网点为主，占比为 48.67%，其次是国有商业银行和邮政储蓄银行，占比依次为 28.54%和 16.86% (表 2-1)。

表 2-1　江苏农村银行类金融机构网点情况　(单位：个)

机构名称	苏南	苏中	苏北	合计
国有商业银行	1176	633	462	2271
中国农业发展银行	10	6	9	25
农村合作金融机构	746	653	788	2187
股份制商业银行	178	69	42	289
邮政储蓄银行	430	491	273	1194
村镇银行	30	24	45	99
外资银行	9	0	0	9
合计	2579	1876	1619	6074

与 2012 年相比，江苏农村国有商业银行和中国农业发展银行网点分别减少了 18 个和 22 个；邮政储蓄银行和股份制商业银行网点增加较多，依次增加了 100 个和 71 个；村镇银行网点增加了 25 个，农村商业银行网点增加了 5 个。其中，苏南地区邮政储蓄银行网点显著增加，外资银行网点共 9 个，比 2012 年多 1 个(表 2-1)。

2) 从业人员

江苏农村银行类金融机构从业人员共 88 667 人，其中，国有商业银行和农村合作金融机构从业人员分为 37 418 人和 29 989 人，占比依次为 42.20% 和 33.82%，邮政储蓄银行、股份制商业银行、村镇银行从业人员占比分别为 12.70%、8.13%和 2.49%。分地区来看，苏南国有商业银行从业人员较多，占地区银行类金融机构从业人员比重达 50.05%；苏中国有商业银行和农村合作金融机构从业人员较多，占比分别为 37.76%和 32.19%；苏北农村合作金融机构从业人员较多，占比为 46.33%，其次是国有商业银行，占比为 34.87% (表2-2)。

表 2-2　江苏农村银行类金融机构从业人员数　(单位：人)

机构名称	苏南	苏中	苏北	合计
国有商业银行	18 847	10 234	8337	37 418
中国农业发展银行	178	102	164	444
农村合作金融机构	10 190	8724	11 075	29 989
股份制商业银行	4834	1492	882	7208
邮政储蓄银行	2759	6072	2432	11 263
村镇银行	714	480	1017	2211
外资银行	134	0	0	134
合计	37 656	27 104	23 907	88 667

与 2012 年相比，江苏农村地区邮政储蓄银行、村镇银行、股份制商业银行从业人员显著增加，增幅依次为 42.53%、40.92%和 36.05%；中国农业发

展银行和外资银行从业人员数目有所下降，减幅依次为 7.5%和 8.84%；国有商业银行和合作金融机构从业人员数目变化较小。

3) ATM 机

与苏南地区相比，苏中和苏北银行类金融机构 ATM 机明显较少。截至 2013 年年末，江苏农村银行类金融机构 ATM 机共 18 080 台，其中，苏南占比达 54.45%，而苏中和苏北地区占比仅为 22.36%和 23.20%。从机构类型来看，江苏农村国有商业银行和合作金融机构 ATM 机占全省比重较大，依次为 55.44%和 25.64%，其他银行类金融机构 ATM 机占全省比重较小。分地区来看，苏南国有商业银行 ATM 机占地区比重达 60.56 %，苏中为 51.61%；虽然苏北地区农村合作金融机构网点较多，但 ATM 机数目仍然是国有商业银行较多，国有商业银行、农村合作金融机构 ATM 机占苏北地区的比重依次为 47.11%和 36.46% (表 2-3)。

表 2-3 江苏农村银行类金融机构 ATM 机 (单位：台)

机构名称	苏南	苏中	苏北	合计
国有商业银行	5962	2086	1976	10 024
中国农业发展银行	0	0	0	0
农村合作金融机构	1993	1114	1529	4636
股份制商业银行	1145	226	166	1537
邮政储蓄银行	724	604	460	1788
村镇银行	13	12	63	88
外资银行	7	0	0	7
合计	9844	4042	4194	18 080

4) 业务种类

随着农村家庭对金融服务需求逐步多样化，农村金融市场产品也逐渐丰富。截至 2013 年年末，江苏农村银行类金融机构业务种类平均有 35.84 种，其中，存款类业务 7.24 种，贷款类业务 8.59 种，结算类业务 6.99 种，理财类业务 4 种，银行卡业务和电子银行类业务分别为 3.50 和 3.39 种。进一步地，存款类业务方面，国有商业银行种类较多，全省农村国有商业银行存款业务种类均值为 12.78 种；贷款业务方面，国有商业银行和农村合作金融机构业务种类较多，均值依次为 16.45 种和 15.72 种；其他各类业务均是国有商业银行种类较多，结算类业务、理财类业务、银行卡业务和电子银行类业务种类平均值分别为 14.58 种、11.44 种、9.76 种和 6.22 种(表 2-4)。

表 2-4 江苏农村银行类金融机构开展的业务种类 (单位：种)

机构名称	存款类业务	贷款类业务	结算类业务	理财类业务	银行卡业务	电子银行类业务	其他业务
国有商业银行	12.78	16.45	14.58	11.44	9.76	6.22	8.02
中国农业发展银行	3.35	5.17	7.05	0.00	0.11	0.28	0.77
农村合作金融机构	9.68	15.72	8.23	1.77	3.51	5.56	1.44
股份制商业银行	8.38	8.35	7.26	8.33	5.06	4.69	3.31
邮政储蓄银行	6.32	6.55	4.10	4.47	4.98	3.94	1.21
村镇银行	7.71	5.53	3.73	0.17	0.47	1.27	0.20
外资银行	2.44	2.33	4.00	1.80	0.60	1.80	0.00

注：表中数据为全省各银行类金融机构业务种类的平均值。

5) 贷款规模

2013 年年末，江苏农村各类银行类金融机构贷款余额合计 22 685.91 亿元；分地区来看，其中，苏南、苏中和苏北年末贷款余额占比分别为 62.42%、22.19%和 15.39%；分机构来看，其中，国有商业银行、中国农业发展银行、农村合作金融机构、股份制商业银行、邮政储蓄银行、村镇银行和外资银行年末贷款余额占比依次为 54.55%、1.55%、25.04%、16.24%、1.16%、1.33%和 0.12%。在苏南和苏中地区，国有商业银行是最主要的放贷主体，而在苏北地区，农村合作金融机构年末贷款余额仍高于国有商业银行，尤其是对于县级以下的农村家庭而言，其是最主要的贷款来源。

2013 年年末，江苏农村银行类金融机构贷款余额同比增长 13.36%，其中，国有商业银行、农村合作金融机构和股份制商业银行年末贷款余额分别增加了 1212.81、892.66 和 511.23 亿元，增幅分别为 10.87%、18.65%和 16.11%(表2-5)。

表 2-5　2013 年末江苏农村银行类金融机构贷款余额　(单位：亿元)

机构名称	苏南	苏中	苏北	全省
国有商业银行	8480.61	2478.74	1415.53	12 374.88
中国农业发展银行	168.18	112.69	71.54	352.41
农村合作金融机构	2510.45	1622.44	1547.05	5679.94
股份制商业银行	2736.23	679.00	269.26	3684.49
邮政储蓄银行	99.38	77.17	87.55	264.11
村镇银行	138.52	63.01	101.02	302.55
外资银行	27.53	0.00	0.00	27.53
合计	14 160.92	5033.05	3491.95	22 685.91

注：表中数据为各类金融机构年末贷款余额，包括农业或非农业等各项贷款。

6) 贷款特征

2013 年，江苏农村银行类金融机构企业贷款平均额度为 681.17 万元/笔，显著高于 2012 年平均额度 523.24 万元/笔，农户贷款平均额度为 19.43 万元/笔，与 2012 年相比，平均额度变化较小。贷款利率方面，为进一步推进利率市场化改革，经国务院批准，中国人民银行决定，自 2013 年 7 月 20 日起全面放开金融机构贷款利率管制；取消金融机构贷款利率 0.7 倍的下限，由金融机构根据商业原则自主确定贷款利率水平；取消农村信用社贷款利率 2.3 倍的上限，由农村信用社根据商业原则自主确定对客户的贷款利率[①]。随着利率市场化的逐步推进，2013 年江苏农村银行类金融机构的贷款利率波动幅度有增大的趋势，企业贷款的最高利率为 40.00%，农户贷款的最高利率为

① 参见中国人民银行网站《中国人民银行关于进一步推进利率市场化改革的通知》。

30.00%；由于江苏农村部分贷款种类财政补贴力度较大，企业贷款和农户贷款最低利率均仅为 0.06%。随着需求主体贷款用途的多样化，银行贷款种类不断丰富，企业贷款最长期限达 35 年，最短期限仅一周左右，农户贷款最长期限达 40 年，一般为购房贷款，最短期限不足一月(表 2-6)。

表 2-6 江苏农村银行类金融机构各项贷款指标

贷款类型	年末余额/亿元	笔数/万笔	最高利率/%	最低利率/%	最长期限/月	最短期限/月
企业贷款	16 198.20	23.78	40.00	0.06	427.00	0.3
农户贷款	2475.91	127.43	30.00	0.06	480.00	0.7
其他农业贷款	290.42	3.88	—	—	—	—

7) 贷款结构

2013 年，江苏农村银行类金融机构农业贷款总额为 1706.96 亿元，其中，短期贷款占比 70.37%，中长期贷款占比 29.66%，短期农业贷款平均额度为 20.58 万元/笔，中长期贷款平均额度为 33.30 万元/笔。分地区来看，苏南、苏中和苏北地区农业贷款占全省比重依次为 27.87%、23.14%和 48.99%；苏南地区农业贷款中，中长期贷款占比为 53.05%，而苏中和苏北地区农业贷款则以短期贷款为主，短期农业贷款占地区比重依次为 71.88%和 82.92%。此外，农业贷款平均额度苏南最高，苏北最低(表 2-7)。

表 2-7 江苏农村银行类金融机构各类贷款规模 (单位：亿元、万笔)

贷款类型	指标		苏南	苏中	苏北	全省
农业贷款	农业贷款总额		475.72	394.93	836.31	1706.96
	短期	总额	223.85	283.87	693.51	1201.23
		笔数	2.26	9.82	46.31	58.38
	中长期	总额	252.37	111.05	142.80	506.23
		笔数	0.51	5.43	9.26	15.20
涉农贷款	涉农贷款总额		9530.02	2854.30	2367.21	14 751.53

续表

	贷款类型	指标	苏南	苏中	苏北	全省
涉农贷款	农户贷款	总额	872.11	628.44	981.43	2481.98
		笔数	21.26	21.36	85.28	127.90
	农村工商业贷款	总额	7659.49	1858.29	1230.20	10 747.98
		笔数	10.60	7.14	3.42	21.16
	农业经济组织贷款	总额	713.89	367.58	155.58	1237.05
		笔数	0.74	47.09	0.37	48.20

注："农业贷款"指的是"农林牧副渔业"大农业的概念；"涉农贷款"口径与人民银行"涉农贷款制度"中的口径一致；"总额"为年末余额。

截至 2013 年年末，江苏农村银行类金融机构涉农贷款余额达 14 751.53 亿元，同比增长了 18.92%；其中，农户贷款余额为 2481.98 亿元，同比增长 20.22%，农村工商业贷款为 10 747.98 亿元，同比增长 14.14%，农业经济组织贷款余额达 1237.05 亿元，同比增长 33.95%。农村工商业贷款占全省涉农贷款总额比重较大，为 72.86%，农户贷款和农业经济组织贷款比重较小，分别为 16.83%和 8.39%。此外，农村工商业贷款平均额度显著大于其他两类贷款。分地区来看，苏南年末涉农贷款余额为 9530.02 亿元，占全省比重较大，达 64.60%，苏中和苏北比重较小，分别为 19.35%和 16.05%，且苏南地区三类涉农贷款平均额度显著高于苏中和苏北地区(表 2-7)。

8) 服务企业和农户数目

2013 年，江苏农村银行类金融机构服务企业 15.029 万个，其中，农村合作金融机构和国有商业银行服务企业数目较多，占比分别为 57.60%和 26.556%。对于大部分农户而言，合作金融机构是其最主要的融资渠道，2013 年，江苏农村银行类金融机构服务农户 216.781 万户，其中合作金融机构占比达 66.05%，其次为国有商业银行，占比为 30.01%。分析各地区数据同样可以得出，对于大部分农村企业及农户而言，合作金融机构及国有商业银行为其最主要的融资来源(表 2-8)。

表 2-8　江苏农村银行类金融机构服务企业及农户数目 (单位：万个、万户)

机构名称	苏南		苏中		苏北		全省	
	企业数	农户数	企业数	农户数	企业数	农户数	企业数	农户数
国有商业银行	2.282	20.810	1.307	37.675	0.402	6.581	3.991	65.066
中国农业发展银行	0.027	0.000	0.006	0.000	0.007	0.000	0.041	0.000
农村合作金融机构	2.650	54.171	1.251	13.887	4.756	75.119	8.656	143.178
股份制商业银行	0.886	1.100	0.131	0.311	0.185	0.461	1.202	1.871
邮政储蓄银行	0.054	1.252	0.125	0.988	0.369	2.356	0.548	4.596
村镇银行	0.226	0.521	0.141	0.358	0.208	1.191	0.575	2.070
外资银行	0.015	0.000	0.000	0.000	0.000	0.000	0.015	0.000
合计	6.141	77.854	2.961	53.219	5.926	85.708	15.029	216.781

注：企业和农户数目均指获得贷款服务的数目，由各家银行累积而得。

2. 江苏农村银行类金融机构业务情况

1) *存款业务情况*

近年，江苏农村银行类金融机构单位本币存款余额总体有所下降，个人存款余额稳步提高(图 2-2)。2013 年年末，江苏农村各银行类金融机构本币存款余额 27 719.38 亿元，其中，个人本币存款余额为 16 386.00 亿元，同比增长 13.91%，单位本币存款余额为 11 518.2 亿元，同比增长 10.14%。

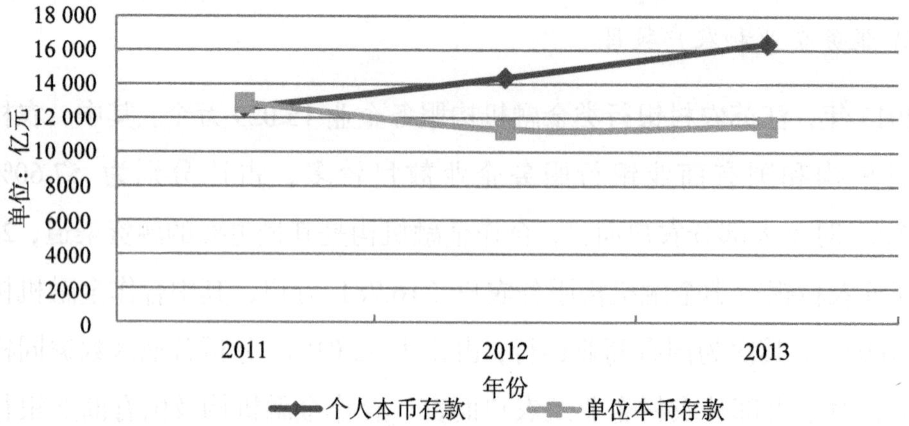

图 2-2　银行类金融机构年末存款余额

(1) 个人存款情况

个人存款以定期存款为主。2013 年年末，江苏农村银行类金融机构个人本币存款余额为 16 386.00 亿元，同比增长 13.91%；其中，活期存款余额达 4984.07 亿元，同比增长 16.64%，占个人本币存款余额比重为 30.42%，定期存款余额达 10 824.98 亿元，同比增长 13.19%，占个人本币存款余额比重为 66.06%，教育储蓄余额达 9.29 亿元，同比增长 187.62%，占个人本币存款余额比重为 0.06%。分地区来看，苏南、苏中和苏北地区个人本币存款占全省比重依次为 46.77%、32.81%和 20.42%。2013 年，江苏农村银行类金融机构个人外币存款年末余额为 13.76 亿美元，显著低于 2012 年余额 25.10 亿美元，其中，苏南、苏中和苏北地区占比依次为 41.42%、53.27%和 5.31% (表 2-9)。

表 2-9　年末各类存款余额情况　(单位：亿元)

存款种类			苏南	苏中	苏北	合计
个人存款情况	本币	活期存款	2326.76	1361.76	1295.55	4984.07
		定期存款	4846.72	4042.47	1935.79	10 824.98
		教育储蓄	0.48	1.02	7.79	9.29
		其他	379.27	79.60	108.78	567.66
	外币	外汇存款/亿美元	5.70	7.33	0.73	13.76
单位存款情况	本币	活期存款	3510.96	1528.66	1076.03	6115.64
		定期存款	3866.69	1122.72	413.20	5402.60
	外币	外汇存款/亿美元	117.34	13.61	6.58	137.54

(2) 单位存款情况

2013 年，江苏农村银行类金融机构单位本币存款余额为 11 518.2 亿元，同比增长 10.14%；其中，活期存款余额达 6115.6 亿元，同比增长 7.16%，占单位本币存款余额比重为 53.10%，定期存款余额达 5402.60 亿元，同比增长 13.72%，占单位本币存款余额比重为 46.90%。分地区来看，苏南地区单位本币存款占全省比重较大，达 64.05%，苏中和苏北地区占比分别为 23.02%和

12.93%；苏南地区单位本币存款中，定期存款较多，占比为 52.41%，而苏中和苏北地区则是活期存款较多，尤其是苏北地区，以活期存款为主，占比分别为 57.66%和 72.25% (表 2-9)。

2013 年年末，江苏农村单位外币存款余额为 137.54 亿美元，同比减少 3.72%。苏南地区单位外币存款占全省比重为 85.31%，略低于 2012 年占比 86.84%；苏中地区单位外币存款占全省比重由 2012 年的 7.25%上升至 9.90%；苏北地区单位外币存款占全省比重较小，2013 年仅为 4.78% (表 2-9)。

在江苏农村各银行类金融机构中，国有商业银行和农村合作金融机构吸储能力较强，2013 年末存款余额分别为 14 147.30 亿元和 7682.87 亿元，占农村各银行类金融机构存款总额的比重依次为 51.04%和 27.72%，股份制商业银行和邮政储蓄银行年末本币存款余额占比分别为 12.40%和 7.44%。与 2012 年相比，国有商业银行年末存款余额有所下降，降幅为 8.91%，其他各银行类金融机构存款均有所增加，农村合作金融机构、股份制商业银行、邮政储蓄银行、村镇银行和中国农业发展银行增幅依次为 12.58%、17.43%、10.17%、37.46%和 8.31% (表 2-10)。

表 2-10 年末各银行类金融机构本币存款余额情况 (单位：亿元)

机构名称	苏南		苏中		苏北		合计
	个人存款	单位存款	个人存款	单位存款	个人存款	单位存款	
国有商业银行	4401.65	3986.78	2331.24	1375.51	1343.46	708.66	14 147.30
中国农业发展银行	0.00	27.88	0.00	31.31	1.10	28.45	88.73
农村合作金融机构	2018.78	1367.24	1961.27	478.28	1430.34	426.96	7682.87
股份制商业银行	465.24	1839.64	186.82	659.73	65.56	220.35	3437.34
邮政储蓄银行	672.97	58.85	743.84	65.22	478.25	43.47	2062.60
村镇银行	32.62	86.23	25.69	41.32	40.77	61.33	287.96
外资银行	1.53	11.03	0.00	0.00	0.00	0.00	12.57
合计	7592.80	7377.64	5248.86	2651.37	3359.47	1489.23	27 719.38

分地区来看，2013 年年末，苏南地区 14 970.44 亿元存款中，个人存款占比 50.72%；苏中和苏北地区个人存款比重较高，苏中地区 7900.23 亿元存款中，个人存款占比 66.44%，苏北地区 4848.7 亿元存款中，个人存款占比达 69.29%。苏南地区国有银行存款占全区存款比重达 56.03%，其次为农村合作金融机构和股份制商业银行，占比依次为 22.62%和 15.40%；苏中地区国有商业银行、农村合作金融机构和股份制商业银行存款占全区存款比重依次为 46.92%、30.88%和 10.72%；苏北地区国有商业银行、农村合作金融机构和邮政储蓄银行吸储能力较强，存款占全区存款比重依次为 42.32%、38.31%和 10.76%（表 2-10）。

2）贷款业务情况

2013 年，江苏农村银行类金融机构年末个人贷款余额和公司贷款余额均有所增加(图 2-3)。与 2012 年相比，江苏农村各银行类金融机构年末贷款余额均有所提高：国有商业银行年末贷款余额为 13 471.01 亿元，同比增长 20.69%；农村合作金融机构年末贷款余额为 5780.88 亿元，同比增长 20.76%；股份制商业银行、邮政储蓄银行、中国农业发展银行和村镇银行年末贷款余

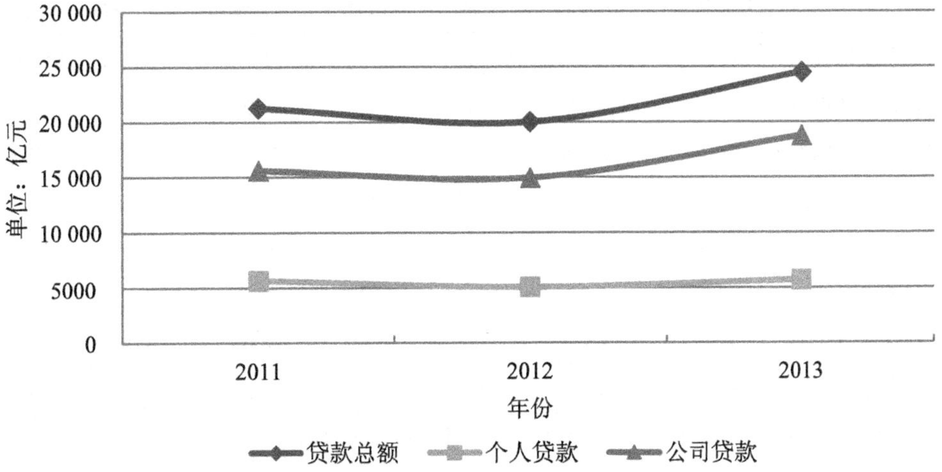

图 2-3　银行类金融机构年末贷款余额

额依次为 4030.09 亿元、563.24 亿元、308.54 亿元和 305.62 亿元，分别同比增长了 27.00%、29.03%、31.12%和 39.92% (表 2-11)。

2013 年，全省个人贷款与公司贷款合计 24 485.98 亿元，分地区来看，苏南、苏中和苏北地区占比分别为 64.29%、21.31%和 14.41%；分机构来看，国有商业银行、农村合作金融机构和股份制商业银行为农村金融市场主要放贷主体，年末贷款余额占全省比重依次为 55.02%、23.61%和 16.46%，其他银行类金融机构贷款余额占比均不到 3%。进一步地，苏南地区农村金融市场主要放贷主体为国有商业银行和股份制商业银行，占比依次为 60.28%和 19.09%，其次为农村合作金融机构，占比 16.44%；苏中地区主要放贷主体为国有商业银行和农村合作金融机构，年末贷款余额占比依次为 48.03%和 31.73%，其次为股份制商业银行，占比为 14.88%；而在苏北地区，尤其是对于农村家庭来说，农村合作金融机构是最主要的放贷主体，年末贷款余额占比 43.61%，其次为国有商业银行和股份制商业银行，占比分别为 41.87%和 7.07% (表 2-11)。

表 2-11　年末各类银行类金融机构贷款余额情况　(单位：亿元)

机构名称	苏南		苏中		苏北		合计
	个人贷款	公司贷款	个人贷款	公司贷款	个人贷款	公司贷款	
国有商业银行	1864.12	7624.23	604.87	1900.99	717.43	759.38	13 471.01
中国农业发展银行	0.00	174.42	0.00	88.55	0.00	45.57	308.54
农村合作金融机构	391.83	2195.35	488.24	1167.19	750.20	788.06	5780.88
股份制商业银行	457.76	2546.69	79.48	696.91	54.73	194.53	4030.09
邮政储蓄银行	87.96	212.15	41.92	93.07	84.94	43.19	563.24
村镇银行	33.98	126.29	16.34	39.59	39.31	50.11	305.62
外资银行	0.02	26.58	0.00	0.00	0.00	0.00	26.61
合计	2835.67	12 905.72	1230.85	3986.29	1646.60	1880.85	24 485.98

注：表中全省贷款合计与前文存在统计误差，但不影响分析及结论。

苏南和苏中地区贷款以公司贷款为主，而苏北地区个人贷款和公司贷款比重相当：苏南地区 15 741.39 亿元年末贷款余额中，公司类贷款占比达 81.99%；苏中地区公司类贷款占比为 76.41%；苏北地区公司类贷款占比 53.32%，显著低于苏南和苏中地区(表 2-11)。

对公司贷款分类发现，公司贷款以流动资金类贷款为主，年末余额占比为 50.18%，其次为项目贷款、国际贸易融资业务、票据贴现及转贴现业务，占比依次为 15.08%、6.66%和 6.47%；其他各类公司贷款年末余额占比均不到 5% (表 2-12)。

分地区来看，苏北地区流动资金类贷款占全区公司贷款年末余额比重为 58.85%，高于苏南和苏中的比重，即 49.46%和 48.44%；相对于苏南和苏中地区，苏北地区项目贷款和国际贸易融资业务贷款占全区公司贷款比重较小，而票据贴现及转贴现业务比重较大(表 2-12)。

表 2-12　各类公司贷款年末余额占比　(单位：%)

公司贷款类型	苏南	苏中	苏北	全省
1.流动资金类贷款	49.46	48.44	58.85	50.18
2.项目贷款	15.08	15.88	13.42	15.08
3.国内贸易融资类	4.81	2.49	2.36	4.07
4.国际贸易融资业务	8.71	2.67	1.06	6.66
5.并购贷款	0.08	0.00	0.00	0.06
6.固定资产支持融资	4.68	5.33	1.09	4.45
7.房地产开发贷款类	4.59	5.58	3.76	4.72
8.融资租赁	0.31	0.12	0.03	0.24
9.委托贷款	5.23	5.15	2.80	4.97
10.银团贷款	1.60	3.68	4.79	2.36
11.票据贴现及转贴现业务	4.94	9.56	10.46	6.47
12.其他	0.51	1.12	1.38	0.73
合计	100	100	100	100

3) 结算业务

江苏农村银行类金融机构结算业务中，国内结算占比在 90%以上，苏南地区国内结算业务占全区结算业务比重为 92.94%，苏中和苏北地区比重依次为 96.92%和 99.43%；国际结算业务及代理业务主要分布在苏南地区，苏中和苏北地区较少。

2013 年，江苏农村银行类金融机构结算业务金额合计 315 206.00 亿元，同比下降 12.17%，其中，国内结算业务金额 297 629.20 亿元，同比下降 14.25%，占总结算金额比重 94.42%，国际结算业务金额 17 219.76 亿元，同比增长 51.60%，占比 5.46%，代理业务金额 357.02 亿元，同比下降 21.54%，占比 0.11%。分地区来看，苏南、苏中和苏北地区结算业务金额占全省比重依次为 70.94%、15.92%和 13.14%。其中，国内结算业务苏南地区占全省比重为 69.83%，苏中和苏北占比依次为 16.34%和 13.84%；国际结算业务苏南地区占全省比重为 90.01%，苏中和苏北占比依次为 8.75%和 1.24%；代理业务苏南地区占全省比重为 82.91%，苏中和苏北占比依次为 10.92%和 6.17% (表 2-13)。

表 2-13 银行类金融机构结算业务情况 (单位：亿元)

业务种类	苏南	苏中	苏北	合计
国内结算业务	207 823.90	48 620.25	41 185.04	297 629.20
国际结算业务	15 499.59	1507.46	212.71	17 219.76
代理业务	296.00	39.00	22.02	357.02
合计	223 619.50	50 166.71	41 419.77	315 206.00

4) 理财类业务

理财类业务以个人理财为主，主要分布在苏南地区。2013 年，江苏农村银行类金融机构理财业务金额合计 12 264.93 亿元，其中个人理财类占比达 91.00%；苏南、苏中和苏北地区占比依次为 78.99%、15.63%和 5.38% (表 2-14)。

表 2-14　银行类金融机构理财业务情况　(单位：亿元)

业务种类	苏南	苏中	苏北	合计
法人理财类	768.99	299.07	36.24	1104.30
个人理财类	8918.63	1618.44	623.57	11 160.64
合计	9687.62	1917.51	659.81	12 264.93

5) 银行卡业务

近年，苏北地区银行卡业务发展迅速，苏中和苏南地区信用卡业务稳步增长。2013 年，江苏农村银行类金融机构借记卡发卡量 429.61 亿张，苏南、苏中和苏北地区占比依次为 31.38%、12.00%和 56.61%；动卡量 213.02 亿张，苏南、苏中和苏北地区占比依次为 18.00%、18.38%和 63.62%。全省农村信用卡发卡量 18.34 亿张，苏南、苏中和苏北地区占比依次为 37.62%、25.19%和 37.19%；动卡量 10.11 亿张，苏南、苏中和苏北地区占比依次为 26.61%、28.49%和 44.91% (表 2-15)。

表 2-15　银行类金融机构银行卡业务情况　(单位：亿张)

业务种类	指标	苏南	苏中	苏北	合计
借记卡业务	发卡量	134.83	51.57	243.21	429.61
	动卡量	38.35	39.15	135.53	213.02
信用卡业务	发卡量	6.90	4.62	6.82	18.34
	动卡量	2.69	2.88	4.54	10.11

6) 电子银行类业务

苏南地区电子银行类业务发展较快，2013 年，江苏农村银行类金融机构电子银行业务开通数 59.386 亿户，活动账户数 27.260 亿户，苏南、苏中和苏北地区开通数占全省比重依次为 54.18%、10.97%和 34.85%；网上银行业务开通数 60.359 亿户，活动账户数 28.276 亿户，苏南、苏中和苏北地区开通数占全省比重依次为 42.44%、30.99%和 26.57%；电话银行业务开通数 29.011

亿户，活动账户数 7.120 亿户，苏南、苏中和苏北地区开通数占全省比重依次为 21.44%、47.69%和 30.87%；手机银行业务开通数 51.433 亿户，活动账户数 20.009 亿户，苏南、苏中和苏北地区开通数占全省比重依次为 43.76%、32.59%和 23.65% (表 2-16)。

表 2-16　银行类金融机构电子银行类业务情况　　(单位：亿户)

业务种类	指标	苏南	苏中	苏北	合计
电子银行业务	开通数	32.176	6.513	20.696	59.386
	活动账户数	12.022	4.199	11.039	27.260
网上银行业务	开通数	25.619	18.703	16.036	60.359
	活动账户数	14.260	6.589	7.427	28.276
电话银行业务	开通数	6.220	13.835	8.956	29.011
	活动账户数	3.955	1.501	1.665	7.120
手机银行业务	开通数	22.506	16.763	12.164	51.433
	活动账户数	10.354	4.448	5.207	20.009

3. 江苏农村银行类金融机构经营情况

近年，江苏农村银行类金融机构利润额稳步提升(图 2-4)。2013 年，江苏农村银行类金融机构营业收入合计 1189.56 亿元，同比增长 5.61%。其中，苏南地区同比增长 12.58%，达 686.723 亿元，占全省比重为 57.73%；苏中地区同比下降了 12.92%，营业收入合计 269.336 亿元，占比 22.64%；苏北地区同比增长 12.76%，达 233.503 亿元，占全省比重为 19.63%。进一步地，江苏农村银行类金融机构营业收入中，净利息收入、中间业务净收入和投资净收益占比依次为 74.63%、15.26%和 3.77%，苏北地区银行类金融机构净利息收入占营业收入比重最高，达 84.12%，中间业务净收入占比最小，为 9.84% (表2-17)。

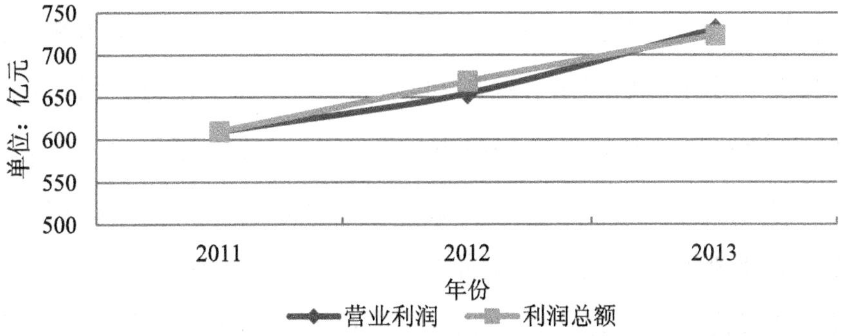

图 2-4　银行类金融机构利润

2013 年，江苏农村银行类金融机构营业利润合计 730.71 亿元，同比增长了 11.63%，苏南、苏中和苏北地区占比依次为 61.29%、23.15%和 15.56%，其中，苏北农村银行类金融机构营业利润增幅较大，达 25.20%，苏南和苏中地区增幅依次为 10.01%和 7.98%。2013 年，江苏农村银行类金融机构利润总额达 723.52 亿元，同比增长 8.17%。其中，苏北地区利润总额增幅较大，为 25.04%；苏南和苏中地区营业外净收入均为负，因此，两地区农村银行类金融机构利润总额相对于营业利润有所减少(表 2-17)。

表 2-17　银行类金融机构盈利情况　(单位：亿元)

盈利指标	苏南	苏中	苏北	合计
营业收入	686.723	269.336	233.503	1189.56
净利息收入	506.794	184.592	196.418	887.80
中间业务净收入	113.981	44.543	22.981	181.50
投资净收益	17.305	23.896	3.659	44.86
其他业务收入	48.643	16.304	10.446	75.39
营业支出	238.858	100.158	119.834	458.85
营业税金及附加	46.537	16.618	12.122	75.28
业务及管理费用	129.481	63.503	67.467	260.45
资产减值损失	42.368	13.841	34.266	90.48
其他业务支出	20.472	6.195	5.979	32.65
营业利润	447.865	169.177	113.669	730.71
利润总额	445.098	160.307	118.117	723.52

注：利润总额=营业利润+营业外收入−营业外支出。

江苏农村银行类金融机构 1189.56 亿元营业收入中，52.12%来自国有商业银行，其次主要来自农村合作金融机构和股份制商业银行，所占比重分别为 28.86%和 12.63%，其他各机构所占比重较小。国有银行营业收入 65.69%来自于净利息收入，相对于其他各类银行，其中间业务净收入占比也较高，达 24.73%，高于外资银行的中间业务净收入占营业收入比重 21.82%。农村合作金融机构和股份制商业银行营业收入中，净利息收入占比均在 80%以上，邮政储蓄银行和村镇银行净利息收入占比均高于 95%。此外，农村合作金融机构的营业收入中，虽然中间业务净收入占比仅为 2.89%，但其投资净收益比重显著高于其他各类机构，达 11.72% (表 2-18)。

表 2-18　银行类金融机构盈利情况　(单位：亿元)

盈利指标	国有商业银行	中国农业发展银行	农村合作金融机构	股份制商业银行	邮政储蓄银行	村镇银行	外资银行
营业收入	619.97	19.33	343.27	150.19	38.59	17.10	1.10
净利息收入	407.28	13.42	288.15	124.40	36.79	16.96	0.81
中间业务净收入	153.29	1.99	9.92	14.89	1.08	0.10	0.24
投资净收益	0.75	1.67	40.22	2.03	0.17	0.00	0.01
其他业务收入	58.66	2.26	4.98	8.87	0.55	0.04	0.04
营业支出	193.67	4.32	179.76	43.88	24.05	12.62	0.54
营业税金及附加	46.14	1.21	13.25	11.81	2.02	0.77	0.07
业务及管理费用	109.90	1.28	102.84	20.71	18.38	6.89	0.44
资产减值损失	16.66	0.27	60.65	5.38	2.60	4.89	0.03
其他业务支出	20.97	1.56	3.01	5.99	1.05	0.07	0.00
营业利润	426.30	15.01	163.51	106.31	14.54	4.49	0.55
利润总额	425.46	9.37	156.13	106.13	18.72	7.15	0.56

注：同上。

2013 年，江苏农村地区，国有商业银行、农村合作金融机构和股份制商业银行营业利润占各类机构营业利润总额比重依次为 58.34%、22.38%和 14.55%。将营业收入占比与营业利润占比进行比较发现，江苏农村地区，国有商业银行和股份制商业银行盈利能力较强，农村合作金融机构、邮政储蓄银行和村镇银行的盈利能力较弱。将各银行类金融机构的营业利润与其利润总额对比发现，除中国农业发展银行和农村合作金融机构营业外净收入为负，外资银行营业外净收入为零，其他各银行类金融机构均获得了正的营业外净收入(表 2-18)。

由于国内经济不景气以及欧债危机的影响，江苏农村地区部分企业产品销售困难导致部分地区银行不良贷款率有所提升。2013 年全省农村银行类金融机构不良贷款总额为 280.04 亿元，不良贷款率 1.23%，略高于 2012 年的不良贷款率 1.1%，且苏北地区不良贷款率超过了 2%。苏南地区银行类金融机构不良贷款率由 2012 年的 0.85%提高到 1.13%，苏中地区不良贷款率下降至 0.92% (表 2-19)。

表 2-19　银行类金融机构贷款质量　(单位：亿元)

指标	苏南	苏中	苏北	合计
贷款总额	14 152.61	5023.17	3603.91	22 779.69
正常贷款	13 600.58	4808.58	3370.13	21 779.29
关注贷款	391.63	168.33	160.40	720.36
次级贷款	91.68	27.34	44.56	163.58
可疑贷款	53.50	15.62	21.89	91.01
损失贷款	15.21	3.30	6.92	25.43
不良贷款总额	160.40	46.26	73.38	280.04
不良贷款率/%	1.13	0.92	2.04	1.23

二、江苏农村非银行类金融机构发展

1. 江苏农村非银行类金融机构网点设置情况

2013 年，除担保公司网点有所减少以外，江苏农村其他各非银行类金融机构网点均有所增加(图 2-5)。其中，苏南地区典当行、小额贷款公司网点较多，苏北地区则是担保公司网点较多，苏中地区保险公司网点较少(表 2-20)。

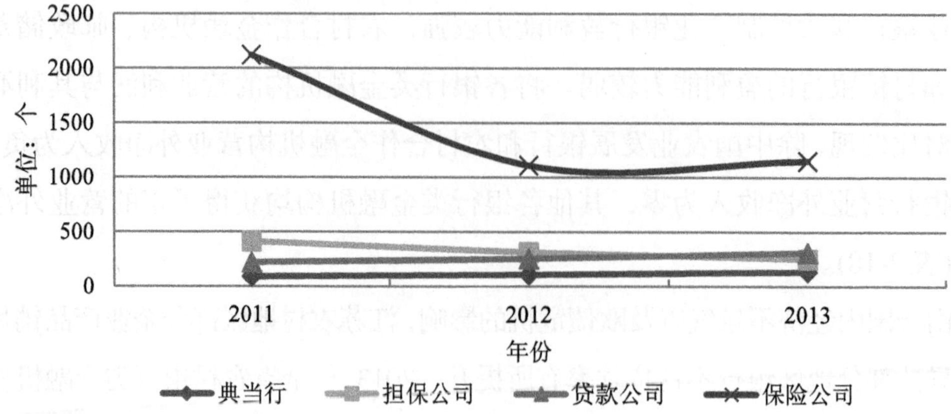

图 2-5　江苏农村非银行类金融机构网点

2013 年，江苏农村典当行网点 135 个，同比增长 22.73%，苏南、苏中和苏北分别占 62.22%、20.00%和 17.78%；担保公司网点 253 个，同比下降 19.94%，苏南、苏中和苏北分别占 32.41%、22.92%和 44.66%；小额贷款公司网点 312 个，同比增长 21.40%，苏南、苏中和苏北分别占 41.99%、32.69%和 25.32%；保险公司网点 1151 个，同比增长 3.79%，苏南、苏中和苏北分别占 43.35%、17.38%和 39.27% (表 2-20)。

表 2-20　江苏农村非银行类金融机构网点情况　　(单位：个)

机构名称	苏南	苏中	苏北	合计
典当行	84	27	24	135
担保公司	82	58	113	253
小额贷款公司	131	102	79	312
保险公司	499	200	452	1151
合计	796	387	668	1851

2013 年，江苏农村非银行类金融机构从业人员 62 791 人，同比增长 9.69%，以保险公司从业人员居多；苏中地区网点较少，但从业人员较多，可见其网点规模较大。典当行、担保公司、小额贷款公司和保险公司从业人员比重依次为 1.54%、3.63%、4.56%和 90.27%。苏南、苏中和苏北从业人员占全省比

重依次为 33.63%、41.62%和 24.76%。由于江苏农村担保公司网点减少了 63 个，其从业人员数相应下降了 20.95%，降至 2279 人；其他各非银行类金融机构从业人员均有所增加，典当行、小额贷款公司和保险公司从业人员分别同比增长了 18.26%、18.79%和 10.83%(表 2-21)。

表 2-21　江苏农村非银行类金融机构从业人员数　(单位：人)

机构名称	苏南	苏中	苏北	合计
典当行	680	138	147	965
担保公司	861	491	927	2279
小额贷款公司	1202	956	706	2864
保险公司	18 371	24 546	13 766	56 683
合计	21 114	26 131	15 546	62 791

2. 江苏农村典当行发展

2013 年，江苏农村地区共有典当行 117 家，新增 17 家；其中，苏南地区 72 家，新增 19 家，苏中地区减少了 2 家，共 24 家，苏北地区与 2012 年相同，有 21 家。典当行注册资本合计 28.169 亿元，同比增长 54.29%，其中苏南、苏中和苏北地区占比分别为 83.89%、6.67%和 9.45%。苏南地区典当行注册资本均值较高，为 3281.94 万元/家，其次为苏北地区，注册资本均值是 1267.14 万元/家，苏中地区典当行平均注册资本额最小，为 782.50 万元/家(表2-22)。

表 2-22　农村典当行基本情况

地区	家数/家	从业人员/人	网点数/个	注册资本/亿元	实收资本/亿元
苏南	72	680	84	23.63	23.63
苏中	24	138	27	1.878	1.878
苏北	21	147	24	2.661	2.661
合计	117	965	135	28.169	28.169

对典当行按照批准部门及所有制性质进行分类发现，苏南地区典当行多

为工商部门批准的私营企业，72 家典当行中，54.17%为工商部门批准，80.56%属于私营性质。私营典当行的注册资本均值为 3190.17 万元/家，高于集体性质、国营典当行注册资本均值，两类典当行注册资本均值分别为 2866.92 万元/家和 14 000.00 万元/家(表 2-23)。

表 2-23 苏南地区典当行基本情况

	合计	批准部门			所有制性质		
		工商部门批准	金融办批准	其他	国营	集体性质(股份制)	私营
家数/家	72	39	0	33	1	13	58
从业人员/人	680	394	0	286	13	176	491
网点数/个	84	46	0	38	1	17	66
注册资本/亿元	23.63	11.927	0.000	11.703	1.400	3.727	18.503
实收资本/亿元	23.63	11.927	0.000	11.703	1.400	3.727	18.503

苏中地区 24 家典当行中，有 8 家是工商部门批准的，考察典当行的所有制性质发现，20 家为私营性质，占比 83.33%。私营性质的典当行注册资本均值为 839.00 万元/家，显著高于集体性质的典当行注册资本均值 500.00 万元/家(表 2-24)

表 2-24 苏中地区典当行基本情况

	合计	批准部门			所有制性质		
		工商部门批准	金融办批准	其他	国营	集体性质(股份制)	私营
家数/家	24	8	0	16	0	4	20
从业人员/人	138	35	0	103	0	16	122
网点数/个	27	8	0	19	0	4	23
注册资本/亿元	1.878	0.600	0.000	1.278	0.000	0.200	1.678
实收资本/亿元	1.878	0.600	0.000	1.278	0.000	0.200	1.678

苏北地区 21 家典当行中，有 13 家为工商部门批准，从所有制性质来看，有 15 家为私营性质，5 家为集体性质，还有 1 家为国营性质典当行。其中，国营典当行的注册资本为 8010.00 万元，而私营性质典当行和集体性质典当行的注册资本均值仅为 933.33 万元/家和 920.00 万元/家(表 2-25)。

表 2-25　苏北地区典当行基本情况

	合计	批准部门			所有制性质		
		工商部门批准	金融办批准	其他	国营	集体性质(股份制)	私营
家数/家	21	13	0	8	1	5	15
从业人员/人	147	84	0	63	53	45	49
网点数/个	24	13	0	11	4	5	15
注册资本/亿元	2.661	1.561	0.000	1.100	0.801	0.460	1.400
实收资本/亿元	2.661	1.561	0.000	1.100	0.801	0.460	1.400

考察江苏农村地区典当行注册资本来源发现，其主要来源于个人资本，其次为工商企业资本，政府资本较少。26.386 亿元注册资本中，71.86%为个人资本，34.33%为工商企业资本，剩余部分为政府资本。分地区来看，苏南地区典当行注册资本占全省农村地区总额的比重达 79.01%，苏中和苏北地区占比仅为 13.18%和 7.81% (表 2-26)。

表 2-26　典当行注册资本来源　(单位：亿元)

地区	政府资本	工商企业资本	金融企业资本	个人资本	合计
苏南	1.4	7.801	0	14.429	20.847
苏中	0.1	0.744	0	2.684	3.478
苏北	0.35	0.513	0	1.848	2.061
合计	1.85	9.058	0	18.961	26.386

2013 年，江苏农村典当行业务笔数合计 85 115 笔，同比增长 12.57%，其中，对个人典当业务笔数 77 165 笔，同比增长 12.30%，占比 90.66%，死

当笔数 550 笔，同比增长 18.28%，占比 0.65%。农村典当行主要分布在苏南地区，其业务笔数占全省总业务笔数的比重达 71.81%，苏中和苏北地区占比依次为 12.49%和 15.70%(表 2-27)。

表 2-27 典当业务情况 (单位：笔、亿元)

地区	典当业务笔数	对个人	死当笔数	收入
苏南	61 117	55 518	383	155.547
苏中	10 634	9034	18	0.21
苏北	13 364	12 613	149	62.596
合计	85 115	77 165	550	218.353

2013 年，江苏农村典当行业务收入显著提高，合计 218.353 亿元，约为 2012 年业务收入的 4 倍,其中,苏南和苏北地区所占比重较大,依次为 71.24%和 28.67% (表 2-27)。

3. 江苏农村担保公司发展

截至 2013 年年底，江苏农村共有担保公司 248 家，与 2012 年相比减少了 140 家，其中，苏南地区减少了 51 家，苏中地区减少 8 家，苏北地区减少了 81 家。苏北地区担保公司数目较多，共 111 家，员工平均规模为 8.35 人/家，与苏中地区相差较小，但明显小于苏南地区的担保公司平均规模 10.90 人/家。2013 年,江苏农村担保公司员工数降至 2279 人,同比下降了 20.95%，营业网点数降至 253 个，同比下降了 19.94% (表 2-28)。

表 2-28 担保公司基本情况

地区	公司家数/家	员工数/人	营业网点数/个
苏南	79	861	82
苏中	58	491	58
苏北	111	927	113
合计	248	2279	253

2013 年，江苏农村担保公司注册资本合计 276.162 亿元，主要来源于政府资本和工商企业资本，所占比重依次为 40.89%和 38.72%，其次为个人资本，占比 20.36%，金融企业资本较少。虽然苏北地区担保公司数目较多，但规模较小，注册资本占全省农村担保公司总额的 27.03%，显著小于其担保公司数目占比 44.76%，苏南注册资本占全省比重较高，达 49.18%(表 2-29)。

虽然江苏农村担保公司注册资本主要来源于政府资本和工商企业资本，但地区间存在差异：苏南和苏中地区注册资本来源中工商企业资本所占比重较大，分别为 45.98%和 48.87%，而苏北担保公司注册资本来源中，政府资本所占比重较大，为 61.12% (表 2-29)。

表 2-29　担保公司注册资本构成情况　(单位：亿元)

地区	政府资本	工商企业资本	金融企业资本	个人资本	注册资本合计
苏南	40.171	62.440	0.000	33.199	135.809
苏中	27.126	32.115	0.000	6.479	65.719
苏北	45.617	12.368	0.110	16.540	74.634
合计	112.913	106.923	0.110	56.217	276.162

2013 年，江苏农村担保公司年度担保业务笔数 7.212 万笔，同比增长 74.36%；年度保债余额 775.564 亿元，同比下降 10.20%；年度担保收入 25.042 亿元，同比增长 91.94%。与 2012 年相比，苏北地区担保公司年度担保业务笔数及担保收入显著增加，分别达到 5.106 万笔和 14.948 亿元，占全省比重依次为 70.80%和 59.69%；但年度保债余额仍小于苏南地区担保公司，占全省比重为 31.90%，而苏南地区比重为 45.98%(表 2-30)。

表 2-30　担保公司担保业务情况　(单位：万笔、亿元)

地区	年度担保业务笔数	年度保债余额	年度担保收入
苏南	1.374	356.601	7.453
苏中	0.732	171.550	2.641
苏北	5.106	247.414	14.948
合计	7.212	775.564	25.042

4. 江苏农村小额贷款公司发展

2013 年，江苏农村小额贷款公司数目、营业网点数目及从业人员数目均有所增加。其中，公司数目增至 303 家，增幅为 19.76%，营业网点增至 312 家，增幅为 21.40%，从业人员数达 2864 人，同比增加 18.79%。

分地区来看，苏南、苏中和苏北地区小额贷款公司均有所增加，其中苏南地区占全省比重较大，公司家数、营业网点数及从业人员总数比重均约为 42%，苏中地区比重均约为 33%，苏北地区比重均约为 25%。江苏农村小额贷款公司中,规模最大的公司有员工 31 人,规模最小的公司仅 4 人(表 2-31)。

表 2-31　小额贷款公司基本情况

地区	公司家数/家	公司营业网点数/个	从业人员总数/人	规模最大的公司/人	规模最小的公司/人
苏南	127	131	1202	21	4
苏中	99	102	956	21	5
苏北	77	79	706	31	5
合计	303	312	2864	31	4

江苏农村小额贷款公司注册资本合计 469.821 亿元，其中，苏南地区所占比重为 57.64%，苏中和苏北地区比重依次为 26.65%和 15.71%。苏南地区的小额贷款公司注册资本较大，苏北地区较小：苏南地区小额贷款公司的最大注册资本为 6 亿元，最小注册资本为 1 亿元；而苏北地区的小额贷款公司最大注册资本为 2.8 亿元，最小注册资本仅有 200 万元。

2013 年，苏南小额贷款公司外部筹资额达 33.527 亿元，苏中和苏北地区小额贷款公司数目较少、规模相对也较小，因此，当年外部筹资总额也较小，分别为 4.072 亿元和 5.590 亿元(表 2-32)。

表 2-32　小额贷款公司注册资本和实收资本情况　（单位：亿元）

	注册资本	注册资本最大	注册资本最小	实收资本	实收资本最大	实收资本最小	当年外部筹资总额
苏南	270.801	6.000	1.000	259.716	6.000	0.500	33.527
苏中	125.199	5.000	0.400	119.675	5.000	0.400	4.072
苏北	73.821	2.800	0.020	69.127	2.800	0.010	5.590

统计各地区小额贷款公司的贷款额度发现，苏南地区贷款平均额度较大，为 222.15 万元，显著高于苏中和苏北地区贷款平均额度 144.88 万元和 102.09 万元；苏北地区小额贷款公司贷款期限较长，平均期限为 9.58 月，而苏南和苏中地区贷款平均期限依次为 7.20 月和 6.45 月。随着利率市场化的逐步推进，以及农村家庭贷款用途由生活消费向生产投资的转移，江苏农村金融市场贷款利率波动幅度逐渐加大，最高利率水平也明显提高。2013 年，江苏农村小额贷款公司贷款的平均利率在 15%左右，但苏北地区的最高利率达 54.00%，显著高于 2012 年及苏南和苏中地区的最高利率水平(表 2-33)。

表 2-33　小额贷款公司经营情况　（单位：万元、月、%）

	贷款最大额度	贷款最小额度	贷款平均额度	最长期限	最短期限	平均期限	最高利率	最低利率	平均利率
苏南	3000.00	0.10	222.15	36.00	0.50	7.20	26.23	0.06	15.16
苏中	3000.00	0.20	144.88	41.00	1.00	6.45	24.39	5.40	14.72
苏北	1500.00	0.20	102.09	60.00	1.00	9.58	54.00	0.13	15.73

由于政策引导，江苏农村，尤其是苏南农村地区，小额贷款公司数目迅速增加，对农村经济的发展及农村家庭收入水平的提高起到了积极作用，然而由于缺乏监管，从业人员专业素质欠缺，以及受到欧债危机拖累，国内经济不景气，近年，全省小额贷款公司不良贷款率显著提高。2013 年，江苏农村小额贷款公司不良贷款额达 50.336 亿元，约为 2012 年不良贷款额的 2.5 倍，其中苏南地区所占比重达 81.21%，全省农村小额贷款公司不良贷款率增至

7.518%，高出 2012 年约 3 个百分点。由于苏南地区小额贷款公司政策扶持力度较大，且当地出口企业较多，受欧债危机影响较大，2013 年其不良贷款率增至 9.309%，高出 2012 年约 4 个百分点，显著高于苏中和苏北地区小额贷款公司不良率(表 2-34)。

表 2-34 小额贷款公司贷款质量情况 (单位：亿元)

地区	贷款余额	正常贷款	关注贷款	不良贷款	贷款不良率
苏南	439.150	381.532	16.740	40.878	9.309
苏中	141.879	134.129	3.525	4.225	2.978
苏北	88.497	80.836	2.429	5.232	5.912
合计	669.526	596.497	22.693	50.336	7.518

2013 年，江苏农村小额贷款公司营业收入合计 65.168 亿元，同比下降 2.27%，营业利润合计 37.619 亿元，同比下降 27.76%，小额贷款公司盈利能力下降显著。2013 年，苏中和苏北地区小额贷款公司效益较为稳定，苏南地区效益下降幅度较大：苏南地区小额贷款公司营业收入为 43.205 亿元，同比下降 5.83%；而营业利润额仅 22.848 亿元，同比下降幅度达 38.96%；苏中地区小额贷款公司营业收入和利润分别为 13.814 亿元和 9.616 亿元，同比增长幅度依次为 7.34%和 8.17%；苏北地区小额贷款公司营业收入和利润分别为 8.149 亿元和 5.155 亿元，营业收入同比增长 2.76 %，而营业利润同比下降了 10.39%(表 2-35)。

表 2-35 小额贷款公司效益情况 (单位：亿元)

地区	营业收入	贷款业务	营业支出	业务及管理费	营业利润
苏南	43.205	42.455	20.358	4.494	22.848
苏中	13.814	13.650	4.197	1.518	9.616
苏北	8.149	8.343	2.994	1.239	5.155
合计	65.168	64.449	27.549	7.251	37.619

5. 江苏农村保险公司发展

近年，江苏农村保险公司稳步发展，网点不断增加，业务规模逐步扩大，且仍以寿险公司为主。截至 2013 年年底，江苏农村共有保险公司营业网点 1151 个，员工数 56 683 人，保单余额 1467.41 万份，同比增长率依次为 3.97%、10.83%和 98.55%。保险公司员工中，营销人员比重较大，达 92.22%。在江苏农村保险公司中，寿险公司营业网点数所占比重为 58.82%，员工数所占比重为 63.24%，年末保单余额所占比重为 82.85% (表 2-36)。

与 2012 年相比，江苏农村寿险公司营业网点数、员工数及年末保单余额均有所增加，增幅分别为 17.94%、15.73%和 123.33%；但营销人员数目有所下降，降幅为 1.62%。与 2012 年相比，江苏农村财险公司营业网点有所减少，降幅为 11.07%，员工数增加了 3.30%，营销人员数目增加了 34.39 %；年末保单余额增加至 251.59 万份，增幅为 29.24% (表 2-36)。

表 2-36　保险公司发展情况

	营业网点/个	员工数/人	营销人员/人	年末保单余额/万元
寿险公司	677	35 849	44 997	1215.82
财险公司	474	20 834	7276	251.59
合计	1151	56 683	52 273	1467.41

三、小　结

1. 银行类金融机构服务规模进一步扩大，业务种类不断丰富，但供给方仍以国有商业银行和农村合作金融机构为主

截至 2013 年年末，江苏农村 6074 个银行类金融机构网点中，国有商业银行、农村合作金融机构和邮政储蓄银行网点比重较大；分地区来看，苏南银行类金融机构网点较多，苏南地区以国有商业银行网点为主，苏北地区以

农村合作金融机构网点为主。

江苏农村银行类金融机构从业人员共 88 667 人，其中，国有商业银行和农村合作金融机构从业人员比重较大；分地区来看，苏南国有商业银行从业人员较多，苏北农村合作金融机构从业人员较多。与 2012 年相比，江苏农村地区邮政储蓄银行、村镇银行、股份制商业银行从业人员显著增加，中国农业发展银行和外资银行从业人员数目有所下降，国有商业银行和合作金融机构从业人员数目变化较小。

截至 2013 年年末，江苏农村银行类金融机构 ATM 机共 18 080 台，与苏南地区相比，苏中和苏北银行类金融机构 ATM 机明显较少；从机构类型来看，国有商业银行和合作金融机构 ATM 机占全省比重较大。

随着农村家庭对金融服务需求逐步多样化，农村金融市场产品也逐渐丰富。截至 2013 年年末，江苏农村银行类金融机构业务种类平均有 35.84 种，其中，存款类业务 7.24 种，贷款类业务 8.59 种，结算类业务 6.99 种，理财类业务 4 种，银行卡业务和电子银行类业务分别为 3.50 和 3.39 种。2013 年，江苏农村银行类金融机构服务企业 15.029 万个，服务农户 216.781 万户。

2. 银行类金融机构本币存贷款余额稳步增长，但外币存款余额有所下降，贷款平均额度进一步提高，贷款利率波动幅度有增大的趋势

2013 年年末，江苏农村各银行类金融机构本币存款余额 27 719.38 亿元，其中，个人本币存款余额为 16 386.00 亿元，同比增长 13.91%，单位本币存款余额为 11 518.2 亿元，同比增长 10.14%；个人外币存款余额为 13.76 亿美元，显著低于 2012 年余额 25.10 亿美元，单位外币存款余额为 137.54 亿美元，同比减少 3.72%。

2013 年年末，江苏农村各银行类金融机构贷款余额合计 22 685.91 亿元，

同比增长 13.36%；农业贷款总额为 1706.96 亿元，涉农贷款余额达 14 751.53 亿元；在苏南和苏中地区，国有商业银行是最主要的放贷主体，而在苏北地区，尤其是对于农村家庭而言，农村合作金融机构是最主要的贷款来源。

2013 年，江苏农村银行类金融机构企业贷款平均额度为 681.17 万元/笔，显著高于 2012 年平均额度 523.24 万元/笔，企业贷款的最高利率为 40.00%，农户贷款的最高利率为 30.00%，利率波动幅度加大。

3. 银行类金融机构结算业务呈下降趋势，苏北、苏中地区理财业务发展缓慢，银行卡及电子银行业务发展较快

2013 年，江苏农村银行类金融机构结算业务金额合计 315 206.00 亿元，同比下降 12.17%。江苏农村银行类金融机构结算业务中，国内结算占比在 90%以上，国际结算业务及代理业务主要分布在苏南地区，苏中和苏北地区较少。

理财类业务以个人理财为主，主要分布在苏南地区。2013 年，江苏农村银行类金融机构理财业务金额合计 12 264.93 亿元，其中个人理财类占比达 91.00%；苏南地区占比为 78.99%。

近年，苏北地区银行卡业务发展迅速，苏中和苏南地区信用卡业务稳步增长。2013 年，江苏农村银行类金融机构借记卡发卡量 429.61 亿张，动卡量 213.02 亿张，全省农村信用卡发卡量 18.34 亿张，动卡量 10.11 亿张。苏南地区电子银行类业务发展较快，2013 年，江苏农村银行类金融机构电子银行业务开通数 59.386 亿户，活动账户数 27.260 亿户；网上银行业务开通数 60.359 亿户，活动账户数 28.276 亿户；电话银行业务开通数 29.011 亿户，活动账户数 7.120 亿户；手机银行业务开通数 51.433 亿户，活动账户数 20.009 亿户。

4. 银行类金融机构营业利润稳步增长，但不良贷款率有所上升

2013 年，江苏农村银行类金融机构营业收入合计 1189.56 亿元，同比增长 5.61%，营业利润合计 730.71 亿元，同比增长了 11.63%，利润总额达 723.52

亿元，同比增长 8.17%；其中，苏北地区利润总额增幅较大，为 25.04%。银行类金融机构 1189.56 亿元营业收入中，52.12%来自国有商业银行，其次主要来自农村合作金融机构和股份制商业银行，所占比重分别为 28.86%和 12.63%，其他各机构所占比重较小。国有商业银行和股份制商业银行盈利能力较强，农村合作金融机构、邮政储蓄银行和村镇银行的盈利能力较弱。

由于国内经济不景气以及欧债危机的影响，江苏农村地区部分企业产品销售困难导致部分地区银行不良贷款率有所提升。2013 年全省农村银行类金融机构不良贷款总额为 2336.51 亿元，不良贷款率 1.07%虽然略小于 2012 年的不良贷款率 1.1%，但是苏北地区不良贷款率超过了 2%。

5. 非银行类金融机构稳步发展，但担保公司网点有所减少，小额贷款公司不良贷款率显著提高

2013 年，江苏农村非银行类金融机构从业人员 62 791 人，同比增长 9.69%，以保险公司从业人员居多。除担保公司网点有所减少以外，其他各非银行类金融机构网点均有所增加。其中，苏南地区典当行、小额贷款公司网点较多，苏北地区则是担保公司网点较多，苏中地区保险公司网点较少。

2013 年，江苏农村地区共有典当行 117 家，新增 17 家；业务笔数合计 85 115 笔，同比增长 12.57%；业务收入显著提高，合计 218.353 亿元，约为 2012 年业务收入的 4 倍。

截至 2013 年年底，江苏农村共有担保公司 248 家，与 2012 年相比减少了 140 家，员工数降至 2279 人，同比下降了 20.95%，营业网点数降至 253 个，同比下降了 19.94%。年度担保业务笔数 7.212 万笔，同比增长 74.36%；年度保债余额 775.564 亿元，同比下降 10.20%；年度担保收入 25.042 亿元，同比增长 91.94%。

2013 年，江苏农村小额贷款公司数目、营业网点数目及从业人员数目均有所增加。其中，公司数目增至 303 家，增幅为 19.76%，营业网点增至 312

家，增幅为 21.40%，从业人员数达 2864 人，同比增加 18.79%。

2013 年，江苏农村小额贷款公司贷款的平均利率在 15%左右，但苏北地区的最高利率达 54.00%，显著高于 2012 年及苏南和苏中地区的最高利率水平。小额贷款公司不良贷款额达 50.336 亿元，约为 2012 年不良贷款额的 2.5 倍，其中苏南地区所占比重达 81.21%，全省农村小额贷款公司不良贷款率增至 7.518%，高出 2012 年约 3%。由于苏南地区小额贷款公司政策扶持力度较大，且当地出口企业较多，受欧债危机影响较大，其不良贷款率增至 9.309%，高出 2012 年约 4%，显著高于苏中和苏北地区小额贷款公司不良率。小额贷款公司营业收入合计 65.168 亿元，同比下降 2.27%，营业利润合计 37.619 亿元，同比下降 27.76%，小额贷款公司盈利能力下降显著。

近年，江苏农村保险公司稳步发展，网点不断增加，业务规模逐步扩大，且仍以寿险公司为主。截至 2013 年年底，江苏农村共有保险公司营业网点 1151 个，员工数 56 683 人，保单余额 1467.41 万份，同比增长率依次为 3.97%、10.83%和 98.55%。在江苏农村保险公司中，寿险公司营业网点数所占比重为 58.82%，员工数所占比重为 63.24%，年末保单余额所占比重为 82.85%。

第三章 江苏农村金融市场结构

一、江苏农村金融市场结构概况

1. 江苏农村金融机构网点分布

本章以2013年江苏省48个县域为样本，并将其按苏南、苏中以及苏北进行划分，着重考察江苏农村金融市场结构。其中苏南13个县域[①](2012年9月1日撤销县级吴江市，建立苏州吴江区)，苏中12个县域[②]，苏北23个县域[③]。

根据表3-1，2013年在江苏省所有县域农村金融机构中，商业性金融机构网点数最多，达3428家，占到县域农村金融机构总网点数的61.44%；其次是合作性金融机构网点数，占到县域农村金融机构总网点数的36.42%，政策性金融机构网点数则最少，只占县域农村金融机构总网点数的0.43%。与2012年相比，2013年江苏省县域金融机构总网点数有所增加，主要是新型农村金融机构扩张速度较快，由2012年65家增加至2013年95家，其次是商业性金融机构，仍进一步扩大其在县域的网点数。由此可见，截至2013年年末，江苏省县域农村金融机构主要以商业性金融机构为主，合作性金融机构为辅，政策性金融机构和新型农村金融机构数量相对较少，但新型农村金融

①包括溧水县、高淳县、江阴市、宜兴市、溧阳市、金坛市、常熟市、张家港、昆山市、太仓市、丹阳市、扬中市以及句容市(2012年9月1日，国务院批准，撤销县级吴江市，建立苏州吴江区)。

②包括兴化市、靖江市、泰兴市、姜堰市、仪征市、海安县、如东县、启东市、如皋市、海门市、宝应县以及高邮市。

③包括丰县、沛县、睢宁县、新沂市、邳州市、赣榆县、东海县、灌云县、灌南县、涟水县、洪泽县、盱眙县、金湖县、响水县、滨海县、阜宁县、射阳县、建湖县、东台市、沭阳县、泗阳县、泗洪县以及大丰市。

扩张较快。

表 3-1　2012~2013 年江苏省县域金融机构网点分布情况　(单位：个)

	政策性金融机构	商业性金融机构	合作性金融机构	新型农村金融机构	总数
2012 年	47	3247	2002	65	5361
2013 年	24	3428	2032	95	5579

数据来源：根据调研数据整理得到。

2. 县域农村金融市场集中度

本文采用赫芬达尔指数(*HHI*)来测量样本县域农村金融市场的集中度，其计算公式为

$$HHI=\sum(S_i/S)^2\cdot 10\,000$$

其中，S_i 表示第 i 家县域农村金融机构的存款(贷款)额，S 为县域农村金融市场上所有金融机构的存款(贷款)总额。如此计算出的 *HHI* 指数分别表示了县域农村存款(贷款)市场的集中程度。

江苏县域农村金融市场 2013 年存款、贷款集中程度分别为 1948.04 和 1858.19。由此可见，江苏县域农村金融市场在存款方面和贷款方面的 *HHI* 值均大于 1800 但小于 3000，说明其存款贷款市场属于高寡占 II 型。

3. 县域农村金融市场份额

1) 江苏县域各农村金融机构的存款份额

市场份额是指某一金融机构存款或者贷款数量占整个银行业存款和贷款总额的比重。本书用下面公式进行计算：

$$MS = S_i/S$$

其中，S_i 表示第 i 家县域农村金融机构的存款(贷款)额，S 为县域农村金融市场上所有金融机构的存款(贷款)总额。*MS* 描述了各家金融机构的存款和贷款

的市场占比，可以比较全面地反映各家金融机构在县域金融市场上所处的市场地位及其相互间的竞争关系。

江苏县域农村金融市场上各家农村金融机构的存款份额如表 3-2 所示。横向上看，2013 年，江苏县域农村金融市场上存款份额最大的是农村商业银行，占整个江苏县域农村金融市场存款总额的 30.97%；其次是中国农业银行，占比为 16.05%；处于第三位的是中国建设银行，占比为 11.59%；中国工商银行的占比为 10.34%，位列第四位；第五位是邮政储蓄，占比为 9.13%。纵向上看，相比于 2012 年，2013 年中国农业银行、中国工商银行、中国建设银行、中国银行、中国交通银行和中小型股份制银行存款份额都有所缩减，下降幅度分别为 2.29%、1.60%、0.57%、1.78%、2.14%、0.86%。其中中国农业银行的下降幅度最大，高达 2.29%。相反，农村商业银行、农业发展银行、邮政储蓄和村镇银行的存款份额都有所增长，增长幅度分别达 7.50%、0.19%、2.13%、0.86%。

表 3-2　2012~2013 年江苏县域农村金融市场各家农村金融机构的存贷款份额(单位：%)

	2012 年		2013 年	
	存款	贷款	存款	贷款
农村商业银行	23.47	23.03	30.97	30.22
农业发展银行	0.27	0.34	0.46	1.75
邮政储蓄	7	4.9	9.13	3.25
中国农业银行	18.34	17.32	16.05	11.87
中国工商银行	11.94	12.26	10.34	12.54
中国建设银行	12.16	12.2	11.59	12.42
中国银行	10.44	10.81	8.66	11.20
中国交通银行	3.69	4.21	1.55	2.52
中小型股份制银行	9.09	11.47	8.23	10.46
村镇银行	0.85	1.07	1.71	1.87
县域其他金融机构	2.76	2.39	1.32	1.90

注：表中统计的小型股份制银行包括招商银行、中信银行、民生银行、华夏银行、兴业银行、深圳发展银行、上海浦发银行和恒丰银行。

2) 江苏县域农村金融机构的贷款份额

江苏县域农村金融市场上各家农村金融机构的存款份额如表 3-2 所示。2013 年，江苏县域农村金融市场上贷款份额最大的依然是农村商业银行，占整个江苏县域农村金融市场贷款总额的 30.22%；其次是中国工商银行，占比为 12.54%，排名第三的是中国建设银行，占比为 12.42%；中国农业银行的占比为 11.87%，位列第四位；第五位是中国银行，占比为 11.20%。相比于 2012 年，2013 年邮政储蓄、中国农业银行、中国交通银行和中小股份制银行的贷款份额都有所缩减，下降幅度分别达到 1.65%、5.45%、1.69%、1.01%。其中，中国农业银行的下降幅度最大。相反，农村商业银行、农业发展银行、工商银行、建设银行、中国银行和村镇银行的贷款份额都有所提升。增长幅度分别达到 7.19%、1.41%、0.28%、0.22%、0.39%和 0.8%。其中，农村商业银行在 2013 年县域农村金融市场增长势头强劲。

二、不同经济发展水平县域农村金融市场结构比较分析

1. 县域农村金融机构网点分布比较

由于自然条件、经济条件、社会条件、技术条件和政策引导的地域差异，有限的金融资源在总量和空间分布上差异会影响到区域经济发展和产业结构的不同。区域经济发展差异同时也会影响到区域金融供给与需求的差异，从而进一步影响到县域农村金融市场的结构。鉴于江苏苏南、苏中以及苏北县域的地理位置、经济发展水平及金融发展水平的差异，本书进一步对三大区域的县域农村金融结构进行比较分析，以突出经济发展水平差异对农村金融市场结构的影响。表 3-3 对江苏省县域农村金融机构的网点分布进行了分区域分机构的统计，从网点总数来看，苏南县域农村金融机构的网点总数最多，显著多于苏中以及苏北县域农村金融机构网点总数；从不同类型的金融机构

网点数量来看，苏南县域农村金融机构中以商业性金融机构为首，多于苏中以及苏北县域农村金融机构的商业性金融机构，而苏北县域农村金融机构中的合作性金融机构和新型农村金融机构网点数最多，拥有 757 个合作性金融机构网点和 44 个村镇银行网点，苏北地区新型农村金融机构发展迅速；三大区域内，苏中地区合作性县域农村金融机构网点数最少，而苏南县域农村金融机构中此类型金融机构网点数居中。

表 3-3 2013 年江苏省县域金融机构网点分布情况 (单位：个)

	政策性金融机构	商业性金融机构	合作性金融机构	新型农村金融机构	网点总数
苏南	9	1608	704	30	2351
苏中	6	1061	571	21	1659
苏北	9	759	757	44	1569
江苏	24	3428	2032	95	5579

1) *苏南*

江苏苏南县域农村金融机构总网点数的百分比如图 3-1 所示。苏南县域农村金融机构中的商业性金融机构网点数量最多，占到苏南县域农村金融机构总网点数的 68.40%，其次分别是合作性金融机构和新型农村金融机构的网点数，分别占到总网点数的 29.94%和 1.28%，最少的是政策性金融机构网点数，只占到苏南县域农村金融机构总网点数总量的 0.38%。

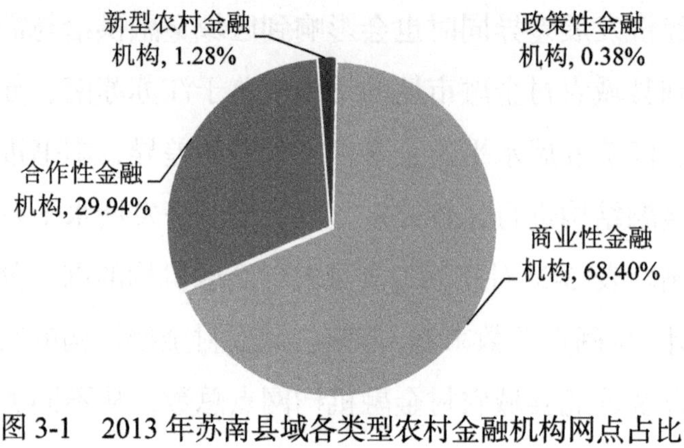

图 3-1 2013 年苏南县域各类型农村金融机构网点占比

2) 苏中

苏中县域农村金融机构中网点数最多的依然是商业性金融机构，占苏中县域农村金融机构网点总数的 63.95%；其次是合作性金融机构网点数，占苏中县域农村金融机构网点总数的 34.42%；网点数最少的是政策性金融机构，只占到苏中县域农村金融机构网点总数的 0.36%；而新型农村金融机构的网点份额基本维持在 1.2%以上。由 2012 年的 0.82%增长至 2013 年的 1.27%。具体苏中地区各类型县域农村金融机构网点分布如图 3-2 所示。

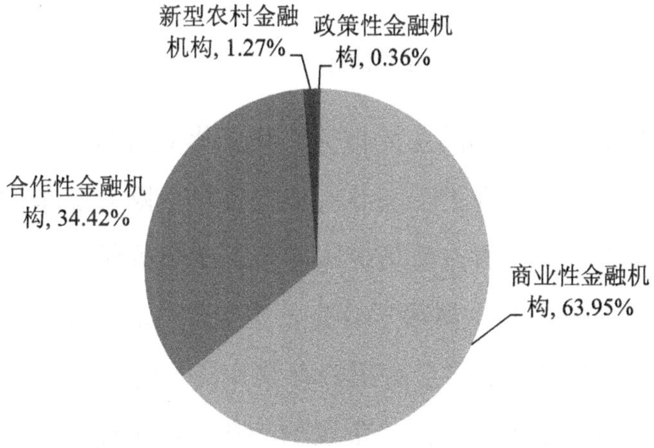

图 3-2　2013 年苏中县域各类型农村金融机构网点占比

3) 苏北

苏北地区县域农村金融机构总网点数的分布百分比如图 3-3 所示，苏北县域农村金融机构中网点数最多的依然是商业性金融机构，占比 48.37%；其次是合作性金融机构，占比 48.25%，二者几乎各占半壁江山；而新型农村金融机构的网点份额由 2012 年的 1.64%增长至 2013 年的 2.80%；而政策性金融机构占比仍是最少，为 0.57%。

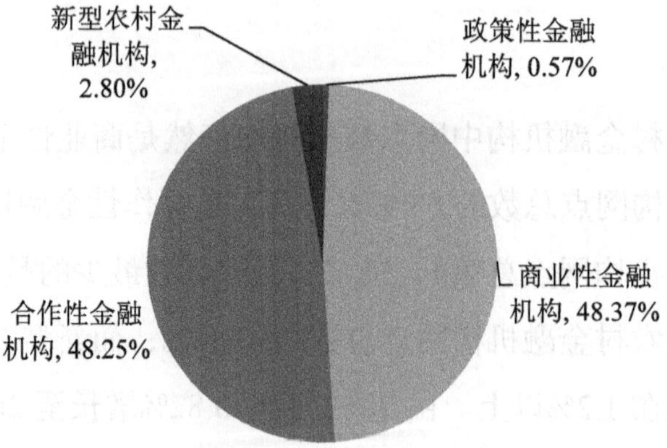

图 3-3　2013 年苏北县域各类型农村金融机构占比

2. 县域农村金融市场集中度比较

集中度是度量市场结构的主要指标，其变化能直接反映市场的竞争状态变化，反映一个产业内企业的分布状况以及市场垄断和竞争的程度。市场集中度越高，说明少数企业所占市场份额越大，市场垄断程度越高。

2013 年江苏县域农村金融市场存贷款集中度计算结果如表 3-4 所示。横向上看，2013 年苏北县域农村金融机构存款和贷款的 *HHI* 值均高于苏南和苏中县域，苏北县域的集中度越高，市场的垄断程度越高。苏北县域农村金融机构信贷集中度介于 1800~3000，属于高寡占 II 型，且存款市场的垄断程度高于贷款市场。苏南县域农村金融机构的情况则相反，苏南县域农村金融机构金融市场的 *HHI* 值小于 1800，说明苏南县域农村金融机构的金融市场属于低寡占 I 型。苏中县域农村金融机构的存贷款的 *HHI* 值也小于 1800，属于低寡占 I 型，垄断程度高于苏南县域农村金融市场。由此可见，不同经济发展水平的县域农村金融市场结构是有差异的，经济发达的苏南县域农村金融市场的竞争程度更高，而相对落后的苏北县域农村金融市场的垄断程度较高。这与地域经济和产业结构有关，苏南地区经济发达，农村金融市场商业化和城市化程度更高，商业性金融机构的进入，降低了县域农村金融市场集中度，农村信用社凭借独特的区域优势始终保持稳定的市场份额；苏北地区经济相对落后，商业性金融缺乏，农村信用社凭借改革中的各种优惠政策，不断提高市场份额，市场集中度不断提高。

相比于 2012 年，2013 年江苏省的存款垄断程度和贷款集中度都有所上升。2012 年江苏省农村金融市场中的存款和贷款市场属于低寡占 I 型和低寡占 II 型，而 2013 年存款和贷款市场均属于高寡占 II 型。从三大区域内部分析，苏南县域农村金融机构存款市场的 *HHI* 值大于 1400 并小于 1800，属于低寡占 I 型，贷款市场 *HHI* 值小于 1400，属于低寡占 II 型。苏中县域农村金融机构的存贷款的 *HHI* 值均大于 1400 并小于 1800，属于低寡占 I 型。苏北县域农村金融机构的存贷款的 *HHI* 指数大于 1800，属于高寡占 II 型。

表 3-4　2012~2013 年江苏农村存贷款市场集中度

		苏南	苏中	苏北	江苏
2012	存款	1317	1537	1695	1537
	贷款	1228	1460	1600	1290
2013	存款	1507	1763	2330	1948
	贷款	1392	1694	2245	1858

3. 县域农村金融机构市场份额比较

集中度从市场分布角度反映了垄断竞争程度，为了进一步明确县域金融市场的内部结构，较全面地反映各家金融机构在不同县域农村金融机构所处的市场地位，从量化市场份额角度出发，对样本县域的金融机构的存贷款市场份额(MS)进行分县域农村金融机构计算，并对不同县域农村金融机构的县域农村金融市场份额进行比较，从而进一步分析不同经济发展水平县域农村金融市场结构差异的内在原因。

1) 苏南、苏中、苏北各县域农村金融机构存款份额

2013 苏南、苏中以及苏北各县域农村金融市场上各家农村金融机构的存款份额如表 3-5 所示。其中，苏南县域农村金融机构存款份额最大的为农村

商业银行，为 24.57%；其次是中国农业银行，占比为 18.89%；排名第三的是中国建设银行，占比为 11.81%；中国工商银行位列第四位，占比为 11.05%，农村商业银行的份额由 2012 年的 20.13%增长至 24.57%。苏中县域农村金融机构存款份额最大的为农村商业银行，占比为 29.53%，其次是中国农业银行，为 14.85%；排名第三的是中国建设银行，占比为 13.44%；中国工商银行位列第四位，占比为 12.48%，较 2012 年相比，中国建设银行和工商银行的市场份额略有下降。而苏北县域农村金融机构的农村商业银行的存款份额则占据领导性地位，为 35.84%，其次是中国农业银行，为 14.89%；排名第三的是邮政储蓄，占比为 10.53%；中国建设银行位列第四位，占比为 10.43%。

表 3-5　2012~2013 年苏南、苏中、苏北县域农村金融机构各银行存款份额(单位：%)

机构	2012 年			2013 年		
	苏南	苏中	苏北	苏南	苏中	苏北
农村商业银行	20.13	25.82	31.33	24.57	29.53	35.84
农业发展银行	0.18	0.28	0.54	0.40	0.38	0.54
邮政储蓄	3.59	9.97	14.12	6.43	9.71	10.53
中国农业银行	20.82	14.74	15.33	18.89	14.85	14.89
中国工商银行	11.07	15.68	9.15	11.05	12.48	8.73
中国银行	11.22	9.71	8.88	9.19	9.18	8.03
中国建设银行	12.63	13.85	7.96	11.81	13.44	10.43
中国交通银行	5.09	2.38	0.87	3.60	1.38	0.34
江苏银行	2.08	3.35	4.36	2.75	3.14	4.33
招商银行	1.37	0.20	—	1.27	0.52	0.04
中信银行	2.58	1.47	—	1.79	1.97	—
民生银行	1.43	0.14	0.40	1.39	0.29	0.65
华夏银行	1.11	0.02	—	0.76	0.20	—
兴业银行	0.64	0.15	—	0.59	0.34	—
深圳发展银行	—	—	—	0.02	—	—
上海浦发银行	2.63	0.35	—	2.07	0.53	0.02

续表

机构	2012 年			2013 年		
	苏南	苏中	苏北	苏南	苏中	苏北
恒丰银行	0.04	—	—	0.27	—	—
村镇银行	0.79	0.53	1.58	1.11	0.76	2.61
县域其他金融机构	2.60	1.35	5.48	2.05	1.32	3.02

由表 3-5 中数据可以发现，苏南县域农村金融机构的中国农业银行和农村商业银行的存款份额较大，农村商业银行略高于中国农业银行，而苏中以及苏北县域农村金融机构的农村商业银行占有明显领先份额优势，尤其是在苏北县域农村金融机构中，农村商业银行存款份额为 35.84%，是苏北县域农业银行市场份额的 2 倍以上。以上结果充分表明，在苏南县域农村金融机构中，存款市场充分自由竞争，而苏北县域农村金融机构的存款市场处于由农商行垄断的状态，这主要是由于县域农村金融机构之间的经济发展状况不同所决定的，苏北地区经济相对落后，商业性金融缺乏，农村商业银行及信用社凭借改革中的各种优惠政策，不断提高市场份额。

2) 苏南、苏中、苏北各县域农村金融机构贷款份额

2013 年苏南、苏中以及苏北各县域农村金融市场上各家农村金融机构的贷款份额如表 3-6 所示。在苏南县域农村金融机构，贷款份额最大的为农村商业银行，为 20.36%；其次是中国农业银行，占比为 14.49%；排名第三的是中国工商银行，占比为 14.61%；排名第四的是中国建设银行，占比为 13.24%。苏中县域农村金融机构贷款份额最大的是农村商业银行，占比为 28.84%；其次是中国建设银行，占比为 14.26%；排名第三的是中国工商银行，占比为 12.31%；中国银行位列第四位，占比为 11.77%。苏北县域农村金融机构中贷款份额最大的依然是农村商业银行，以 37.25%的贷款份额占有绝对优势；其次是中国工商银行，占比为 11.36%；排名第三的是中国建设银行，占比为

10.90%；中国银行位列第四位，占比为 10.67%。

表 3-6　2012、2013 年苏南、苏中、苏北县域农村金融机构各银行贷款份额(单位：%)

机构	2012 年			2013 年		
	苏南	苏中	苏北	苏南	苏中	苏北
农村商业银行	19.09	24.79	34.86	20.36	28.84	37.25
农业发展银行	0.24	0.38	0.67	2.01	1.60	1.66
邮政储蓄	2.51	7.51	9.93	2.70	2.67	3.92
中国农业银行	19.50	13.90	14.28	14.49	11.74	10.27
中国工商银行	11.74	15.27	9.86	14.61	12.31	11.36
中国银行	10.95	10.50	10.77	11.54	11.77	10.67
中国建设银行	12.05	14.65	9.24	13.24	14.26	10.90
中国交通银行	5.47	3.10	1.16	4.42	3.47	0.79
江苏银行	2.61	4.50	5.27	3.70	5.13	5.78
招商银行	2.04	0.25	—	1.74	1.04	0.03
中信银行	2.88	1.97	—	2.06	1.97	—
民生银行	1.91	0.17	0.48	1.40	0.39	0.60
华夏银行	1.27	0.02	—	1.05	0.20	—
兴业银行	0.78	0.18	—	0.45	0.32	—
深圳发展银行	—	—	—	0.03	—	—
上海浦发银行	3.08	0.39	—	2.49	0.63	—
恒丰银行	0.04	—	—	0.39	—	—
村镇银行	0.95	0.67	2.08	1.25	1.11	2.68
县域其他金融机构	2.92	1.74	1.40	2.06	2.55	4.09

依据表 3-6 可以看出，2013 年苏南县域农村金融机构的贷款市场是以中国农业银行为主，与 2012 年的排名相比，与农村商业银行差距变大；在苏中县域农村金融机构的贷款市场，农村商业银行已经显现出一种垄断的地位；苏北县域农村金融机构中农村商业银行占据绝对优势，这与存款市场份额排名类似。可见，在苏南、苏中以及苏北县域农村金融机构中，农村商业银行

在贷款市场上的地位逐渐显著。这种差异首先主要是由于各地的经济发展水平不同所造成的，其次是政策的引导导致农商行在苏北地区发展势头较好。

三、县域农村金融市场结构变化趋势

综上分析显示，县域农村金融机构的网点分布、金融市场集中度以及金融市场份额之间存在着密切地联系，其中苏南、苏中及苏北地区县域农村金融市场结构及县域经济发展水平差距有所缩小，近两年县域农村金融市场结构发展也存在如下变化趋势。

1. 商业性金融机构和新型农村金融机构覆盖面扩大

2012~2013 年，江苏省县域新型农村金融机构的数量从 65 家扩大到 95 家，政策性金融机构呈现缩减态势，而新型农村金融机构的网点覆盖面不断扩大，这也就关乎处理“市场与政府”二者间的关系，在现代市场经济国家中，未来发展商业性金融机构仍是金融体系的主体，政策性金融是金融与财政的“互补”结合，在坚持政策性前提下，政策性银行的性质不变，并将强化支持“三农”的职能，政策性金融的改革迫在眉睫。而新型农村金融机构深入了农村腹地，覆盖了农村金融空白点，网点逐年增加。

2. 农村商业银行扩张县域农村市场，存贷规模渐增

2012 年，农村商业银行的存贷款份额分别到达 23.47%和 23.03%，截至 2013 年年末，其存款市场占有率已扩大至 30.97%，贷款市场份额达 30.22%。存款额总量、市场份额均位居全省金融机构之首。农村商业银行在服务环境、员工形象、服务理念、服务技巧、客户满意度等方面都有了明显提高，服务面貌焕然一新，各项服务及产品的提升带来了农村商业银行的新突破。

3. 三大区域差距缩小，垄断程度增强

传统发展模式中，苏南地区以乡镇企业经济为主导，对外开放度高；苏

北地区仍以传统农业生产为主，经济环境较封闭；苏中地区发展模式介于二者之间。但随着南北资源共享进程的加快以及政府的政策鼓励，三大区域的经济差异逐年缩小，江苏省为支持苏北经济发展推出加强银企合作、促进南北对接的措施，加上苏北地区人工成本较低，促进了苏南企业的转移。同时，苏南地区农商行加快在苏北地区开设异地网点和分支机构，使得原有服务农村的金融机构网点不断增加，另外，政策鼓励的新型农村金融机构和组织不断涌现，如小额贷款公司、农村资金互助社等数量的迅增，外资银行的不断涌入等。在苏南县域农村金融机构，其存款市场是一种竞争状态，而苏北县域农村金融机构的存款市场是处于一种农信社垄断的状态，信贷市场由低寡占Ⅰ型发展为高寡占Ⅱ型。

四、小　结

根据对江苏省 48 个县域农村金融市场结构的测算，得出以下结论。

第一，从县域农村金融机构网点分布来看，苏南、苏中、苏北三大区域的农村金融机构网点分布均以商业性金融机构网点为首，其次为合作性金融机构网点，政策性金融机构在这三大区域的县域农村市场中份额都是最少的。苏南、苏中以及苏北的银行网点分布则存在着结构性差异。苏南以及苏中县域农村金融机构是以商业性金融机构为主体，但苏南县域农村金融机构的商业性金融机构网点份额高于苏中县域农村金融机构，其次是合作性金融机构，但苏南县域农村金融机构的合作性金融机构所占百分比小于苏中县域农村金融机构的合作性金融机构；苏北县域农村金融机构则与苏南和苏中有所不同，商业性金融机构与合作性金融机构二者几乎各占据半壁江山，苏北地区新型农村金融机构网点数所占百分比是三大区域内最高的，在苏北地区的发展态势也优于苏南和苏中地区。综上所述，苏南、苏中以及苏北的县域金融机构网点都以商业性金融机构为主，但三大地区的合作性金融机构分布差异非常明显，说明不同经济发展水平的县域农村金融机构金融结构存在巨大差异。

第二，从县域农村金融市场集中度来看，江苏省的存贷款市场均属于高寡占Ⅱ型,不同经济发展水平的县域农村金融机构在集中度方面也存在差异。苏北县域农村金融机构的存款和贷款的*HHI*值均高于苏南和苏中县域，数值显示苏北县域农村金融机构的金融市场属于高寡占Ⅱ型，且存款市场的垄断程度高于贷款市场的垄断程度。而苏南县域农村金融机构存贷款集中度则不然，苏南县域农村金融机构存款市场*HHI*属于低寡占Ⅰ型，贷款市场的*HHI*值小于1400，说明苏南县域农村金融机构的金融市场属于低寡占Ⅱ型。而苏中县域农村金融机构的存贷款的*HHI*值均大于1400并小于1800，属于低寡占Ⅰ型。这些数据显示了苏南、苏中以及苏北三县域农村金融机构之间的差异，更好的说明不同经济发展水平的农村县域农村金融机构信贷市场结构的变化。

第三，从县域农村金融机构存贷市场份额上来看，无论苏南、苏中、苏北地区，县域农村金融机构存贷款市场份额最大的均是农村商业银行。在苏南、苏中以及苏北县域农村金融市场上，农村商业银行的地位逐渐显著。这种差异主要是由于各地的经济发展水平不同所造成的。

第四，从新型农村金融机构发展现状来看，村镇银行、农村资金互助组织等新型农村金融机构存在资金不足、初期客户认同度低等问题，因而市场份额较少，仍不能和农商行、商业性金融和机构、邮储等进行直接竞争。但新型农村金融机构经营机制灵活，随着经济发展水平的提高，农村金融市场逐步向多层次完善。

第四章　江苏农村金融发展评价

根据中央自 2004 年历年的一号文件和其他重要文件精神，我国当前和今后一段时期继续进行农村金融改革，其基本要求和目标应是建立满足或者适应农村多层次金融需求的，功能完善、分工合理、产权明晰、管理科学、监管有效、竞争适度、优势互补、可持续发展的普惠性的完整农村金融体系。只有这样，才能真正解决农村地区农民贷款和金融服务难问题，促进当地农业和农村经济的发展，为建设社会主义新农村和构建和谐社会营造良好的金融环境。在县域经济非均衡发展的背景下，农村金融目前存在问题的具体表现一是金融供求之间的不平衡，农村资金通过银行存款大量转移到城市，农村金融的覆盖面、供给规模以及深度都有很大差距，农村金融适度竞争的局面还没有完全形成。二是地区之间的不平衡、大中小金融机构的不平衡以及商业性、政策性和合作性金融机构之间的不平衡。从地域来看，经济发达地区金融发展水平与经济欠发达地区之间的不平衡持续存在。

为了更全面系统地分析县域农村金融发展的特点，结合十八届三中全会提出的“普惠金融”概念，本章拟通过建立评价指标体系，采用因子分析方法计算出江苏省各县(市)金融发展各因子水平和综合水平，在数据分析的基础上具体评析并比较县域农村金融发展的特征。

一、农村金融发展的指标评价体系

根据农村金融发展的内涵，县域农村金融发展是指不断演化、适应并服务于县域经济的银行中介各层面动态调整的结果，具体包括银行规模总量、银行组织结构、银行中介效率和银行服务覆盖面等层面。本章借鉴已有的指标，以科学合理地测度县域农村金融发展不平衡的水平和程度、分析县域农村金融发展中可能的问题和进步为原则，从县域农村金融视角建立起相应的指标评价体系(表 4-1)。

需要强调的是，关于县域农村金融发展的指标体系的构建自身处于不断完善、进步和发展的过程。随着社会经济条件的变化，往往会不断产生和提出新的金融现象和金融需求，这就要求县域农村金融指标体系能够予以适当反映，研究方法也需不断改善。因此，追求该指标体系全面完美的测度并不现实，也是无益的。我们只是将其作为考察和分析县域农村金融发展中可能存在的问题和进步的有用工具，能够为政策制定者发现金融发展在地区之间的具体差异提供建议，这不失为一种更为可取的出发点。

表 4-1 县域农村金融发展指标评价体系

准则	指标	指标注释
规模总量	X1 金融资产相关率	年末金融机构存贷款余额/地区生产总值
	X2 金融深度	年末金融机构贷款额/地区生产总值
组织结构	X3 市场竞争度	1-赫芬达尔指数
	X4 农信社除外的金融机构存贷款市场份额	1-农村信用社存(贷)款余额/全县金融机构存(贷)款余额
	X5 农信社除外的金融机构营业网点市场份额	1-农村信用社的营业网点数/全县金融机构网点数
中介效率	X6 存贷比	年末金融机构贷款余额/年末金融机构存款余额
	X7 金融市场化率	非国有金融机构的存贷款余额/地区生产总值
	X8 农业资金配置	涉农贷款余额/农业增加值
服务覆盖面	X9 银行网点覆盖面	银行网点数/县(市)人口数
	X10 农户的金融可获性	获取金融服务的农户数/县(市)人口数
	X11 企业的金融可获性	获取金融服务的企业数量

1. 规模总量指标

X1：农村金融资产相关率。金融增长表现为金融资产相对于国民财富的扩展，以存贷款数据作为县域农村金融资产一个窄的衡量指标。

X2：农村金融深度。金融深度为金融机构的流动负债占 GDP 的比例。受限于数据可获得性的限制，此处选取了银行年末贷款余额衡量县域农村金融机构的流动负债。

2. 组织结构指标

X3：农村金融市场竞争度。

赫芬达尔指数(*HHI*)。$HHI_{i,t}=\sum_{j=1}^{n}\left(D_{j,i,t}/\sum_{j=1}^{n}D_{j,i,t}\right)^2$ 衡量了金融市场的集中度，其中 $D_{j,i,t}$ 指 i 地区 j 银行 t 时期的存款(贷款)。某一银行完全垄断时，$HHI=1$，高度垄断的金融市场牺牲了市场竞争的效率；完全竞争的市场时，$HHI=1/n$，n 个银行平均分配农村金融市场份额。一般来说，竞争可以提高金融效率，金融效率的提高对地方经济发展有积极的促进作用。用 $1-HHI$ 可以较好地衡量金融市场的竞争程度。

X4：农信社除外的金融机构存贷款市场份额。有事实表明，农村区域的一些中小型银行经营形式灵活、服务种类多样，积极开展金融创新，但是在各地发展是不平衡的。我们将“农村中小银行”定义为在县域拥有审批权限、具有法人地位的银行，这里引申为农村信用社(农村合作银行、农村商业银行)。该指标通过农村信用社除外的金融机构在农村金融市场上的竞争能力和进入壁垒，用于考察农村区域金融市场的竞争程度具有可行性。

X5：农信社除外的金融机构营业网点市场份额。农信社地处于县乡一级，网点遍布城乡，表现了其一定的垄断程度，用 1 减去农信社的市场份额对营业网点的分散程度具有一定的代表性。

3. 中介效率指标

金融中介的效率表现在储蓄投资的转化效率和资本配置效率两个方面。储蓄投资的转化效率是金融的重要方面，资本的形成对经济发展的积极影响是不言而喻的，这也一直是经济学家讨论的重点。资本配置效率是衡量金融市场运行效率的重要指标之一，许多经济学家在模型中说明了金融中介识别风险的信息作用，并将其与资本生产率的提高联系起来。资本配置效率的提高意味着资本流入高收益率的产业，流出低收益率的产业。

X6：存贷比。反映了间接融资转化效率，可以反映出区域的资金转化能力。

X7：金融市场化率。非国有金融机构的资产指的是除工农中建交以外的各类股份制商业银行和农村信用社的资产。金融市场化率反映非国有金融机构参与市场的程度。既反映了各地区金融市场竞争程度，又体现了金融效率。

X8：农业资金配置效率。指一单位的农业增加值，需要多少的信贷资金投入。从行业、部门层面评价信贷资金的配置效率用以评价农业贷款对县域经济的扶持作用。

4. 服务覆盖面指标

X9：银行网点覆盖面。农村金融机构在多大程度上成功地服务了目标客户、满足目标客户的需求，反映了农村需求主体获取存款、贷款、汇兑结算等金融服务的方便性。

X10：农户的金融服务可获得性。农村长期的金融抑制使得农户缺乏资金支持，农村金融市场的金融配给制度使得对农户而言更重要的是贷款的可获得性，而不是贷款的价格。

X11：企业的金融服务可获得性。本章尝试从宏观层面获得金融服务的企业数量来解释企业信贷的可得性，以反映金融发展在企业信贷融资过程中的作用。

二、2012 年和 2013 年江苏农村金融发展评价比较

1. 农村金融发展的因子提取

上文分析了衡量县域农村金融发展的初始指标体系。如果指标过多，则难以抓住核心，所以在选取初始指标的基础上，通过因子分析法从初始指标中选取尽可能多地反映原来变量信息的公因子，也是将目标属性转变为过程属性的过程。依据县域农村金融发展的评价指标体系，结合江苏省经济发展和产业结构在苏南、苏中和苏北存在区域差异的基本省情及技术上的可操作性，选取了江苏省 45 个县(市)[①]2012 年和 2013 年的相关数据衡量农村金融发展水平。运用 SPSS 13.0 软件，采用因子分析法中的主成分分析法提取出四个公因子以反映县域农村金融发展的综合特征。如表 4-2 所示。

表 4-2 旋转后的因子载荷矩阵

指标	主成分			
	F1	F2	F3	F4
X4 存贷款市场份额	0.82		–0.19	
X8 农业资金配置效率	0.82	0.23	0.21	
X3 金融市场竞争度	0.78	0.28		
X9 银行网点覆盖面	0.77	0.51		
X11 企业金融可获性	0.75	0.31	0.16	0.12
X5 营业网点市场份额	0.72	0.35	–0.29	
X1 金融资产相关率	0.41	0.86		
X7 金融市场化率	0.13	0.86		0.12
X2 金融深度	0.39	0.84	0.21	

① 样本县(市)包括江阴市、宜兴市、丰县、沛县、睢宁县、新沂市、邳州市、溧阳市、金坛市、常熟市、张家港市、昆山市、太仓市、海安县、如东县、启东市、如皋市、海门市、赣榆县、东海县、灌云县、灌南县、涟水县、洪泽县、盱眙县、金湖县、响水县、滨海县、阜宁县、射阳县、建湖县、东台市、大丰市、宝应县、仪征市、高邮市、丹阳市、扬中市、句容市、兴化市、靖江市、泰兴市、沭阳县、泗阳县和泗洪县，共 45 个县(市)。

续表

指标	主成分			
	F1	F2	F3	F4
X6 存贷比			0.95	
X10 农户金融可获性				0.99

提取方法：主成分分析法。
旋转方法：最大方差法。
旋转收敛迭代次数为 7 次。
系数显示格式按大小排序，压缩绝对值小于 0.1 的系数。

根据数据分析结果和各评价指标的经济学含义，将提取出的四个公因子 F1、F2、F3、F4 分别定义为结构因子、规模因子、效率因子和可获性因子，以评价县域农村金融发展的各项特征。

2. 农村金融发展变化趋势

依据回归结果，将样本县(市)的金融发展结构、规模、效率和可获性按年取均值，以此获得县域农村金融发展各年的整体水平，如图 4-1 所示。横轴表示因子得分，即为县域农村金融发展水平的计量指标。因子得分为 0，表示当年金融发展水平处于样本的平均水平；因子得分为负值，表示当年金融发展水平处于平均水平以下；因子得分为正值，则表示当年金融发展水平处于平均水平以上。

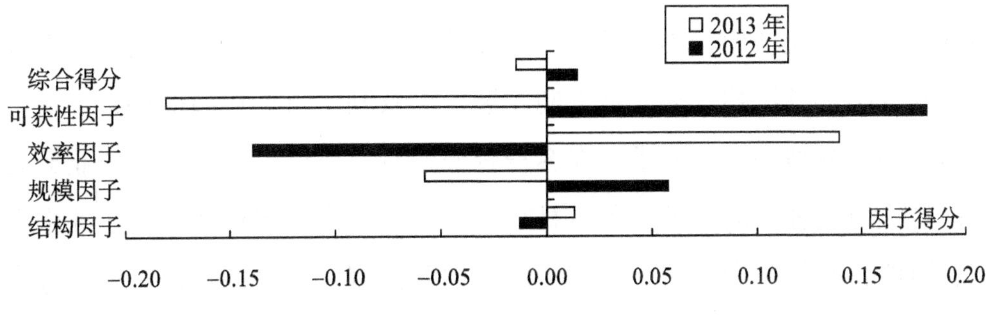

图 4-1　2012 年和 2013 年县域农村金融发展比较

1) 金融市场竞争进一步加强

在降低农村区域银行业准入门槛后，江苏省县域农村金融市场逐渐从垄断型转变为竞争型。近年来，邮储银行、农行在相关政策的鼓励和指引下，正在不断加大农村金融市场的开拓。国有大银行、股份制银行乃至外资银行正不断通过参股建立村镇银行等形式进入农村金融市场。在政策的引导下，小贷公司等非银行类金融机构发展迅速。截至 2013 年年末，我国共有小贷公司 7839 家，实收资本 7133 亿元，贷款余额 8191 亿元。其中，江苏省有 600 多家小贷公司，占全国 1/12，实收资本和贷款余额更是占据了全国的 1/8 至 1/7。江苏明确规定，小额贷款公司贷款平均年化利率不得超过 15%，单笔贷款最高利率不得超过人民银行同期基准利率的 3 倍。截至 2013 年年底，江苏省农村小额贷款公司平均贷款利率为 14.9%。表 4-2 显示，金融市场竞争度的增强也提高了涉农贷款资金的配置效率，随着金融机构自身业务的发展壮大及政策上的农村金融倾斜，涉农贷款投入显著上升，对农业增加值的贡献明显。通过市场的价格、供求和竞争的作用，金融机构将有限的金融资源配置到高效率的地方和产业，优化农村金融机构资金在农村各产业的合理配置，促进当地产业结构升级，使地区经济更快发展。

另外，研究发现企业的金融可获性与市场竞争度显著正相关。当前农村金融市场集聚了国有商业银行、股份制商业银行的网点，未来银行机构和经营网点密度还可能增加，当前县域银行业的竞争态势已成定局，随着国内银行业的业务结构继续朝着多元化方向发展，以及利率市场化的推行，县域金融机构面临着激烈的竞争要求。在客户资源的竞争方面，首先，对公业务尤其是针对优质大客户的业务竞争将日趋激烈，国有商业银行在对公业务中占据有利地位，股份制商业银行凭借灵活的内部机制、产品创新在对公业务占有一定优势，加剧了对公业务尤其是大客户的竞争。其次，创新业务同质化趋势明显，存贷款利差的日趋缩小，使得个人银行业务和中小企业贷款成为众银行竞争的新领域。各类以资产管理为基础的个人银行业务发展，也将进一步带动基金产品、保险代理、财务咨询、电子商务等中间业务的发展；随着银行征信能力、企业定价能力的不断提升，中小企业客户也成为各银行争抢对象。当前，江苏省农商行正逐步转型以满足服务实体经济的需求。2013年8月，江苏省农信联社开始在兴化和如皋两家农商行开展商务转型试点，并计划于2014年下半年在江苏全省范围内分步实施。江苏省联社要求基层法人单位在商务转型中充分体现服务“三农”的定位。在宏观经济政策和产业政策的共同作用下，“三农”信贷需求由以往千家万户式的分散需求向重点客户集中，由以往单纯的生产性需求向生产性需求与流通性需求并重转变，由单一的产业需求向产业需求与城乡一体化融合、多元化需求转变。例如江南农商行根据常州地区外向型经济特征，面向中小企业客户，不仅坚持稳步提高外币贷款的投放，而且增加了直接融资规模。一方面，加快信贷资产证券化推进力度。该行于2013年12月正式取得信贷资产证券化试点资格，成为银监会指定的6家农商行之一，获得了15亿元的发行额度。另一方面，加快了中小企业私募债发行步伐。

2) 金融规模的增速相对减缓

表4-2的计算结果显示，金融深度、金融相关率和金融市场化率对农村金融发展规模都有显著的正向影响关系。金融深化伴随着市场环境、信用体系完善，农户和企业信用意识逐渐增强，增大了制度创新供给。例如放宽民营金融机构市场准入的限制、跨区域经营、异地入股已成为农村金融深化改革的方向。与20世纪90年代末期商业银行撤离农村网点的行为相反，当前部分商业银行正加快乡镇新增物理网点建设，据调查，2013年全省县域商业银行新增223个营业网点，农村合作金融机构新增28个营业网点。除了商业银行新增营业网点外，金融深化另一个表现是金融市场的开放度，农村信用社改制为农村商业银行是农村信用社改革继县级统一法人之后的进一步深化，

反映了非国有金融机构参与金融市场的程度。

金融相关率则检验了农村金融深化的绩效，数据显示，2013 年江苏省县域金融机构年末存款余额和贷款余额分别为 27 492 亿元和 19 477 亿元，同比增速分别为 14.20%和 16.87%，存差为 8015 亿元；2012 年江苏省县域金融机构年末存款余额和贷款余额分别为 24 073 亿元和 16 665 亿元，同比增速分别为 15.00%和 17.16%，存差为 7408 亿元。可见，江苏省县域银行业整体上存贷款规模在增长的同时，但是增速却在下降。究其原因，一是存贷差的扩大说明银行业资金流失于县域。农村金融机构的规模不适应农村金融的结构性需求，现实中县域资金通过银行理财业务、虚假票据业务、同业存款业务等而流向城市。二是该现象与利率市场化改革也有一定的关系。目前，我国对存款利率仍然实行严格的管制。自 2013 年 7 月 20 日起，央行决定全面放开金融机构贷款利率管制：取消金融机构贷款利率 0.7 倍的下限，由金融机构根据商业原则自主确定贷款利率水平；取消农村信用社贷款利率 2.3 倍的上限，由农村信用社根据商业原则自主确定对客户的贷款利率。这一举措加快了利率市场化的进程，给农村金融机构带来更大的挑战。由于在网络技术和产品创新等方面处于劣势，目前农村中小金融机构的表外业务很少，普遍存在着重表内、轻表外的思想，信贷资产证券化、银行承兑汇票、保函、担保、委托代理等新的业务尝试甚少，定价和防范利率风险的能力较弱，存贷款利差是农村地方性银行的主要收入来源。利率差的缩小将会挤压农商行(农信社)的利润空间，利率风险也逐步由政策性风险演变为市场风险，对农村中小金融机构的存贷款、债券投资以及利率敏感性缺口带来不确定性的风险。三是国内经济增速放缓可能会影响到农村中小金融机构的贷款质量。随着中国经济进入“新常态”，地方政府融资平台、房地产、批发零售与制造业等过去对信贷需求最旺的行业正陆续成为银行不良贷款的“重灾区”。以拟上市的张家港农商行为例，截至 2013 年年末，张家港农商行贷款主要行业分布情况为：制造业占贷款总额的比例为 42.07%，批发和零售业占贷款总额的比例为

15.06%，房地产业占贷款总额的比例为 2.8%，建筑业占贷款总额的比例为 3.64%。2013 年年末，张家港农商行不良贷款 3.9 亿元，比年初增加 7626 万元。提取贷款损失准备共计 11.54 亿元，其中专项准备 11.43 亿元，按银监会监管指标补提贷款损失准备金余额 1104.18 万元。据公开数据显示，2010 年年末、2011 年年末、2012 年年末与 2013 年年末其不良贷款率分别为 0.65%、0.69%、1.00%、1.08%，明显呈现出逐年增长趋势。

3) 储蓄投资转化效率获提高

储蓄向投资转化是金融体系最基本的功能。由于我国农村早期普遍存在金融抑制现象，经济欠发达的县(市)金融工具单一，金融产品不足，贷款是存款转化的主要渠道，表现出农村金融机构的存贷比较高。随着金融深化程度加强，农村储蓄投资转化效率提高，农村经济商品化和货币化，金融深化带来了金融机构和金融工具的创新，例如第三方存管业务、理财业务、代理销售贵金属业务、国际结算业务等新的业务品种陆续推出。在用好用足贷款规模的前提下，农村金融机构强化资金运用，积极开展资金交易、债券投资和票据回购业务，有效提高了资金的运用效益。2013 年，江苏省县域农村金融机构存贷比均值是 0.71，比 2012 年高出 2%。

银行业金融机构存贷比的提高一方面意味着农村资金利用率在提高。涉农贷款利率的浮动，可以有效地通过溢价覆盖农村金融机构的风险和保证金融机构从事涉农服务的商业收益风险、成本，解决农村金融管理成本高、盈利能力差的问题，激发农村金融机构发放涉农贷款的积极性。其次，贷款利率上浮后，较高的贷款利率可以吸引更多资金进入农业产业，工行、农行、邮政储蓄银行等大型金融机构对农村信贷市场的不断渗透，有效遏制信贷资金进入其他非农行业。另一方面说明县域整体金融生态环境、承贷基础的改善。2013 年江苏省县域农村金融机构不论是金融制度、金融市场，还是金融产品、金融工具等层面，都涌现出很多创新。一些个性化贷款技术和方式的创新，进一步减少了手续费用及业务审批的中间环节，构建了贷款客户与银行之间良性的信贷关系，开拓了银行业信贷市场的空间，较好满足了经济社会发展需求(表 4-3)。当前，我国的农业发展模式正不断地向大农户模式转变。尤其金融机构对农民专业合作社的贷款倾斜，有利于引导农村实体经济向规模化和产业化发展。截至 2013 年年底，江苏省小微企业金融产品总计已达 850 个，农村金融产品也合计达 72 个，均居于全国领先水平。

表 4-3　2013 年江苏省农村金融市场部分创新型产品和服务

序号	金融机构	创新型产品或服务	内容介绍	业绩效应
1	盱眙农商行	林权抵押贷款	在贷款主体上，只要具有完全民事行为能力，依法同时拥有林木所有权、林地使用权即可提出申请；在贷款额度上，贷款比例为林木评估价值的 50%以内，贷款总额不设上限；在贷款期限上，授信一次可贷 3 至 5 年；在贷款用途上，除以扩大林业生产为主外，也可用于其他经营项目；在还款方式上，可选择一次还本付息或整贷零偿，并可在还款期内作出调整	截至 2013 年 7 月，盱眙县银行业已累计发放林权抵押贷款 2.3 亿元，惠及 1500 余户农户和企业
2	苏州工行	“螃蟹贷”	以水域滩涂养殖使用证作为抵押的个人经营贷款	突破了大闸蟹养殖户的担保瓶颈，帮助他们以相对较低的融资成本盘活了资产
3	扬州工行	“理财沙龙”	针对当地良种棉加工厂、豆类收购企业资金盈缺周期的特点，推广对公理财、专项贷款、代发工资、个人网银等相关重点产品	使企业在资金盈余时能够购买较高收益的对公理财产品，在资金紧缺时获得专项融资支持，使企业员工利用网上银行更高效地配置自己的金融资产
4	如东农商行	“限时服务”、海域使用权抵押、股权质押、知识产权抵押和商标专用权质押贷款	客户经理对客户贷款需求必须第一时间做贷前调查，第一时间将贷审材料报送总行，三个工作日内给客户答复	如东冠群公司等 15 家企业受益“限时服务”，节约时间带来的价差收益超过 500 万元
5	启东农商行	东黄海紫菜专业合作社担保贷	合作社和加工企业均在农商行开立基本账户，农商行根据加工企业主要设备能力和	2013 年上半年累计向紫菜加工企业发放贷

续表

序号	金融机构	创新型产品或服务	内容介绍	业绩效应
		款、干紫菜存货质押贷款	其信用状况逐一进行存量、增量授信，核定合作社担保总额，农商行与借款企业签订借款协议，与合作社签订担保协议	款 3500 万元，东黄海紫菜专业合作社的社员企业也从 29 个发展到了 41 个，新增了 400 多个养殖大户社员，促进了紫菜企业的健康发展
6	射阳农商行	“开心鱼塘”信贷产品	该产品一次核定客户综合授信额度，最长授信期达三年，采取“公司+农户”运作模式，2013 年对规模养殖户适当降低利率上浮标准	截至 2013 年 7 月，该行已对 673 户养殖户累计发放该类贷款 8.6 亿元
7	射阳农商行	“鱼满舱”渔轮抵押贷款	以全县“四证”齐全的 180 条大马力渔轮船主为授信投放对象，通过渔轮抵押向渔民投放捕捞贷款	截至 2013 年 7 月，已对 45 户渔轮船主进行了授信，投放贷款 32 户共 860 万元
8	射阳农商行	土地使用权流转贷款	采取土地经营使用权抵押的方式，并以“产品+面积”定规模，并由政府通过对土地经营使用权再流转，进行风险处置	该行对土地经营使用权期限在 15 年以上且种养殖面积在 1000 亩以上的经营户进行集中授信，2013 年上半年已累计发放此类贷款 35 户共 1.5 亿元
9	射阳农商行	“康居宝”农户住房按揭贷款	“农户联保+建筑方担保”的方式	在特庸镇进行试点，按照农户小区 200 户，支农贷款需要 2000 万元，目前已有 45 个农户申请住房贷款，合计 450 万元
10	射阳农商行	“帮富宝”小额扶贫贴息贷款	由省财政厅提供全额贴息，对容忍度内的贷款损失给予风险补偿，明确了“产品经理”作为营销主体	该产品已在全县所辖 24 个网点 14 个乡镇进行全面推广，2013 年上半年已完成为在册 7344 户贫困户集中授信，发放贷款 961 户共 1138 万元
11	泗洪农商行	“新居乐”贷款、拆迁农户“预授信”	引入担保公司担保机制，由地方乡镇府进行购房户初审，再由担保公司担保，进行贷款发放	“新居乐”有效简化了贷款手续，缩短了放贷流程。截至 2013 年 7 月，该行已经为 1.1 万多户拆迁农户授信 6.98 亿元

续表

序号	金融机构	创新型产品或服务	内容介绍	业绩效应
12	高邮农商行	“农户+示范区”、“公司+基地”、“技术带头人+合作社”	以农民专业合作社生产基地为基础，加大信贷扶持	2013 年上半年已投放贷款 1.82 亿元，其中以合作社承贷的有 10 户，金额达 2490 万元，以合作社法人承贷的有 29 户，金额达 1270 万元，以合作社成员承贷的有 1102 户，金额达 14 440 万元
13	丹阳农商行	“兴农通”	“企业+合作社+农户”的信贷支农产品，通过农民专业合作社与本地企业联姻，让企业为合作社及入社农民生产融资提供担保	截至 2013 年 5 月末，丹阳农商银行“兴农通”信贷业务共支持农民专业合作社 32 个，贷款余额达 1370 万元，辐射带动周边 1028 户农户
14	中国银行江苏省分行	供应链金融、“外贸通”、“科技贷”、“干茧质押贷款”、“出租车营运证质押贷款”、“苗木质押贷款”、“矿产货押贷款”等一系列自主创新产品、“流程银行”管理机制	“外贸通”是支持外贸型中小企业“走出去”，“科技贷”则是帮助科技型中小企业度过难关，充分利用政府担保或贴息功能，缓释客户的整体信用风险。对优质存量或基于供应链产品的中小企业客户放宽现场尽责要求、简化审查材料，实现批量化快速审批。对“净贷款客户数超过 5 户，净贷款余额超过 2000 万元”的发起点，该行还特许其缩短与信贷工厂之间的报批路径，将“客户经理、有权签字人、钻石团队负责人、管辖支行副行长”四环节进一步压缩，拉直报批路径	截至 2013 年 5 月末，该行中小企业贷款余额为 398.8 亿元，中小企业贷款客户数为 7724 户，分别是中小企业专营信贷机构成立前的 10 倍和 9.4 倍
15	长江商业银行	社区化经营模式、“长江融通乐”	各分支行以社区为营销平台，选取“服务半径在半小时以内”的商圈、街区、专业市场、产业集群、工业园区、高新技术园区等现实社区，以及以商会、协会、上下游供应链、电子商务平台等其他中介组织为依托的虚拟社区为目标社区，组成专业营销团队，下沉至社区，为客户推介信贷产品和金融服务，免费开展上门兑换零辅币、代办贷款卡年检、进行反假知识宣传等便民服务措施，及时满足小微企业金融服务需要	截至 2013 年 5 月末，该行已准入社区 125 个，社区客户总量为 13 500 个，全行小微客户经理实地拜访客户 12 000 余户，占当地小微企业总量的 74%；发放社区小微贷款 1134 户，贷款金额达 14 亿元
16	南京银行	“鑫微力”	该系列产品包括“生意兴”、“有钱途”和“福鑫卡”三款产品，分别用于支持企	至 2013 年 5 月末，微贷业务余额达到 10 303

续表

序号	金融机构	创新型产品或服务	内容介绍	业绩效应
			业经营、个人创业、信贷额度循环使用，均为无担保、无抵押的信用类产品	万元，顺利突破亿元关口，对应客户数355户，户均余额 29 万元。同期累计发放贷款17 927万元，对应客户数 388户，户均贷款额 46 万元
17	浦发银行靖江支行	未来收益权融资	针对企业的未来收益回笼方式、期限等特点，设计了合同能源项下未来收益权质押融资方案，并遵循“落实第一还款来源、监控第一还款来源”的原则，针对未来可能产生的风险设计了一系列风险缓释手段	该笔融资额为 600 万元，期限1年。为银行开拓、发展一批资质较好，技术和管理能力较强的合同能源管理企业做好示范效应
18	招行南京分行	“空中贷款”	该行首创的个人贷款在线全流程服务，借助多媒体交互渠道，为客户打造“在线受理”、“主动授信”、“电子化签约”三大业务模式，可实现365天不间断的贷款服务	该行2013年6月末已累计为辖内5000余户小微客户提供近百亿元资金支持。截至2013年5月末，该分行小微贷余额占零售余额的33.52%，比年初增加6.22%
19	江南农商行	知识产权质押贷款、商标专用权质押贷款、贵金属质押贷款等新型金融产品、“快e贷”、“政银企”组合体模式、“消贷通”、“投贷联动”、小微企业信贷工厂审批模式	“政银企”组合体模式是指政府向银行推荐符合条件的企业，且以创业扶持资金池作为还款来源保障，银行审查审批，符合条件的企业无须提供额外的担保方式即可享受优惠贷款支持。小微企业信贷工厂审批模式指对授信500万元以下的小微企业贷款实行系统自动审批	至2013年5月末，该行通过“快e贷”渠道的贷款申请达203笔，申请贷款金额 11 584万元。截至6月末，该行新增投放信贷资金49.35亿元，占常州23家银行类金融机构全部新增投放信贷余额的17.1 %
20	农行江苏省分行	“四新定位、五专运作”独特模式的科技银行体系	“四新”，即面向战略性新兴产业、构建新金融模式、服务新企业和研发新产品，实行“五专”运营模式，即成立专营机构和专业团队、推出专属产品、制订专业流程、设立专项补偿，以专业团队为全行服务新兴产业提供智力支撑	通过专业化经营、批量作业降低科技型小微企业信贷业务的成本，缓解小企业贷款作业量大和单位成本高的矛盾
21	农行江苏省分行	知识产权质押贷款业务	引进了专业的无形资产评估公司，构建了“银行+评估+保险”的知识产权质押融资新模式	合理降低了准入门槛，简化了审贷手续，缩短了办理时间，有效加大

续表

序号	金融机构	创新型产品或服务	内容介绍	业绩效应
				了信贷支持科技型小微企业客户的力度，并在一定程度上规避了知识产权质押贷款所带来的信贷风险
22	华夏银行南京分行	委托贷款、私募债	多种融资方式支持保障性安居工程建设	2013 年 1 季度，该行联合工行、建行为南京安居建设集团有限公司发行了 65 亿元私募债，该行作为财务顾问行的角色，为其分销了 10 亿元额度

注：根据中国江苏网新闻《江苏农村金融改革服务实体经济迎来十年辉煌》整理所得。

4) 金融服务可获性显著下降

十八届三中全会正式提出："发展普惠金融。鼓励金融创新，丰富金融市场层次和产品。"这是党中央在正式文件中首次使用"普惠金融"概念。普惠金融的实质是扶持弱势群体且自身可持续发展的金融体系。它有三个要义，即一是该金融体系应为包容性的，合理、公平、正义的普遍惠及一切需要金融服务的地区和社会群体，尤其能为易被传统金融体系所忽视的欠发达地区和弱势及贫困群体提供各种所需的、具有合理价格的金融服务。二是拥有健全治理结构、管理水平、具备财务和组织上可持续发展能力的金融供给机构。三是拥有多样化(包括一系列私营、非营利性及公共金融服务)的提供者。在我国目前阶段，对三农的金融服务是普惠金融最重要的任务之一。因为普惠金融实质上就是注意支持弱势群体的金融，农村相比城市是弱势的，农业相比工业是弱势的，农民相比城里的多数人是弱势的。因此，农村是普惠金融的重点所在，农业是其服务的主要产业，农民是其服务的主要群体。普惠金融的根在农村。近年来，为加大对"三农"支持力度，江苏省农信社在全国率先推出扶贫小额贷款产品，专门用于支持苏北和黄桥、茅山老区经济薄弱村内低收入群体的脱贫致富。自 2001 年以来，已累计向 212.6 万人次贫困农户投放扶贫小额贷款 173.7 亿元，执行基准利率不上浮，累计为贫困农户节省利息支出 6 亿多元，其中 2013 年累计发放 44.8 亿元，惠及 39.2 万个农户。2013 年，江苏省各地农商行、农信社加大支农惠农力度，有效助力经济转型升级。至 2013 年年末，农户贷款、中小企业贷款分别占全省银行业 95%和 25.5%。在信贷支农的同时，江苏省还积极优化支付体系。2013 年，第二代支付系统在江苏省顺利切换上线，加快了社会资金周转，提高了支付清算效率。金融机构不断增加农村地区银行自助设备的布放、推广银行卡助农取款，不断完善农村支付服务环境，目前，全省助农取款服务点行政村覆盖率达 100%，全省助农取款服务点行政村覆盖率达 100%。

但是，近些年金融机构对中小企业及农业新型经营主体的信贷投入，有可能会对农户信贷产生挤出效应，导致图 4-1 中农户金融可获性呈现显著的缩减趋势。2013 年中央 1 号文件提出“创新金融产品和服务，优先满足农户信贷需求，加大新型生产经营主体信贷支持力度”。一是积极推进农民专业合作社融资改革试点。江苏新型农业经营主体快速发展，多项重要指标居全国前茅，新型农业经营主体发展的资金需求，也更加旺盛。针对新型农业经营主体有效资产少、农业效益低、银行业贷款导向等因素，江苏推出“惠农贷”等金融产品，创新财政项目扶持方式，探索运用财政资金撬动金融资本，解决新型农业经营主体发展贷款难的问题。江苏省财政厅已联合省农委开展农民专业合作社融资改革，2013 年全省 20 个农民合作社融资改革试点县(市、区)坚持先行先试、开拓创新、边试边改，已取得积极成效。二是不断完善企业和个人征信系统。截至 2013 年年末，江苏已完成 103.5 万户企业和 5667 万自然人信用信息入库。在中小企业和农村信用体系建设方面，江苏自主研发了中小企业信用信息管理系统、农户信息系统。到 2013 年年末，全辖 122 万户中小企业已建立了信用档案，该信息管理系统共采集 160 万农户 1100 万条信息。

三、当前江苏农村金融发展评价

1. 各地农村金融发展现状

依据县域农村金融发展的评价指标体系，结合江苏省经济发展和产业结构在苏南、苏中和苏北存在区域差异的基本省情，此处对江苏省 2013 年县(市)金融发展水平做一个截面的比较分析。运用 SPSS 13.0 软件，采用因子分析法中的主成分分析法提取出四个公因子以反映县域农村金融发展的综合特征，F1、F2、F3、F4 分别表示结构因子、规模因子、可获性因子和效率因子，如表 4-4 所示。

表 4-4 旋转后的因子载荷矩阵

指标	主成分			
	F1	F2	F3	F4
X4 存贷款市场份额	0.88	0.23		
X8 农业资金配置效率	0.84	0.19	0.13	0.15
X9 银行网点覆盖面	0.82	0.44		
X3 金融市场竞争度	0.80	0.32		
X5 营业网点市场份额	0.78	0.29		0.20
X11 企业金融可获性	0.73	0.27	0.46	
X7 金融市场化率	0.23	0.92		
X1 金融资产相关率	0.44	0.87		
X2 金融深度	0.43	0.84		0.25
X10 农户金融可获性			0.96	
X6 存贷比				0.99

提取方法：主成分分析法。
旋转方法：最大方差法。
旋转收敛迭代次数为 7 次。
系数显示格式按大小排序，压缩绝对值小于 0.1 的系数。

江苏省45个县(市)的金融发展水平具体如表4-5所示。

表4-5　江苏省2013年各县(市)金融发展情况

序号	县(市)	结构因子	规模因子	效率因子	可获性因子	综合水平
1	太仓市	1.92	1.02	1.46	−0.05	1.35
2	张家港市	2.66	−0.22	0.73	0.67	1.32
3	常熟市	1.65	0.75	0.57	0.49	1.11
4	昆山市	2.63	−0.98	−0.15	1.43	1.07
5	宜兴市	0.42	2.68	0.29	−0.67	0.95
6	如皋市	0.11	0.72	−1.25	5.09	0.75
7	江阴市	1.45	0.16	0.48	−0.50	0.71
8	丹阳市	1.18	0.20	0.98	−0.26	0.69
9	海安县	−0.38	2.84	−0.18	−0.69	0.57
10	靖江市	0.75	0.45	−0.57	0.67	0.50
11	扬中市	1.12	0.19	0.05	−0.85	0.47
12	金坛市	0.62	0.72	−0.02	−0.98	0.38
13	启东市	0.31	0.97	−1.06	−0.23	0.28
14	溧阳市	−0.07	1.44	−0.37	−0.93	0.24
15	海门市	−0.20	1.33	−1.25	−0.89	0.05
16	仪征市	0.59	−0.14	−1.48	−0.06	0.05
17	句容市	0.06	0.11	0.25	−0.38	0.04
18	泗洪县	−0.94	0.39	1.81	0.45	−0.05
19	盱眙县	−1.40	0.93	1.35	1.15	−0.07
20	金湖县	−1.13	0.79	1.27	−0.11	−0.15
21	泰兴市	0.48	−0.55	−1.29	−0.83	−0.20
22	涟水县	−0.42	−0.55	−0.44	1.65	−0.21
23	宝应县	0.36	−0.80	−0.54	−0.72	−0.23
24	泗阳县	−0.80	0.08	1.71	−0.74	−0.23
25	高邮市	0.64	−1.08	−0.87	−0.86	−0.24
26	大丰市	−0.63	0.26	−0.70	0.26	−0.26
27	建湖县	−0.41	−0.22	0.24	−0.38	−0.27
28	沭阳县	−0.53	−0.79	1.12	0.44	−0.29

续表

序号	县(市)	结构因子	规模因子	效率因子	可获性因子	综合水平
29	东海县	0.11	–0.92	–0.06	–0.52	–0.30
30	阜宁县	–0.49	–0.24	0.17	–0.32	–0.31
31	响水县	–0.36	–1.04	1.19	0.03	–0.33
32	如东县	–0.33	0.26	–1.77	–0.61	–0.35
33	灌南县	0.45	–1.97	0.71	–0.57	–0.37
34	洪泽县	–0.68	–0.43	0.69	–0.23	–0.39
35	兴化市	–0.91	0.14	–0.14	–0.13	–0.41
36	滨海县	–0.25	–1.12	0.30	–0.07	–0.42
37	灌云县	–0.59	–0.64	–0.03	0.08	–0.46
38	邳州市	–0.11	–1.41	0.28	–0.29	–0.48
39	新沂市	–1.05	–0.68	1.38	0.19	–0.50
40	东台市	–1.30	0.93	–1.61	–0.01	–0.51
41	赣榆县	–1.08	–0.73	1.00	0.55	–0.53
42	射阳县	–1.14	–0.24	0.11	0.15	–0.57
43	丰县	–1.47	–0.15	–1.07	0.81	–0.75
44	睢宁县	–0.83	–0.77	–1.15	–0.56	–0.82
45	沛县	–0.01	–1.68	–2.15	–0.67	–0.85

注：按金融发展的综合水平得分由高至低排序。

表 4-5 中金融发展的综合得分表明了江苏省农村金融发展水平的地区差异。因子得分为 0，表明该县(市)金融发展处于省平均水平；因子得分为正，表明该县(市)金融发展高于平均水平，反之低于平均水平。从回归结果看，江苏省 62%的县域地区落后于平均水平，其中苏北的沛县、丰县、睢宁等地区金融综合发展水平排名末尾，源于农户的金融服务可获性得分较低，可能原因是，这些地区普惠金融的推广还处于推广阶段，扶持弱势群体的金融产品或服务可能存在不足；苏南太仓市、张家港、常熟市等地区金融发展水平排名靠前，得益于较高的金融发展规模和竞争性的金融市场结构，可见满足金融需求多元化的同时，竞争性的金融市场结构有利于市场绩效的提高。苏中

的海门市、仪征市、泰兴市等地区的金融发展水平在 0 附近，这些地区的金融结构已趋于分散，全国性商业银行在苏中县域地区增设了分支机构和网点，但是这些网点具有农村资金抽水机的效应，金融发展规模与金融市场结构不匹配，从表 4-5 可以看出苏中县域地区储蓄投资转化效率落后引致了整体金融发展水平不高。

2. 三大区域农村金融发展比较

从地域来看，经济发达县域的金融与经济欠发达县域之间的不平衡性持续存在。这种不平衡性使得农村金融在吸纳、配置和开发金融资源上表现出不同的能力，呈现出金融发展的区域差异。下面将金融发展的四个公因子按三大区域取均值，从金融发展结构、规模、效率和可获性四个层面分析苏南、苏中和苏北的具体差异及差异形成的可能原因，如图 4-2 所示。

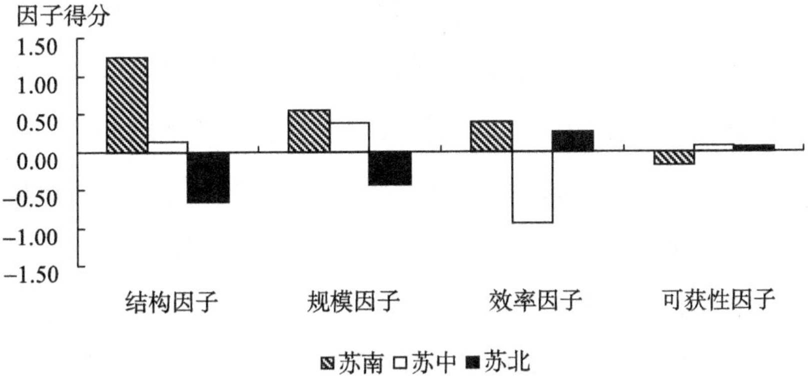

图 4-2 农村金融发展的分区域差异

1) 在金融市场结构方面，苏南竞争度最高，苏北最低，苏中居中

金融市场结构的地区差别可以从机构网点数和市场占有率两个角度来分别考察：一方面，农村金融机构网点数量的区域差异比较显著。具体表现为：苏南地区农村商业性金融机构数量最多，反映了商业金融在苏南地区发展条

件好于苏中和苏北地区。2013 年苏南县域银行营业网点数合计 2173 个，苏中县域地区 1527 个，苏北县域地区 1618 个；苏南各县银行营业网点数均值为 198 个，苏中县域地区均值为 139 个，苏北县域地区均值为 70 个。可见，经济欠发达地区正规金融机构类型和数量都相对较少。金融支持欠发达地区经济发展，不仅仅要为欠发达地区提供更多的金融资源，更重要的是要完善金融市场体系。在农村地区银行业金融机构网点覆盖率低、金融供给不足的背景下，一些地方开始因地制宜探索设立符合农村特点的金融机构。在江苏县域，小贷公司、农民资金互助社等非银行类金融机构相继设立。

另一方面，农村金融市场竞争不充分、集中度高，各区域金融机构市场化运作差别明显。2013 年苏南县域农商行平均网点数为 57 个，苏中县域为 48 个，苏北县域为 34 个，平均占区域银行营业网点数的比重分别为 30%、35%和 50%。可见，苏北县域地区是传统的农业区，农信社、农行、农业发展银行及新型农村金融机构在支持农业发展方面作用独特。相反，在全国率先进行农商行改制的苏南农村合作金融机构存贷款规模处于全省前列，并在省内外控股发起设立村镇银行。从产权改革进程看，苏南农商行已建立了相对健全的法人治理结构，苏北县域地区由于历史包袱沉重，改制进展相对缓慢。从非银行类金融机构看，自 2008 年小贷公司获准成立后，截至 2013 年 6 月末，全国共有小贷公司 7086 家，其中，江苏省小贷公司的数量、规模均排在第一位，小贷公司数量达 529 家，实收资本 849.48 亿元，贷款余额 1090.68 亿元。苏南县域的吴江鲈乡农村小额贷款有限公司在美国纳斯达克股票交易所上市，成为全省乃至全国首家登陆美国资本市场的小贷公司。成功在美上市的“鲈乡小贷”，成为小贷公司直接融资的新示范。起步于 2006 年的江苏省内农村资金互助社，第一批在苏北盐城的阜宁、亭湖、东台等地出现。近年来，多家资金互助社涉嫌非法吸收公众存款，揭示了局部监管机制缺失下的农村互助金融的乱象，也反映了地方基层涉农金融监管不力的隐患。可见，苏南和苏北县域金融机构的融资行为和融资绩效均呈现出较大差异。

2) 在金融发展规模方面，苏南最高，苏北最低，苏中居中

区域金融发展差异主要体现为金融在不同区域的发展水平，县域正规金融机构总体规模区域差异可从多方位显现，从量上反映主要包括金融机构数量和金融市场规模。其一，在金融机构数量方面，截至2013年年末，苏南各县银行营业网点数均值为198个，苏中县域地区均值为139个，苏北县域地区均值为70个；苏南县域银行网点数为2.56个/万人，苏中县域平均为1.41个/万人，苏北县域为 0.73 个/万人，可见人均金融资源配置区域差异明显。其二，在金融市场规模方面，截至 2013 年年末，苏南县域平均存款余额达1403亿元，是苏中县域的2.30倍，是苏北县域的6.02倍；苏南县域平均贷款余额达1049亿元，是苏中县域的2.81倍，是苏北县域的6.30倍。可见，农村金融资源在区域之间存在较大差别，呈现非均衡状态。

究其原因，一个地区经济发展和金融发展是相互促进、互为因果的。不论是存贷款水平，或是银行网点数，苏南地区金融资源相比苏中和苏北地区是较为丰裕的。这与地区经济发展水平高低相一致。苏南外向型的经济发展战略与其良好的投资环境吸引着众多逐利资金进入，相对活跃的民营企业和私营企业有着旺盛的融资需求。农村金融服务的"苏南模式"则专指在传统农业经济占比低的经济较发达地区，农村金融机构定位于县域经济，适应城乡一体化的大趋势，为城市化过程中乡镇企业的转型以及民营中小企业的发展提供金融支持，走"服务于大农业"的发展道路，率先通过产权改革形成较为完善的法人治理结构。"苏南模式"具有一定的普遍意义，它为在传统的农业经济乃至农村本身不断缩小蜕变的时代背景下的农村金融机构发展提供了重要的参考。苏中、苏北的投资环境和基础设施与苏南县域相比，还存在一定的差距，在引进新金融机构或增加银行网点增加金融供给方面落后于苏南地区。尤其是苏北县域：一是承贷主体不优，作为农业地区，外向型经济不发达，大企业、大集团很少，吸纳信贷资金的能力不强，有效信贷需求相

对不足；而“贷款难”呼声较集中的部分中小企业，多因抵押、担保不落实等而难以符合银行贷款条件。二是苏北县域农村社会信用环境有待优化，有的中小企业利用改制之机逃废金融债务，破坏了信用环境，挫伤了商业银行扩大信贷投放的积极性。近年来苏北县域企业逃废金融债务行为仍时有发生，对某些企业，商业银行在老的债权未得到落实的情况下，难以发放新的贷款。这些都会影响到苏北县域农村金融发展的规模。

3) *在储蓄投资转化效率方面，苏南最高，苏中最低，苏北居中*

农村金融体系充分发挥了储蓄动员功能，但储蓄向投资转化的效率存在差异。储蓄转化为信贷的效率可以用存贷差衡量。截至 2013 年年末，苏南县域存贷差均值约为 354 亿元，苏中县域存贷差均值约为 236 亿元，苏北县域存贷差均值约为 66 亿元；苏南县域存贷差占地区生产总值比重的均值约为 0.27，苏中县域存贷差占地区生产总值比重的均值约为 0.41，苏北县域存贷差占地区生产总值比重的均值约为 0.18。具体来说，2013 年三大地区整体上存款余额高于贷款余额，苏南地区受基数的影响其存贷差均值高于苏中和苏北。大额存贷差的存在表明，农村金融体系的功能更多地表现为动员储蓄而不是有效配置资金，农村金融机构充当了“抽水机”，导致了大量农村资金的非农化和城市化。考虑经济规模的影响因素后，苏中县域农村资金外流是三大区域中最为严重的。

经济发展过程中，投资起着重要的作用。在储蓄向投资转化的过程中，主要受到三个因素影响：一是转化前具有充足的储蓄资源，二是储蓄投资转化机制的实现要处在一个完善高效的金融市场中，三是储蓄投资转化的微观主体具有投资意愿。现阶段影响农村储蓄投资转化效率的原因在于农村金融市场发育还不完善。农村金融储蓄投资转化效率的差异突出表现在：从市场机制看，经济水平较为发达的苏南县域农村金融市场规模大，金融产品和业务种类比较丰富，市场化程度高；而中北部县域农村属于是以国有商业银行主导型的储蓄投资转化机制，民营银行发展不足，这种带垄断性的资金供求市场必然造成资源配置的浪费，农户和企业根据风险和收益及投资偏好选择金融工具和投资渠道有限，大多被动地选择银行存款，国有银行再将这些储蓄资金通过广泛的国有银行系统调拨到其他经济较发达的地区。从政策倾斜看，例如 2013 年《江苏省人民政府关于支持苏北地区全面小康建设的意见》中第十八条提出“支持各类金融机构到苏北设立分支机构，对新设的股份制商业银行分支机构给予一定补贴”，第十九条提出“引导商业银行扩大对苏北县域分支机构的信贷转授权，改革苏北中小企业贷款考核激励机制，提高苏北的存贷比。对苏北投放贷款增速超过全省平均增速的商业银行给予一定奖励。支持符合条件的企业发行企业债券。鼓励企业在境内外上市融资，积极做好企业上市培育、辅导工作，每个省辖市 3 年内新增上市备案企业 5 家以上”。这些举措应对了苏北县域农村银行业服务主体单一的问题，金融优质资源的加速聚集，使得苏北金融组织体系更加健全。而且，苏北县域农村金融机构近些年来推出的各项创新型金融产品或服务，促使当地储蓄能够顺利有效地转化为实物投资。创新型金融产品或服务的推出实际上直接降低了农村微观主体获贷的交易成本，这里的交易成本主要是指储蓄通过金融机构向投资转化过程中，由于金融机构收取服务费等原因而产生的资金漏损。相比，苏中县域农村则是目前的政策洼地。

4) *在金融可获性方面，苏中最高，苏南最低，苏北居中*

江苏省三大区域的农业和农村经济发展水平极不均衡，在经济发展水平不尽相同的各地区，农户借贷行为偏好、农村金融市场的构成自然会存在差异，农户信贷的供给和需求也必然具有区域性的特征。

从供给角度看，2013 年江苏省各地农商行、农信社全行业坚持服务“三农”、中小企业和社区的市场定位，积极推进阳光信贷标准化建设，加大农村普惠型金融服务，突出“支农、支小”，盘活存量，用好增量，大力支持实体经济，适应农业现代化、新型城镇化推进下呈现的农民居住向社区集中、工业企业向园区集中、农业用地向规模经营集中的变化，大力拓展新型农民合作组织、家庭农场、农业龙头企业等客户，不断创新满足农民市民化新需求的就业、创业、消费、教育和医疗卫生等贷款业务，积极抢占社区客户市场。至 2013 年年末，江苏省农商行(农信社)的农户贷款、中小企业贷款分别占全省银行业的 95%和 25.5%。例如，苏中的海门农商行于 2013 年推出了家庭农场贷款、农民聚居区贷款等一系列信贷产品；苏北的邳州农商行向银杏、果蔬、养殖等生产销售一体化的产业发放了贷款 6.3 亿元；沭阳农商行试点推广农户小额信用贷款，5 万元以内贷款可“一次核定、随用随贷、余额控制、周转使用”，授信期限不超过 3 年，利率比担保贷款方式少上浮 5%~15%，试点投放了农户小额信用贷款 166 户和 584 万元。

从需求角度看，苏南地区农村金融的需求主要来自非农部门，中部和北部地区主要来自种养殖业和产出的不确定性带来的生活资金需求。即使在同一地区，企业与农户之间、规模不同的企业之间、生产模式不同的农户之间，对金融服务的需求也存在差异。如一般种植业农户的金融需求主要是小额信贷，而当地的农业龙头企业则需要大额贷款。由于本章金融可获性选取的指标对象是农户，苏中和苏北农村金融市场多以农户种养殖业信贷为主，如小额信贷、团体贷款等，人均贷款规模小，贷款笔数多，可能导致农户的金融可获性指标较高。此处尚未考虑到农村企业和农民专业合作社等经营主体，因此有低估微观主体金融可获性的可能。如苏锡常地区通过发展乡镇企业进行非农化的“苏南模式”，其融资渠道表现为申请银行借贷与依托资本经营并行。私有经济作为苏南经济活动中最活跃的成分，融资渠道呈现多元化，银行贷款仅是其主要融资渠道之一。相反，苏中和苏北农村中小企业仍不够活跃。

四、小　　结

综上所述，本章基于农村金融发展的内涵初步构建了4个层面11个指标的农村金融发展指标评价体系，利用因子分析法提取了衡量农村金融发展的四个公因子，分别为金融结构、金融规模、金融效率和金融可获性，具体评析了江苏省农村金融发展的趋势和现状。研究发现，2013年江苏省县域金融市场格局和环境发生了深刻变化。一是金融市场竞争进一步加强，金融市场竞争度的增强提高了农业资金的配置效率，增加了企业的信贷可获性。二是金融规模的增速相对减缓，利率市场化改革影响了农村中小金融机构的收入，国内经济增速放缓也可能会影响到农村中小金融机构的贷款质量。三是储蓄投资转化效率获提高，金融深化带来了金融机构、金融产品和服务的创新，金融生态环境和承贷基础的改善也提高了农村资金的利用率。四是金融服务可获性显著下降，普惠金融的推广和支付体系的优化有助于提高微观主体的金融可获性，但是金融机构对中小企业及农业新型经营主体的信贷投入，有可能会对农户信贷产生挤出效应。

另外，苏南、苏中和苏北县域金融发展水平呈现了显著的不平衡性。苏南县域农村在金融发展规模、金融发展结构和储蓄投资转化效率方面均表现最好，这与苏南县域农村的经济体活跃、金融改革先行、金融生态环境优化有必然的关系，相反苏中和苏北县域农村由于金融发展基础滞后、承贷主体不优、信用环境不佳等因素影响了县域经济的发展。因此，农村金融的发展若仅是依靠规模的壮大，则还不足以彻底改善农村金融市场，以助推县域经济的发展。在利率市场化背景下，金融监管当局还需有效控制农村中小金融机构的资产质量和创新型金融产品和服务的风险，若不注重金融效率和金融风险，则会存在形成不良贷款的可能，甚至引发系统性金融风险。

金融模式是与经济发展水平及其组织形式密切相关，农村金融机构的发展模式也同样具有丰富的可能性。城市化和民营企业的兴起是农村金融服务“苏南模式”的经济基础，也是许多地区的共同特征，这对传统的农业经济乃至农业产值缩小蜕变的县域农村金融机构发展有一定的示范作用。而欠发达县域经济的特点决定了单纯的商业性金融难以满足其发展需要，则应从经济欠发达县域金融需求特征出发，建立多层次、多主体的金融服务体系，即建立正规金融和非正规金融并存、商业性和政策性并存的包容性金融体系，即普惠金融体系。经济欠发达县域应强化农村金融机构建设，积极支持民营资本进入金融领域，以更好地服务县域经济的发展。

第五章　江苏农村金融风险与金融监管

一、江苏农村金融风险

1. 江苏农村金融生态环境现状

金融生态是运用生态学的方法和成果来分析和考察金融问题。正如自然生态是在一定的自然环境下形成的，具有不同类型的生态特征，金融生态是在一定的政治、经济、文化和法制环境下形成的，具有鲜明的制度结构特征。良好的政治、经济、文化和法制环境有利于金融生态结构的优化，反之则会影响金融生态的内部结构变化，弱化金融功能的发挥。

根据生态系统的构造原理，我们可以把农村金融生态系统概括为各种农村金融组织为了生存和发展，与其生存环境之间及内部金融组织相互之间在长期的密切联系和相互作用过程中，通过分工、合作所形成的具有一定结构特征，执行一定功能作用的动态平衡系统。在这个系统中，一方面，农村经济决定农村金融，农村经济的发展为农村金融提供了更多的物质资源，推动了农村金融工具的创新和服务水平的提高；另一方面，农村金融又反作用于农村经济，农村金融组织结构的完善、金融工具的创新和服务水平的提升提高了农村金融资源配置效率，使农村金融更好地服务于农村经济的发展。然而，农村经济与农村金融的这种良性互动是建立在具有良好的农村金融生态环境的基础上的。基于此，本书将从经济环境、金融环境、政策环境和法制环境对江苏农村金融生态环境进行分析。

1) 经济环境

(1) 农业生产稳定增长，固定资产投资增加。2013 年，江苏实现粮食连续十年增产，全年总产量达 3423.0 万吨，同比增产 50.5 万吨，增长 1.5%。全年粮食播种面积 536.1 万公顷，比上年增加 2.4 万公顷，新增设施农业面积 90.4 万亩。农业生产总值达 3646.08 亿元，比上年增长 6.66%。农业固定资产投资增加，2013 年农业固定资产投资完成总额为 198.6 亿元，同比增长 9.4%。

(2) 农村居民收入稳步提高，消费增速平缓。2013 年江苏农村居民人均纯收入为 13 598 元，比上年增长 11.44%。同时，农村居民消费需求也平稳增长，2013 年江苏农村居民人均生活消费支出为 9607 元，比上年增长 11.0%，其中，交通和通信消费增长最为明显，同比增长 19.4%；医疗保健消费增长其次，同比增长 14.8%。

2) 金融环境

(1) 金融生态环境建设持续推进。2013 年，江苏省进一步完善金融生态县动态考评制度，出台了《关于进一步完善金融生态县考核，强化金融生态环境动态评估的意见》，对考核指标、考核标准、考核程序、约束机制等方面进行了完善，增加了金融基础设施、金融风险防范、直接融资等方面的考核内容。同时，在绝大部分行政村建立起了农村金融综合服务站，实现了站点服务职能、宣传职能与受理投诉职能的有机结合，构建了“市-县-镇-村”四位一体的网络体系。截至年末，“农村金融综合服务站”已在江苏 13 个地市全面推开，全辖共建立综合服务站近 1700 家。

(2) 农村金融基础设施建设和服务水平不断改善。2013 年江苏省深入推进农村信用体系试验区建设工作，完善试验区建设工作机制，印发了《中国人民银行南京分行关于进一步深化农村信用体系试验区建设的通知》，在全省选择了 17 个积极性高、条件较为成熟的地级市、县(市、区)深化试验区建设工作。

(3) 农村金融改革稳步推进。江苏省农村信用社系统继续推动改革深化，普惠金融覆盖城乡。截至2013年年末，金融服务渠道覆盖全部行政村和所有农户，50%以上的业务通过电子银行渠道办理。落实创新驱动战略，在全国率先形成“小额信贷扶贫”、“阳光信贷”、“金融服务村村通”三大特色服务模式。银行改制持续推进，全年有3家农村商业银行挂牌开业，农村商业银行达到58家。

新型农村金融机构稳步扩展，农村金融服务主体进一步增加。截至2013年年末，全省累计成立村镇银行67家；累计成立小额贷款公司573家，从全国范围看，除从业人员外，江苏省小贷公司的机构数量、实收资本金和贷款余额均属全国第一。

(4) 农业保险稳步发展。2013年，全省农险保收入及农险基金共计31.5亿元，同比增长32.5%。出台《关于完善江苏省政策性农业保险条款费率的通知》，农业保险支农惠农强农力度持续增强。

3) 社会信用环境

江苏银监局2009年年底专门出台了《关于加快推进农村中小金融机构阳光信贷工作的指导意见》，在全省范围内推广宿迁、泰州等地机构阳光信贷的成功做法。五年来，在全系统共同推动下，全省农村中小金融机构通过层层发动、广泛宣传，实施逐村逐户拉网式的调查，全面收集农户基本信息，并借助社会力量民主评议，科学评定授信额度，阳光公示授信结果，开展普惠授信，激发了潜在信贷需求。

4) 政策环境

(1) 不断改进“三农”金融服务。2013年，银监会不断完善农村金融服务体系，积极引导银行业改进“三农”金融服务，加大强农惠农富农金融支持力度。一是继续深入推进支农服务“三大工程”，让农村居民享受便捷的金融服务。2013 年 4 月，银监会发布《关于持续深入推进支农服务“三大工程”的通知》(银监办发〔2013〕81 号)，要求农村中小金融机构更好发挥农村金融服务主力军作用，持续深入推进金融服务进村入社区、阳光信贷和富民惠农金融创新。二是完善林业信贷担保方式，健全林权抵押贷款制度。2013 年 7 月，银监会与国家林业局联合印发《关于林权抵押贷款的实施意见》(银监发〔2013〕32 号)，明确提出林农和林业生产经营者可以用成本经营的商品林做抵押从银行贷款，用于林业生产经营的需要。该意见的出台，有助于调动林农和林业生产经营者的积极性，突破林业经济发展的资金瓶颈。三是加强进城务工人员金融服务。2013 年 9 月，银监会印发《关于改进农民工金融服务工作的通知》(银监办发〔2013〕232 号)，要求银行业金融机构持续改进城镇化过程中进城务工人员金融服务，提高金融服务的匹配度和适应性。

(2) 建立财政引导金融支农长效机制。针对现行农村金融奖补政策执行中存在的问题，结合当前经济走势和货币政策变化，以引导金融资源支持农村经济发展和消费增长为主线，制定新一轮财政扶持农村金融发展政策，逐步建立财政引导金融支农长效机制。根据 2013 年中央 1 号文件提出的“创新金融产品和服务，加大新型生产经营主体信贷支持力度”和江苏省委 1 号文件关于“积极探索通过风险分担、费率补贴、贷款贴息等方式，引导金融机构加大信贷支持，切实解决合作社融资难问题”的要求，江苏省财政厅与江苏省农委、民生银行及平安银行签订协议，采取组建共同基金的模式，支持解决江苏农民专业合作社贷款难问题。

(3) 积极开展农业保险保费补贴资金专项检查与绩效评价。中共江苏省委第十二届六次全会通过的《中共江苏省委贯彻落实〈中共中央关于全国深化改革若干重大问题的决定〉的意见》明确“构建全方位农业保险管理体系”。2013 年度，江苏省保监局积极开展农业保险保费补贴资金专项检查与绩效评价。江苏省政府金融办、江苏省财政厅和江苏保监局在全省联合开展农业保险保费补贴专项资金专项检查，检查对象为财政部门、农委部门和保险机构，重点检查内容包括三个方面：一是县(市、区)保费资金和省辖市政府巨灾风险准备金的管理情况；二是农险管理费的提取和使用情况；三是是否存在虚构保险标的骗取上级补助和截取理赔款侵犯农户保险利益等情况。同时，农业保险财政补贴绩效评价工作的开展在江苏取得了良好的经济和社会效益。一是省市县政府各有关部门高度重视农业保险工作，建立工作责任制度，促进农业保险工作快速发展；二是各级财政部门对农业保险保费补贴资金管理规范，把本级财政应补贴保费资金纳入预算管理，专款专用；三是保险经办机构服务水平较高，服务网点覆盖了全省 92%的乡镇、行政村，种植业平均理赔周期 31 天，养殖业为 24 天，理赔结案率达 98%；四是监督检查工作规范有序，每年省市县均组织检查监督，发现问题及时整改，促进了农业保险工作健康发展。

5) 法制环境

金融法制建设直接影响着银行贷款的质量，是金融安全稳定运行的保障。2013 年，全省各级法院在金融案件方面的处理情况，一是依法保障经济持续健康发展，江苏省法院制定出台为全省金融业持续健康发展、防范化解金融风险提供司法保障的意见，全省各级法院加大金融债券司法保护力度，一审审结保险、融资租赁、票据等金融纠纷案件 19 948 件，维护金融安全，规范金融秩序。二是“点对点”金融司法查控系统查询自然人存款金额近 54 亿元，覆盖银行由 8 家增至 51 家，查询金融信息范围从自然人扩展至法人。

2. 江苏农村金融风险情况

1) 农村银行业金融机构的金融风险

农村银行业金融机构的金融风险按其生成机制可以分为两大类：一类是源于外部经济、金融环境的外生性风险；另一类是源于金融机构内部管理的内生性风险。

农村银行业金融机构的外生性风险主要表现为：

(1) 信用风险。信用风险主要指由于信用问题造成的风险，即借款人不能按期还本付息。农村金融机构的借款人主要是分散的农户和农村中小企业，面对大量的“三无”群体(无以往的信用记录，无完善的财务及产业发展系统可供评估，无相关的专业评估组织提供评估服务)，金融机构很难获得交易方的真实信用信息。即使部分企业存在相关信用记录，但由于多数农村中小金融机构的征信系统尚不能与人民银行联网，无法查询相关信息，这就进一步加剧了借贷双方的信息不对称情况。近年来，江苏屡屡出现民企老板负债跑路的情形，涉及资金规模较大，产业链内影响范围较广，严重影响了金融机构的正常经营。

(2) 市场风险。农村银行业金融机构面临的市场风险集中表现为由利率变动所引起的金融产品价格的变动。利率市场化改革的推进使得农村金融机构也面临着金融产品价格变动所带来的金融收益变动的风险。随着人民币汇率形成机制改革的深入，农村金融机构外汇业务的进一步拓展，也将面临市场汇率变动所带来的收益不确定性。

(3) 政策风险。财政政策、货币政策等的调整会带来外部经济环境的变化，从而影响农村金融机构的预期收益。由于农村金融机构具有显著的地域特征，地方政府政策的变化将直接影响农村金融机构的经营活动。例如地方政府为推动当地经济发展，对农村金融机构的信贷决策等进行干预将导致农村金融机构收益损失的可能性。

农村银行业金融机构的内生性风险主要表现为：

(1) 决策风险。近年来，江苏农村金融机构工作人员文化素质虽已不断提高，但仍远低于股份制商业银行。部分农村金融机构的工作人员没有经过专业的金融业务培训，这就会影响业务经营中金融数据收集的及时性、准确性和完整性，从而导致领导决策失误。

(2) 流动性风险。农村金融机构的流动性风险主要表现为农村金融机构持有的资产流动性差和对外融资能力降低从而导致损失甚至破产的可能性。由于农村金融机构主要以中小金融机构为主，规模较小，筹资能力相对较弱，资金余缺调剂能力相对较差，且资金主要来源于农户和农村中小企业的存款，大多数资产不能随时变现。一旦市场发生变化，如不能及时实现资产变现要求，就有可能出现亏损或挤兑。如江苏射阳农村商业银行庆丰分理处因周围数十家担保公司时有发生老板跑路的现象，一则“射阳农商银行将要倒闭”的谣言在民间流传从而在当地引发挤兑风潮。

(3) 操作风险。农村金融机构的操作风险主要表现为由于不正确的内部操作流程、人员、系统或外部事件所导致的直接或间接损失的风险。如目前村镇银行从事前中后台的工作人员大部分都从当地招募，经培训后上岗，但合规操作意识差，风险意识淡薄。同时，为应对同业竞争，农村中小金融机构多采取相对灵活的放款流程，追求业务发展规模，这在一定程度上也埋下了隐患。

2) 农村非银行业金融机构的金融风险

(1) 法律风险。目前与小额贷款公司有关的法规主要有银监会和中央银行发布的《关于小额贷款公司试点的指导意见》(银监发〔2008〕23 号)、《小额贷款公司改制设立村镇银行暂行规定》(银监发〔2009〕48 号)；江苏省政府也陆续发布了《省政府办公厅关于推进农村小额贷款公司又好又快发展的意见》(苏政办发〔2009〕132 号)、《江苏省人民政府办公厅关于深入推进农村小额贷款公司改革发展的意见》(苏政办发〔2011〕8 号)、《江苏省小额贷款公司监管评价办法(暂行)》(苏金融办发〔2012〕52 号)、《江苏省小额贷款公司非现场检查实施细则(暂行)》(苏金融办发〔2012〕56 号)、《江苏省小额贷款公司现场检查实施细则(暂行)》(苏金融办发〔2012〕57 号)、《江苏省农村小额贷款公司监管处罚细则(暂行)》(苏金融办发〔2012〕58 号)、《江苏省小额贷款公司监管员工作规则(试行)》(苏金融办发〔2013〕74 号)、《关于调整完善农村小额贷款公司部分监管政策的通知》(苏金融办发〔2013〕102 号)、《江苏省农村小额贷款公司扶优限劣工作意见(暂行)》(苏金融办发〔2013〕103 号)。总体来看，上述文件对小额贷款公司的经营与监管具有指导和规范性作用，但其法律约束力并不强，一旦发生经济纠纷或违规行为，仍然难以做到有法可依。

(2) 信用风险。农村小额贷款公司的服务对象大多是被商业银行排除在外的农户和小微企业。一方面，其规模小，经营状况不稳定，抵抗风险的能力较弱，还款能力也较为有限；另一方面，其信用意识相对淡薄，还款积极性相对较低，容易发生赖账行为。此外，农村小额贷款公司的风险管理技术不完善，也增加了发生信用风险的概率。

(3) 流动性风险。农村小额贷款公司的资金主要来源于所有者权益和向银行融资，资金来源单一。随着小额贷款公司规模扩张，资金需求也会不断增加。由于农村小额贷款公司资金回笼时间相对较长，一旦出现呆账，极易发生流动性风险。

江苏江阴农村小额贷款公司“老板跑路”案例

江苏江阴丰源农村小额贷款有限公司(下简称丰源小贷)的老板任标及其妻子郑群群于 2014 年 1 月跑路，去向不详，而其控制的另一家公司也有涉及近 1 亿元的银行贷款尚未归还。

根据工商资料显示，丰源小贷注册资本金为 2 亿元，经营范围为面向“三农”发放贷款，提供融资性担保、开展金融机构业务代理以及经过监管部门批准的其他业务。丰源小贷的最大股东为江阴丰达机械有限公司(下简称丰达机械)，股权占比 51%，居绝对控股地位。丰达机械与丰源小贷的法定代表人均为任标，其妻则正是丰达机械的财务负责人。

据资料显示，虽丰源小贷去年仅涉及 3000 万贷款并已如期兑付，但丰达机械依然存在1亿200万元贷款余额，其中包括一笔2014年9月26日到期的3000万次级贷款和三笔均为一年期总计7200万元的关注类贷款。

农村小额贷款公司“老板跑路”现象暴露了其潜在的一些问题：

第一，缺乏相关法律约束。缺乏专门针对小额贷款公司的相关法律，服务“三农”和小微企业，保护投资者利益是完善农村小额贷款公司相关法律法规的立足点，应尽快将小额贷款公司的资金来源、贷款业务及其他主要操作业务作出明确的法律规范，规范和引导小额贷款公司的发展。

第二，公司治理结构不健全。丰源小贷公司的破产主要是由于大股东主业丰达机械出现问题而受到牵连，这在行业内已不是首例。应进一步完善农村小贷公司的治理结构，明确各部门的职责和相关人员的权力和责任；将公司的经营决策权和监督权委托给董事会，由董事会负责公司的日常经营管理；设计清晰的贷款管理流程，对贷款投向、贷款额度等依照相关规定进行约束。

第三，缺乏风险管控机制。在经济下行阶段，处在金融产业链末端的小额贷款公司，贷款不良率激增，甚至充当银行业金融机构信贷风险挤压的接盘人。小额贷款公司应建立有效的风险管控机制，对企业客户经营状况的考察不仅仅局限于财务报表，应从企业经营的基本面、发展历史、所处行业情况、资产积累、实际控制人的能力等多方面评估企业的经营能力。

二、江苏农村金融监管

1. 江苏农村中小金融机构发展概况

1) 资产情况

2013年一季度全省农村中小金融机构总资产余额为14 420.55亿元，比年初增长8.69%；二季度总资产余额为14 441.01亿元，比年初增长8.85%；三季度总资产余额为14 740.24亿元，比年初增长11.10%；四季度总资产余额为 15 135.18 亿元，比年初增长 14.08%。

2) 负债情况

2013 年一季度全省农村中小金融机构总负债余额为 13 373.28 亿元，比年初增长 9.13%；二季度总负债余额为 13 364.63 亿元，比年初增长 9.06%；三季度总负债余额为 13 618.27 亿元，比年初增长 11.13%；四季度总负债余额为 13 964 亿元，比年初增长 13.95%。

3) 资产质量情况

截至 2013 年年底，全省农村中小金融机构不良贷款余额总计 184.91 亿元，不良贷款率为 2.14%。其中，次级贷款余额总计 121.22 亿元，占比为 1.40%；可疑贷款余额总计 57.89 亿元，占比为 0.67%；损失贷款余额总计 5.80 亿元，占比为 0.07%。

4) 盈利能力情况

截至 2013 年年底，全省农村中小金融机构实现税后净利润 175.3 亿元，比去年同期增长 14.28%；资产利润率约为 1.16%，比去年同期下降约 6.45%；资本利润率约为 14.97%，比去年同期下降约 12.46%。

5) 风险抵御能力

截至 2013 年年底，全省农村合作金融机构资本充足率达 12.59%，超过了 8%的最低监管要求；不良贷款拨备覆盖率为 216.4%，较去年同期下降约 3.82%。

2. 对农村中小金融机构的监管

1) 对农村银行业金融机构的监管

2013 年，江苏银监局贯彻落实银监会颁布的有关加强涉农金融服务的政策文件，监督引导银行业金融机构加强农村金融服务。

(1) 继续深入推进支农服务“三大工程”，让农村居民享受便捷的金融服务。

2013年银监会先后发布《关于做好2013年农村金融服务工作的通知》(银监办发〔2013〕51号)和《关于持续深入推进支农服务“三大工程”的通知》(银监办发〔2013〕81号)，要求农村中小金融机构更好发挥农村金融服务主力军作用，进一步改善农村金融服务，持续深入推进“金融服务进村入社区”、“阳光信贷”和“富民惠农金融创新”三大工程，加大强农惠农富农金融支持力度。江苏银监局的具体实施情况如下：

第一，推广阳光信贷，塑造品牌效应。一是推行普惠授信，江苏银监局在全省范围内推广宿迁、泰州等地机构阳光信贷的成功做法。全省农村中小金融机构通过层层发动、广泛宣传，实施逐村逐户拉网式的调查，全面收集农户基本信息，并借助社会力量民主评议，科学评定授信额度，阳光公示授信结果，开展普惠授信，激发了潜在信贷需求。二是推动提质增效，对客户信息数据采集整理、民主评议运作以及涉及预评级、预授信基本打分卡进行了规范细化，形成可复制、可推广的样板，提升服务品质。其次推动开发阳光信贷操作管理平台，为“阳光信贷”提供科技支撑。三是丰富品牌内涵，引导全省农村中小金融机构实施“阳光信贷”品牌经营，坚守阳光授信、阳光公示、阳光定价、阳光用信等承诺，用诚信支撑品牌；通过细分普通农户、规模种养殖户、个体工商户、小微企业等不同需求，打造差异化的“阳光信贷”产品系列，提供菜单式服务；同时根据市场和客户需求变化，因时而变，不断增加完善功能，从服务承诺、服务速度、员工表现、服务细节、产品满意度等方面不断改进“阳光信贷”服务质量，不断强化优势业务特点，打造以小额化、微型化为特色和精品的核心竞争力。

第二，积极实施“金融服务进村入社区”工程。在已实现营业网点、自助设备对所有乡镇100%覆盖的基础上，在全国率先推动辖内机构拓展农村非物理网点金融服务渠道，推动实现“金融便民服务到村”的多维度全覆盖。

第三，推进富民惠农创新工程。坚持以满足实体经济真实需求、客户需求和机构自身发展需求为出发点，支持和推动辖内机构开展农村金融产品和服务方式创新，并通过经验介绍、现场观摩、监管调研等多种形式提供交流平台，鼓励各机构相互借鉴。

(2) 完善林业信贷担保方式，健全林权抵押贷款制度。

2013 年 7 月，银监会与国家林业局联合印发《关于林权抵押贷款的实施意见》(银监发〔2013〕32 号)，明确提出林农和林业生产经营者可以用成本经营的商品林做抵押从银行贷款，用于林业生产经营的需要。该意见的出台，有助于调动林农和林业生产经营者的积极性，突破林业经济发展的资金瓶颈。

江苏银监局鼓励机构创新农村抵(质)押担保方式，密切关注并积极参与农工办、农委等相关部门改革试点工作进展，并结合当地实际开展“三权”抵押贷款，在当地政府的支持下，少数地区农合机构已开始积极探索、尝试“三权”抵押贷款业务，为“三农”发展提供了源头活水，引起中央电视台、人民日报等多家媒体关注。

(3) 加强进城务工人员金融服务。

2013 年 9 月，银监会印发《关于改进农民工金融服务工作的通知》(银监办发〔2013〕232 号)，要求银行业金融机构持续改进城镇化过程中农民工金融服务工作，提高农民工金融服务的契合度。截至 2014 年 9 月，江苏银行业金融机构涉农贷款比年初新增 1870.92 亿元，比上年同期减少了 429.23 亿元，同比增速 8.77%，比同期全部贷款增速低 2.57%。

2) 对农村非银行业金融机构的监管

2013 年，江苏省金融办先后发布了《江苏省小额贷款公司监管员工作规则(试行)》(苏金融办发〔2013〕74 号)、《关于调整完善农村小额贷款公司部分监管政策的通知》(苏金融办发〔2013〕102 号)、《江苏省农村小额贷款公司扶优限劣工作意见(暂行)》(苏金融办发〔2013〕103 号)，就加强农村小额贷款公司的监督管理，规范监管行为，提高监管质量，引导农村小额贷款公司规范健康可持续发展做出了相关政策规定。

截至 2014 年 2 月，全省已有纳入统计的小额贷款公司 580 家，其中农村小额贷款公司 521 家。全省小贷公司实收资本 880.51 亿元，累计发放贷款 7095.82 亿元，贷款余额 1081.68 亿元，其中农村小额贷款公司实收资本 776.21 亿元，累计发放贷款 6569.70 亿元，贷款余额 960.89 亿元。农村小额贷款公司到位各类融资共 95.61 亿元，其中银行融资借款 69.02 亿元，占比 72.19%；股东借款 16.96 亿元，占比 17.74%；其他机构融资借款(含省再担保融资借款)9.63 亿元，占比 10.07%。

三、农村金融监管存在的问题及对策建议

2013 年，江苏农村金融各监管单位积极履行对农村金融机构及其业务活动的监督管理职责，主要表现在以下几个方面：

第一，江苏省银监局贯彻落实银监会发布的有关加强涉农银行业金融服务的政策文件，监督引导银行业金融机构加强农村金融服务。2013 年江苏省银监局对农村银行业金融机构的监管工作重点主要在于：继续深入推进支农服务“三大工程”，让农村居民享受便捷的金融服务；完善林业信贷担保方式，健全林权抵押贷款制度；加强进城务工人员金融服务。

第二，江苏省金融办先后发布多项有关江苏省小额贷款公司的监管文件，切实加强对农村小额贷款公司的监督管理工作。2013 年，江苏省金融办对小额贷款公司的监管工作重点在于：进一步规范监管员工作，提高监管质量；调整完善农村小额贷款公司的部分监管政策；深入推进农村小额贷款公司分类监管、扶优限劣，引导农村小额贷款公司规范健康可持续发展。

以上监管工作在取得一定成效的同时，也存在一些问题：

第一，从对银行业金融机构的监管来看，还需进一步加大风险管控力度。随着金融市场化和自由化的推进，农村金融风险越来越呈现系统化、关联化、隐蔽化等特点。从风险领域来看，当前农村银行业金融机构面临的主要风险仍是信用风险，特别是部分重点行业贷款风险不容忽视。从风险管理能力上看，农村银行业金融机构在风险计量和定价上、风险管理的科技支撑上、全面风险管理体系建设上仍存在不足，需进一步完善。

第二，从对非银行业金融机构的监管来看，对小额贷款公司的监管缺乏有效的风险管理机制。在经济下行阶段，处在金融产业链末端的小额贷款公司，贷款不良率激增，甚至充当银行业金融机构信贷风险挤压的接盘人。应尽快构建小额贷款公司的信用风险评估体系，鼓励小额贷款公司的员工深入到田间地头，充分利用本土业务人员的优势，切实了解客户的信贷需求、还贷能力、个人信誉等，摸索出小额贷款公司特有的信用风险评估模式。同时，监管部门还应探索建立差异化的监管技术，针对小额贷款公司的经营特点，配备专业化的监管员团队，扶优限劣，引导小额贷款公司规范健康可持续发展。

第六章　江苏农村金融进一步发展的思路

一、江苏农村金融发展总结

2013 年，江苏农村金融市场整体运行平稳，农村金融机构各项业务稳步发展，经营业绩良好，邮政储蓄银行、股份制商业银行和村镇银行等农村金融机构覆盖面不断扩大，农村金融服务水平进一步提高。

1. 农村银行类金融机构网点覆盖面进一步扩大，农村金融产品逐渐丰富

截至 2013 年年末，江苏省 51 个县域(区)拥有银行类金融机构网点 6074 个，同比增长 2.74%，从业人员 88 667 人，同比增长 8.56%；非银行类金融机构网点 1851 个，同比增长 3.29%，从业人员 62 791 人，同比增长 9.69%。农村银行类金融机构网点中，国有商业银行、农村合作金融机构和邮政储蓄银行网点占比依次为37.39%、36.01%和19.66%，股份制商业银行网点占4.76%；不同区域银行类机构网点分布差异明显：苏南地区以国有商业银行网点为主，苏北地区以农村合作金融机构网点为主，而苏中地区农村合作金融机构和国有商业银行网点数基本相当。2013 年，江苏农村邮政储蓄银行和股份制商业银行网点快速增长，分别增加了 100 个和 71 个，村镇银行网点数也稳步增长。

随着农村企业和家庭对金融服务需求逐步多样化，农村金融产品不断多样化。截至 2013 年年末，江苏农村银行类金融机构业务种类平均达到 35.84 种，服务企业 15.029 万个，服务农户 216.781 万户，能较好地满足企业和农

户的金融服务需求。

2. 农村银行类金融机构存贷款业务稳步增长，支农力度进一步加大

截至 2013 年年末，江苏农村银行类金融机构本币存款余额 27 719.38 亿元，其中，个人本币存款余额为 16 386.00 亿元，同比增长 13.91%，单位本币存款余额为 11 518.2 亿元，同比增长 10.14%。但由于受人民币升值、金融危机和欧债危机等影响，个人和单位外币存款余额同比明显减少。江苏农村各银行类金融机构贷款余额合计 22 685.91 亿元，同比增长 13.36%，金融机构支农力度进一步加大。截至 2013 年年末，江苏农村银行类金融机构涉农贷款余额达 14 751.53 亿元，同比增长 18.92%；其中，农户贷款余额为 2481.98 亿元，同比增长 20.22%，农村工商业贷款为 10 747.98 亿元，同比增长 14.14%，农业经济组织贷款余额达 1237.05 亿元，同比增长 33.95%。随着支农贷款规模的增加，金融机构贷款强度也在增加，2013 年企业贷款平均额度为 681.17 万元/笔，显著高于 2012 年平均额度 523.24 万元/笔。

3. 农村商业银行在农村金融市场占主导地位，存贷款规模增长势头强劲

截至 2013 年，农村商业银行存款余额占江苏县域农村金融市场存款余额的 30.97%，市场份额同比增长了 7.5%；贷款余额占江苏县域农村金融市场贷款余额的 30.22%，贷款市场份额同比增长了 7.19%，存贷款总量、市场份额及增幅均高居全省县域金融机构之首。农村信用社改制为农村商业银行后，法人治理结构不断健全，经营理念和经营战略转型、经营管理水平提高，整体服务面貌焕然一新，各项服务及产品提升，这带来了农村商业银行业务规模的新突破。

同时，中国农业银行、中国工商银行、中国建设银行、中国银行、交通银行和中小型股份制银行的存款份额都有所缩减，下降幅度分别为 2.29%、

1.6%、0.57%、1.78%、2.14%和0.86%；而中国邮政储蓄银行和村镇银行的存款份额分别增长了2.13%和0.86%。贷款份额上，中国邮政储蓄银行、中国农业银行、交通银行和中小股份制银行的贷款份额有所缩减，下降幅度分别达到1.65%、5.45%、1.69%和1.01%，而中国农业发展银行、工商银行、建设银行、中国银行和村镇银行的贷款份额都有所上升，增长幅度分别达到1.41%、0.28%、0.22%、0.39%和0.8%。总体上，2013年中国农业银行在农村金融市场上存贷份下降幅度最大。

4. 农村银行类金融机构经营效益良好

2013年，江苏农村银行类金融机构营业收入同比增长5.61%，收入来源结构上，净利息收入占74.63%，中间业务净收入占比上升，达到15.26%，投资净收益占3.77%；营业利润同比增长11.63%，利润总额同比增长8.17%。但不同地区盈利能力差异依然显著，苏南地区占全部营业利润的61.29%，苏中地区占23.15%，苏北地区仅占15.56%，但苏北农村银行类金融机构营业利润和利润总额的增幅较大，达25%左右。进一步分机构看，银行类金融机构的营业收入中，占江苏农村银行类机构网点37.39%的国有商业银行营业收入占比达52.12%、网点占比36.01%的农村合作金融机构营业收入占比为28.86%，网点占比仅4.76%股份制商业银行营业收入占比高达12.63%，这表明股份制商业银行和国有商业银行盈利能力较强，农村合作金融机构、邮政储蓄银行和村镇银行的盈利能力有待提升。

5. 农村存贷款市场集中度有所提高，且苏北地区垄断程度增强

2013年，江苏省农村存贷款市场集中度都有所上升。2012年江苏省农村存款和贷款市场的*HHI*值分别为1537和1290，分别属于低寡占I型和低寡占II型，而2013年存款和贷款市场的*HHI*值分别为1948和1858，均属于高寡占II型。从三大区域内部看，苏南县域农村存款市场的*HHI*值为1507，属

于低寡占Ⅰ型，贷款市场*HHI*值为1392，属于低寡占Ⅱ型；苏中县域农村存贷款市场的*HHI*值分别为1763和1694，均属于低寡占Ⅰ型；而苏北县域农村存贷款市场的*HHI*值高达2330和2245，均属于高寡占Ⅱ型，而2012年存贷款市场，均为低寡占Ⅰ型。苏南地区经济发达，商业性金融机构纷纷进入农村金融市场，降低了县域农村金融市场的集中度，存贷款市场处于竞争状态；而苏北地区经济相对落后，商业性金融机构缺乏，农村商业银行凭借改革中的各种优惠政策，不断提高市场份额，市场集中度不断提高，使该地区农村金融市场处于一种农村商业银行(即农村信用社)垄断的状态。

6. 农村金融市场进一步发展，农村金融创新活跃

2013年，江苏省农村金融深化程度加强，农村储蓄投资转化效率提高，农村经济商品化和货币化、金融深化带来了金融机构和金融工具的创新；金融生态环境和承贷基础改善，提高了农村资金的利用率。2013年，江苏省县域农村金融机构存贷比均值为0.71，比2012年高2%。银行类金融机构存贷比的提高意味着农村资金利用率提高，涉农贷款利率的浮动，可以有效地通过溢价覆盖农村金融机构的风险，保证金融机构从事涉农服务的商业收益，解决农村金融管理成本高、盈利能力差的问题，激发农村金融机构发放涉农贷款的积极性。

2013年，江苏省县域农村金融机构不论金融制度、金融市场，还是金融产品、金融工具等层面，都涌现出很多创新。个性化贷款技术和方式的创新，进一步减少了手续费用及业务审批的中间环节，构建了贷款客户与银行业之间良性的信贷关系，开拓了银行业信贷市场的空间，较好地满足了经济社会发展需求。当前，我国的农业发展模式正在不断地向大农户模式转变，尤其金融机构对农民专业合作社的贷款倾斜，有利于引导农村实体经济向规模化和产业化发展。截至2013年年底，江苏省小微企业金融产品总计已达850个，农村金融产品也合计达72个，均居于全国领先水平。

7. 非银行类金融机构总体上发展平稳

2013 年，江苏农村非银行类金融机构总体上稳步发展，除担保公司网点有所减少外，其他各非银行类金融机构网点均有所增加。2013 年，江苏农村地区共有典当行 117 家，新增 17 家；业务笔数同比增长 12.57%；业务收入显著提高，约为 2012 年的 4 倍。截至 2013 年年底，江苏农村共有担保公司 248 家，与 2012 年相比减少了 140 家，员工数和营业网点数同比下降约 20%，年度担保业务笔数同比增长 74.36%，年度保债余额同比下降 10.20%，但年度担保收入同比增长 91.94%。2013 年，江苏农村小额贷款公司数目、营业网点数目及从业人员数目均有所增加。其中，公司数增至 303 家，增幅为 19.76%，营业网点增至 312 家，增幅为 21.40%。江苏农村保险公司稳步发展，网点不断增加，业务规模逐步扩大，且仍以寿险公司为主。截至 2013 年年底，江苏农村共有保险公司营业网点 1151 个，员工数 56 683 人，保单余额 1467.41 万份，同比增长率依次为 3.97%、10.83%和 98.55%。在江苏农村保险公司中，寿险公司营业网点数所占比重为 58.82%，员工数所占比重为 63.24%，年末保单余额所占比重达 82.85%。

二、江苏农村金融发展中存在的主要问题

1. 农村金融机构贷款利率上浮幅度扩大，农村企业和农户融资成本较高

为进一步推进利率市场化改革，经国务院批准，中国人民银行决定，自 2013 年 7 月 20 日起全面放开金融机构贷款利率管制；取消金融机构贷款利率 0.7 倍的下限，由金融机构根据商业原则自主确定贷款利率水平；取消农村信用社贷款利率 2.3 倍的上限，由农村信用社根据商业原则自主确定对客户的贷款利率。随着利率市场化的逐步推进，2013 年江苏农村银行类金融机

构的贷款利率波动幅度扩大，贷款利率整体水平上升，利率上浮幅度加大。农村金融机构贷款利率浮动幅度过大，既增加了农村中小企业和农户的经营成本，不利于农村经济的健康发展，同时，过高的贷款利率，也加大了自身的经营风险。

2. 部分地区农村金融机构不良贷款率上升，农村小额贷款公司不良贷款率显著提高

受部分企业产品销售困难影响，江苏部分农村地区银行不良贷款率有所上升。2013 年，全省农村银行类金融机构不良贷款率 1.07%，基本与 2012 年的不良贷款率持平。但是，经济发达的苏南地区银行类金融机构不良贷款率由 2012 年的 0.85%上升到 1.13%，苏北地区不良贷款率达到 2.04%。随着国内经济增速放缓，中国经济进入“新常态”，地方政府融资平台、房地产、批发零售与制造业等过去对信贷需求最旺的行业正陆续成为银行不良贷款的“重灾区”，导致农村银行业金融机构的信用风险呈现系统化和关联化特点，农村银行业金融机构需加强全面风险管理体系建设。

2013 年，江苏农村小额贷款公司不良贷款率显著提高。江苏农村小额贷款公司不良贷款额约为 2012 年的 2.5 倍，不良贷款率增至 7.518%，高出 2012 年约 3 个百分点。由于苏南地区农村小额贷款公司政策扶持力度较大，且当地出口企业较多，受宏观经济下行等影响，其不良贷款率高达 9.309%，高出 2012 年约 4%，显著高于苏中和苏北地区。受资产质量下降拖累，农村小额贷款公司营业收入同比下降 2.27%，营业利润同比下降 27.76%，小额贷款公司盈利能力下降显著。

3. 利率市场化进程的加快对农村中小金融机构带来挑战

利率市场化进程的加快给农村中小金融机构带来更大的挑战。一是利率市场化的推行，加剧了农村金融市场的竞争。在客户资源的竞争方面，对公业务尤其是针对优质大客户的业务竞争日趋激烈，国有商业银行在对公业务

中占据有利地位，股份制商业银行凭借灵活的内部机制、产品创新在对公业务占有一定优势，以农村商业银行为代表的农村中小金融机构在竞争中处于劣势。其次，银行间创新业务同质化趋势明显，存贷款利差的日趋缩小，使得个人银行业务和农村中小企业贷款成为众银行竞争的新领域，加剧了对农村中小金融机构的挤压。二是由于在网络技术和产品创新等方面处于劣势，目前农村中小金融机构的表外业务很少，信贷资产证券化、银行承兑汇票、保函、担保、委托代理等新的业务尝试甚少，定价和防范利率风险的能力较弱，存贷款利差是农村中小金融机构的主要收入来源。利率差的缩小将会挤压农商行(农信社)的利润空间，利率风险也逐步由政策性风险演变为市场风险，对农村中小金融机构的存贷款、债券投资以及利率敏感性缺口带来不确定性的风险。

三、江苏农村金融进一步发展的对策建议

1. 加强金融服务“三农”的支撑作用

根据《国务院办公厅关于金融服务“三农”发展的若干意见》(以下简称《意见》)，要求进一步加大金融对“三农”的支持力度，具体包括：一是加强金融支持“三农”发展的能力建设。在充分发挥农村现有各类金融机构优势的同时，培育和发展新型农村金融服务主体，积极发挥农村保险和农村资本市场作用，加强银行业、保险业、证券业的协调配合，构建多层次的农村金融服务体系。一方面推进农村信用社、农业发展银行、农业银行、邮政储蓄银行、村镇银行等银行业金融机构改革；另一方面要丰富农村金融服务主体，提升农业保险的广度和深度，稳步培育发展农村资本市场。支持村镇银行、农村小额贷款公司健康发展，引导其坚持服务“三农”、小微企业的市场定位。二是改进和提升“三农”金融服务水平。引导加大涉农贷款投放，大力发展普惠金融，创新金融产品和服务方式，加大对重点领域金融支持。加

大对农业经营方式创新、农业综合生产能力提升、农业社会化服务产业发展、农业发展方式转变、新型城镇化建设等重点领域的金融支持。强化金融机构服务“三农”的职责，强化商业银行对“三农”和县域小微企业的服务能力，将县域内金融机构涉农信贷投放情况纳入信贷政策导向效果评估和综合考评体系。通过优化支农再贷款机制，发放支小再贷款，发行专项用于“三农”金融债以补充资金；通过对涉农资产开展证券化试点，盘活资金。

2. 提升农村普惠金融服务水平

大力发展普惠金融，不断优化农村金融机构网点布局。发展壮大经济薄弱地区金融业规模，优化金融业布局结构。对在苏北、苏中地区设立的县级及以下银行、保险业分支机构，省财政给予适当奖励，以引导金融机构在网点布局上向苏北、苏中地区倾斜，扩大农村地区基础金融供给，促进区域金融协调发展。江苏可进一步推动在全国率先形成的普惠金融服务三大针对性特色服务模式——“小额信贷扶贫”、“阳光信贷”、“金融服务村村通”和农村金融综合服务站建设，紧跟经济社会转型大局，注重市场细分，扩大目标客户群体，突出消费金融、零售金融的拓展，推广农村微贷技术、产业链融资模式以及电话银行、网上银行业务，推进农村抵押担保制度创新，优化服务方式，更好地满足三农、小微企业多层次、多元化的金融服务需求。同时，提升普惠金融服务水平，运用信息技术加大创新力度，有效配置金融资源，以更高层次的金融服务助推普惠金融发展；在组织架构上，以客户为中心实施扁平化管理，实行“一窗式”服务模式；在产品设定上，通过对客户的归类分析形成标准化、序列化产品；在服务渠道上，建设物理网点与虚拟网点互为结合的多元销售渠道，丰富电子银行产品功能；在管理方式上，将 IT 技术有效嵌入管理流程，降低管控成本，提高运行效率。

3. 创新新型农业经营主体的金融服务

为了支持新型农业生产经营组织发展，促进农业生产经营向集约化、规模化转变，需进一步推动金融机构在县域对新型农业经营主体提供全过程信贷支持。具体包括：搭建信息共享和服务平台，缓解融资信息不对称情况；简化贷款办理手续，缓解新型农业经营主体融资慢问题；创新金融产品与服务方式，鼓励金融机构进行订单融资、供应链融资、存货质押、林权抵押、农业机械设备抵押等产品服务创新，缓解新型农业经营主体融资难矛盾；完善政策工具和补贴奖励机制，缓解新型农业经营主体融资贵问题。优化新型农业经营主体发展的金融环境，提升新型农业经营主体金融基础服务水平。

4. 推进农村土地经营权抵押贷款

一是建立健全农村土地承包经营权流转服务体系，推进贷款流程操作合规有效。

(1) 积极探索土地流转市场化服务机制，逐步引进独立的社会中介机构参与农村土地流转服务，形成市场化的交易服务机制。

(2) 健全农村土地承包经营权流转服务体系。加快县、乡、村土地流转服务机构体系建设，完善土地经营权流转纠纷仲裁机制，消除金融机构的法律风险。

(3) 建立权威的农村土地经营权价值评估中介机构。制定科学的评估标准，出台评估管理、技术规范等有关法律和业务准则，合理确定抵押物价值。

(4) 建立健全抵押物处置办法和流程。

二是加快农村担保体系建设，推进土地流转融资渠道多元化。

(1) 建立政策性投资和担保体系，引导社会和金融资本向现代农业发展集聚。

(2) 广泛吸收社会资金，壮大担保公司的实力，鼓励农业产业化龙头企业，农民专业合作社入股或成立担保公司提高流转主体融资的外在担保能力。

(3) 金融部门应加大与担保公司的合作力度，在风险可控的前提下进一步放大担保比例，不断加大对流转主体的金融支持力度。

三是完善土地流转的配套措施，促进信贷投放安全有保障。包括：建立风险防范机制；完善政策保险、政府贴息、基金补偿的多重风险保障补偿机制；落实好基础设施建设政策等。

5. 强化信贷风险管理

农村中小金融机构须加强信贷风险管理，提高信贷资产质量，提升经营管理水平，进而增强市场竞争力。一是强化全流程风险管理理念，准确把握宏观经济形势、行业与产业发展趋势，控制贷前风险源头；同时强化贷款“三查”制度，完善岗位制衡机制，真正有效执行信贷基本制度，把风险控制要求落实到贷时审查和贷后检查的每个节点。二是平衡业务发展与风险控制的关系。在坚持“三农”市场定位的基础上，确保业务发展与农村中小金融机构的技术、专业以及管理能力相适应；建立金融创新活动风险控制体系，对新的产品和市场、新的组织架构和流程、新的管理手段和工具进行风险评估和控制；强化法律及合规性审查，不断完善风险控制，更新风险管理流程，妥善应对业务发展与风险管理存在的利益冲突。着力做好风险监测、评估、预警工作，健全新形势下的金融风险处置机制，加强金融监管，防范农村金融风险。

6. 加强和完善对非银行类金融机构的监管

农村小额贷款公司、农民资金互助社等新型农村金融机构需规范发展，加强对其监管和风险控制。农村小额贷款公司处在金融产业链的末端，近年来不良贷款率激增，甚至充当银行业金融机构信贷风险挤压的接盘人。应尽快构建小额贷款公司的信用风险评估体系，鼓励小额贷款公司的员工深入到田间地头，充分利用本土业务人员的优势，切实了解客户的信贷需求、还贷能力、个人信誉等，摸索出小额贷款公司特有的信用风险评估模式。同时，监管部门应探索建立差异化的监管技术，针对小额贷款公司的经营特点，配备专业化的监管员团队，扶优限劣，引导小额贷款公司规范、健康、可持续发展。对于农民资金互助组织，地方各级政府要落实农村金融监管责任，明确农民资金互助业务监管部门，建立健全监管体系；制定农民资金互助合作组织规范发展指导性意见；建立农民资金互助合作组织风险防范机制；引导合作社开展内部信用合作，在管理民主、运行规范、带动力强的农民合作社和供销合作社基础上，培育发展农村合作金融；坚持社员制、封闭性原则，在不对外吸储放贷、不支付固定回报的前提下，推动社区性农村资金互助组织发展。

7. 加强农村信用体系建设

农村信用体系建设是农村金融基础设施的主要工作之一，是农村金融服务工作的重要支撑。加强农村信用体系建设，需继续组织开展信用户、信用村、信用乡(镇)创建活动，加强征信宣传教育，完善信用评价和共享机制，坚决打击骗贷、骗保和恶意逃债行为。具体可以建设农户信息数据库，依托数据库信息建立信用农户、信用镇、农村信用经济组织的评价体系。在此基础上，综合运用信用评价结果，激发和提高农户及其他农村经济主体信用意识，改善农村信用环境，充分发挥农村信用体系建设对农村经济发展的支持作用。

第二篇　江苏农村金融发展专题报告

第七章　江苏村镇银行的设立与发展

自 2006 年 12 月，中国银行业监督管理委员会颁布农村金融市场准入新政(银监发〔2006〕90 号)以来，我国的农村小型金融机构试点工作取得了显著成效，据统计，截至 2013 年 8 月底，全国共设立 932 家新型农村金融机构，其中包括村镇银行 843 家，贷款公司 18 家和农村资金互助社 71 家；已开业新型农村金融机构的贷款余额共计 3186 亿元，其中，针对农户的贷款余额 1054.5 亿元，针对中小企业的贷款余额 1529.28 亿元，分别约占其贷款余额的 33.1%和 48%。江苏农村小型金融机构的试点工作自 2007 年开始在各地区陆续推进，截至 2013 年 8 月底，已培育发展多种所有制形式的村镇银行、农村小额贷款公司以及农民资金互助社等农村小型金融组织，其中村镇银行 60 家，农村小额贷款公司 531 家，农民资金互助社 300 多家。

村镇银行是指经银监会依据有关法律、法规批准，由境内外金融机构、境内非金融机构企业法人、境内自然人出资，在农村地区设立的主要为当地农民、农业和农村经济发展提供金融服务的银行业金融机构。也就是说，村镇银行与一般的金融机构一样追求利润，规避风险，追求可持续健康发展，但村镇银行在产权结构、治理结构、经营目标和经营特点方面具有自己的鲜明特色。村镇银行立足农村地区，主要为当地农户和农村中小企业服务。相对于其他大中型金融机构而言，村镇银行具有规模小，决策快，经营灵活的特点，信息优势和成本优势明显，更加贴近农户、小企业和个体户。

可以看出，村镇银行的设立增加了一条服务“三农”的主要金融渠道，在一定程度上缓解了农村资金紧张，弥补了商业银行在广大农村地区所形成的空白市场，有利于农村经济的发展。此外，村镇银行的设立打破了农村信用社在农村金融市场的垄断地位，起到了促进农村金融机构竞争的作用，有效地提高了农村地区的金融竞争力。这样，不仅可以促使农村信用社加速改革提高效益，还可以促使农业发展银行、中国农业银行、农村信用社、邮政储蓄银行以及各种非正规金融机构竞争局面的形成。

一、江苏村镇银行的设立与发展现状

随着农村金融市场准入新政的颁布，各地村镇银行试点开展得如火如荼。自 2008 年至 2013 年 6 月底，江苏省 13 市陆续成立了 60 家村镇银行(图 7-1)。总注册资本达到 101.51 亿元，存款余额 314.41 亿元，贷款余额 308.93 亿元，其中 91.41%的贷款投向了中小企业和农户，发放涉农贷款 282.39 亿元，大多数村镇银行已实现盈利，整体盈利 2.52 亿元，贷款利息收入达到 7.01 亿元。

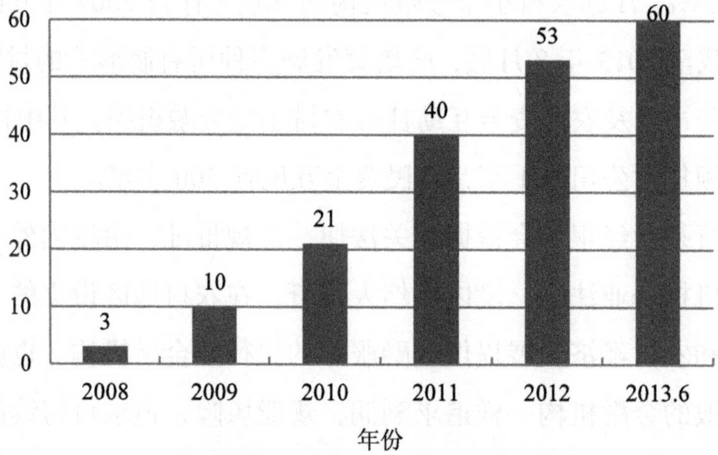

图 7-1　各年度江苏村镇银行数量(截至 2013 年 6 月底)

数据来源：中国人民银行南京分行。

1. 村镇银行的主发起行

自江苏省第一家村镇银行——沭阳东吴村镇银行于 2008 年成立以来，村镇银行雨后春笋般地出现在江苏各地，在已开业的 60 家村镇银行中，主发起行有农村商业银行、城市商业银行和股份制商业银行。从表 7-1 可以看出股份制商业银行和城市商业银行对设立村镇银行的积极性不高。农村商业银行作为主发起行居多数，其中 31 家由农村商业银行发起，占比 52%；14 家由城市商业银行发起，占比 23%；15 家由股份制大型商业银行发起，占比 25%。

表 7-1　江苏省村镇银行发起机构占比　(截至 2013 年 6 月)

主发起行	2008 年	2009 年	2010 年	2011 年	2012 年	2013 年 6 月
农村商业银行	3	6	12	22	28	31
城市商业银行	0	3	5	9	13	14
股份制商业银行	0	1	4	9	12	15

数据来源：中国人民银行南京分行。

村镇银行的成立实现了农村金融机构产权主体的多元化，而这种股权结构的变化最终使得村镇银行的内部治理结构和激励约束机制与原来的农村信用社迥然不同。村镇银行的建立还使得现有的农村商业银行、城市商业银行和股份制商业银行有了更丰富多元的投资选择，使它们可以借助新型的金融平台，把资金有效投入到新农村建设中。

2. 村镇银行的注册资本

根据村镇银行管理规定，我国村镇银行在县市设立的，其注册资本不得低于300万元人民币；村镇银行在乡(镇)设立的，其注册资本不得低于 100 万元人民币。从表 7-2 可以看出，村镇银行注册资本远高于规定的额度，从几千万元到上亿元不等。

表 7-2　江苏村镇银行注册资本结构

注册资本(万元)	村镇银行数量(个)	占比
5000 以下(含 5000)	17	28.33%
5000~10 000(含 10 000)	28	46.67%
10 000~15 000(含 15 000)	6	10.00%
15 000~20 000(含 20 000)	9	15.00%

数据来源：中国人民银行南京分行统计数据整理。

可以看出，在已设立的 60 家村镇银行中，注册资本主要集中 5000~10 000 万元人民币之间，占总数的 46.67%。注册资本超过 1.5 亿元人民币的村镇银行共有 9 家，主要分布在苏州、南通、常州等地区。

3. 村镇银行的存款业务分析

吸收公众存款业务是村镇银行的核心基础业务之一，它不仅保证了村镇银行在经营过程中有充足的资金扩大贷款规模，也为村镇银行创造良好的经营环境、更好地服务“三农”奠定坚实的基础。

自江苏省第一家村镇银行设立以来，村镇银行积极按照相关政策规定，利用自身优势大力发展业务，存贷款业务都取得较大进展。截至 2013 年 6 月底，存款余额 314.41 亿元，其中单位存款 230.11 亿元，占存款余额的 73%，储蓄存款 82.44 亿元，占存款余额的 26%，其他存款(包括财政性存款和临时性存款)占 1%。从存款的种类构成中我们看出，单位存款占比较大，储蓄存款占比过低，与一般金融机构储蓄存款占比较高的特点显著不同。

存贷比是指金融机构贷款余额与存款余额相比较而得出的比率值，根据有关部门的最新规定，商业性金融机构的存贷比不得突破 75%，对于一些中小型金融机构，允许其适当的突破这个量化的限制，但过高的存贷比在带来较大利润的同时，也带来了金融业务的经营风险。表 7-3 显示江苏省范围内村镇银行平均存贷比较高，高于银监会规定的 75%上限，村镇银行流动性风险凸显。从村镇银行的存贷比居高不下情况也可以反映出村镇银行资金来源不足的情况。2013 年 6 月底，江苏省 60 家村镇银行存款余额为 314.41 亿元，贷款余额约为 308.93 亿元，其存贷比达到了 98.3%，远高于银监会规定的商业银行上限 75%。

表 7-3　江苏省村镇银行平均存贷比

截止日期	各类存款/亿元	各类贷款/亿元	存贷比/%
2009 年 12 月底	17.29	11.77	68.1
2010 年 12 月底	34.18	29.12	85.2
2011 年 12 月底	202.52	150.54	74.3
2012 年 12 月底	275.27	253.52	92.1
2013 年 6 月底	314.41	308.93	98.3

数据来源：中国人民银行南京分行。

村镇银行作为新型农村金融机构，其立行宗旨是支持“三农”产业发展，储蓄存款的市场份额狭小，资金实力受限，本地存款特别是储蓄存款增长较慢，对村镇银行的发展影响很大。

村镇银行之所以吸收储蓄困难，主要有三个原因：一是村镇银行的社会认知度低；二是村镇银行结算渠道和手段相对落后；三是村镇银行基础金融服务功能差。

第一，村镇银行的社会认知度低。村镇银行的社会认知度不及其他农村金融机构(四大国有商业银行、城商行、农商行、农信社、邮政储蓄)，再加上村镇银行是新生事物，社会大众大多不了解。第二，村镇银行结算渠道和手段相对落后。严重影响了村镇银行的外部形象和竞争力，制约村镇银行的发展。政府要加大对村镇银行的扶持力度，稳步推进其完善金融服务技术手段，以此推动区域金融服务协调发展。第三，村镇银行基础金融服务功能差。具体包括中间业务服务能力差，缺乏 24 小时自助银行，没有开办银行卡、网上银行、手机银行等。

4. 村镇银行的贷款业务分析

与吸储难形成鲜明对比的是，作为独立法人的村镇银行在贷款上具有一定优势。由于手续简洁、决策流程短、有政府支持等优势，村镇银行贷款市场开拓相对较好。这对县域内资金需求具有短、小、急特点的中小企业和农户具有较强的吸引力。在贷款发放方面相对于大型金融机构更具有社区融合的特征。村镇银行凭借高效率的运作机制和简便快捷的服务，带动农村地区银行业适度竞争，使当地原有金融机构感到竞争压力，求变革新的内在动力明显加大。

1) 贷款期限

根据贷款期限不同，村镇银行的贷款可分为短期贷款和中长期贷款两大类。据统计，江苏省村镇银行自开业以来短期贷款累计发放笔数最多。截至 2013 年 6 月底，江苏省村镇银行贷款余额 308.93 亿元，其中短期贷款 297.19 亿元，占贷款余额的 96.2%，中长期贷款 11.74 亿元，占贷款余额的 3.8%。

2) 贷款对象

村镇银行的贷款对象可分为个人(包括农户、养殖户、个体工商户)及中小企业。根据调查，江苏省村镇银行的贷款以中小企业贷款居多。中小企业贷款 200.81 亿元，占贷款余额的 65%；个人贷款余额 89.59 亿元，占贷款余额的 29%，如图 7-2 所示。

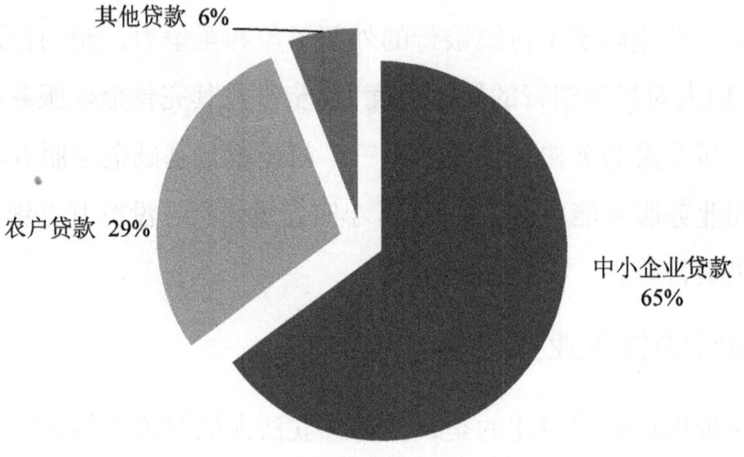

图 7-2 2013 年 6 月底江苏村镇银行贷款对象结构

数据来源：中国人民银行南京分行统计数据整理。

3) 贷款用途

根据贷款用途村镇银行的贷款可分为个人经营性贷款、个人消费贷款、个人住房贷款、单位经营性贷款和单位固定资产贷款。就江苏省而言，村镇银行主要贷款投向是单位经营性贷款，其次是个人经营性贷款，再次是个人消费性贷款。68.8%的贷款集中于单位经营性贷款，26.9%的贷款集中于个人经营性贷款，3.5%的贷款集中于个人消费性贷款。贷款流向大多以农业生产经营贷款为主，支农力度比同期有了较大幅度提高。江苏省村镇银行基本能够做到以“立足村镇、服务农户、发展农业、建设农村”为宗旨，积极扶持包括“三农”在内的各类经济产业。

5. 村镇银行的盈利分析

截至 2013 年 6 月底，江苏省 60 家村镇银行资产总额 473.94 亿元，负债总额 400.64 亿元。资产负债规模高速增长，资产总额年平均增长率为 27%，负债总额年平均增长率为 22%。

表 7-4　江苏省村镇银行平均盈利情况　(单位：万元)

时间	2008 年	2009 年	2010 年	2011 年	2012 年	2013 年 6 月
村镇银行数量	4	10	21	40	53	61
净利润	−4.23	−17.95	188.18	515.98	694.17	824.01
ROA	−0.0012	−0.0045	0.0054	0.0073	0.0101	0.0103

数据来源：中国人民银行南京分行统计数据整理。

表 7-4 显示了 2008 年到 2013 年 6 月，江苏省每家村镇银行的平均盈利情况。从表 7-4 反映的江苏省村镇银行的总体情况来看，直到 2009 年年底江苏村镇银行平均处于亏损状态。从 2010 年开始，村镇银行实现盈利，扭转了前 2 年持续亏损的局面，经营效益出现了明显好转，年利润率增长迅速，2013 年 6 月末资产利润率已超过 2012 年全年的资产利润率。但是不同村镇银行之间的盈利能力差别较大，ROA 最高的江苏东海张农商村镇银行达到了 3.26%，

远远高于最低值–0.32%。

许多村镇银行出现亏损主要是因为刚开业，初始成本较高，且作为刚成立的村镇银行，其品牌在该地区尚没有知名度。而经营效益出现好转的原因主要是贷款继续稳定增长。江苏省农村地区对贷款需求较为旺盛，为满足其资金需求，各家村镇银行在采取防范风险措施下适当增加了贷款投放规模。实现盈利主要是贷款规模持续扩大，在贷款利率趋涨的情况下，贷款利息收入增长加快，同时采取一系列控制成本增长的措施，有效控制了成本增长，因此出现盈利情况。

二、江苏村镇银行的市场定位

1. 当前村镇银行市场定位情况

根据银监会出台的《关于调整放宽农村地区银行业金融机构准入政策、更好支持社会主义新农村建设的若干意见》，设立村镇银行的初衷是为“农民、农业和农村经济发展提供金融服务和帮助，为农村中最贫困、最需要扶助的人提供帮助”，以及“从根本上可以改变农村金融供给状况，极大地增加农村地区金融服务的有效供给，有利于构建竞争性农村金融市场，在一定程度上能够缓解农村金融供需矛盾，缓解农村贷款难的现状”。但现实显示，由于制度建设与监管滞后，村镇银行的市场定位与设置的初衷存在一定的差距。具体表现为：

1) *村镇银行经营对象存在偏差*

村镇银行设立的政策初衷是服务“三农”，但是为了盈利与生存，部分村镇银行却曲线进军工商业。按照《规定》的要求，村镇银行发放贷款首先应充分满足县域内农户、农业和农村经济发展的需要，在此基础上，确已满足当地农村资金需求的，其富余资金才能投放到其他产业。

2) 村镇银行成为农村金融的“抽水机”

从现实情况看，“三农”贷款存在风险大、抵押物没有或不充足、资金需求季节性强等特征，致使大部分金融机构为确保资金安全不愿意主动放贷。相反，农村地区的存款却成为金融机构竞争的目标，农村资金被“抽水”现象十分普遍。

3) 机构网点远离农村

目前成立的村镇银行其经营网点大多数设立在各个地区的县城，只有极少数的村镇银行将营业网点设在乡镇一级，已经远离了对金融业务有迫切需要的农村地区。各地区县级以下的村镇如果需要在村镇银行办理存贷款或其他业务仍然需要前往县城，这对于交通不发达的农村地区客户是一个无形的制约。村镇银行将网点设置远离乡镇，无形中已经脱离了“村镇”的发展方向，也偏离了其生存与发展的根基。

2. 村镇银行市场定位偏离原因分析

当前村镇银行的市场定位在实际运行中与银监会出台的《意见》《规定》和《指引》中关于指导思想、贷款投向、服务区域以及资产运用等方面出现一定的偏差，究其原因，主要有以下几个方面：

1) 主发起银行经营模式

作为村镇银行主发起银行的银行业金融机构必然会将自身现有的体制机制、管理制度和运作模式复制到所设立的村镇银行，从而造成村镇银行与主发起银行经营管理的同质化，与现有银行体系趋同，背离设立村镇银行的初衷。同时，商业银行长期“做大”的信贷方式，也难以主动去适应农村金融需求的小额、分散的特点。许多村镇银行没有对自身所处的金融环境和实力进行科学、细致、准确的分析，也没有进行严密的市场细分，没有充分挖掘机制优势，集中优势资源实施可保持竞争优势的特色定位战略，忽视自身与农行、农信社、邮储在制度结构、信用保障、资金规模、网络覆盖范围、技术实力等方面的巨大差异和优势。

2) 缺乏激励机制

《意见》规定村镇银行主要是为当地农户提供金融服务的；《规定》也明确规定，村镇银行主要是为当地农民、农业和农村经济发展提供金融服务的银行业金融机构。但是当前村镇银行的支农激励体系却没有建立起来，现在对村镇银行的政策优惠也比较分散，不成体系，主要体现在财税部门出台的税费优惠和补贴操作性欠佳，激励作用有待改进，无法促使村镇银行坚守服务“三农”的初衷和历史使命。

3) 监管缺位

监管部门要求村镇银行应该制定满足区域内农民和农村经济对金融服务需求的信贷政策，但整个监管体系内却缺乏对这种支农服务的质量考核体系，村镇银行有无完成支农任务，监管部门没有从量从严进行考核，支农还是弃农完全由村镇银行自身决定。在监管部门考核体系缺乏的情况下，村镇银行很难自觉地朝着政策预期的方向发展。

4) 政策制定不完善

虽然 2007 年 1 月银监会发布的《村镇银行管理暂行规定》提出，村镇银行是在农村地区设立的主要为三农提供金融服务的银行业金融机构，但此后的一些文件，比如 2010 年 4 月印发的《关于加快发展新型农村金融机构有关事宜的通知》中，银监会又提出村镇银行的主要营业范围是县域。县域既包括县级区域内的农村，也包括县城。于是，绝大多数的村镇银行都设在了县城，而县城地区正规金融机构并不缺乏，金融市场竞争比较充分，这些地方的金融市场并不需要村镇银行来补位或是激活。

3. 村镇银行定位于农村市场优势分析

1) 市场优势

随着国民经济的发展和新农村建设的开展，农村经济有了长足的发展。首先，随着收入的提高，农村居民的消费结构不断升级，市场经济意识逐步增强，对金融服务的需求也呈现多样化，其贷款用途由以前的生产性用途转变为生产消费相结合，所需要的金融服务由以前单纯的信贷服务变为综合性服务，对银行卡、保险、委托理财、票据等中间业务以及股票、债券等投资业务也产生了一定的需求。农村金融需求的升级，意味着农村金融业务可以做得更大，村镇银行在其中所占的份额也可能更多。其次，目前农业已经不再仅仅局限于小规模的传统粮食产业，还包括土地承包经营权流转后出现的大规模种植业，因此农业金融需求来自包括农林牧副渔生产、储藏、加工、运输、销售等诸多环节在内的整个产业链。最后，我国农村金融机构无论是在农村市场的贷款供给还是在资金吸储上都还存在相当大的空间。

2) 人缘地缘优势

由于村镇银行的工作人员大多来自本地，对本地市场较为熟悉。农户和农村小微企业由于缺乏抵押、担保，财务报表不健全，十分依赖关系型贷款。村镇银行规模小，在客户软信息搜集方面比大银行更有优势。信贷员作为土生土长的本地人，更能了解农民和农村小微企业的生活、生产以及经营状况，一方面有助于克服因信息不对称和信息不完全而导致的交易成本障碍，另一方面还可以提高风险识别能力，使得村镇银行在对小微企业贷款中获得比大银行更大的安全盈利空间。对农户和小微企业的支持有助于推动当地经济的发展，从而获得当地政府、农户和企业的支持。

3) 技术优势

村镇银行具有独立的企业法人资格，属于一级法人机构，在组织架构上普遍实行扁平化管理，决策链短，程序简捷，信息沟通和反馈速度快，在贷款审核、发放方面具有无法比拟的优势。一般从接受客户申请到最终决定是否放贷，至多三天左右。如果担保抵押措施到位，客户当天申请，当天就可获得贷款。这对县域内具有“短、小、急”需求特点的小型企业、个体工商户具有较强的吸引力。另一方面，村镇银行作为小银行，在产品设计上具有灵活性，可根据农民和农村小微企业的个性化特征开展有针对性的服务，发挥自身比较优势，提供多样化的产品，推动金融服务的差异化发展。例如，江苏泗阳东吴村镇银行推出了“新农贷”，惠山民泰村镇银行创新了“公司+农户＋银行＋保险”贷款模式。这些金融产品的推出，很大程度上缓解了个体生产经营户、务工经商户、小微企业等弱势群体融资难的实际问题。

4) 竞争优势

与新成立的农村资金互助组和小额贷款公司相比，村镇银行也具有一定的优势。小额贷款公司的业务受到限制，只能以自有资金经营小额贷款业务，不能吸收存款和从事其他业务；农村资金互助社的服务对象受到限制，只能为社员提供存款、贷款和结算等业务，不得向非社员吸收存款，发放贷款及办理其他金融业务。与农村信用社相比，作为新型农村金融机构的村镇银行也具有一定优势。首先，村镇银行是按照现代公司制度建立的，治理结构规范，而农村信用社庞杂的治理结构是长期以来困扰其发展的主要问题之一；其次，村镇银行是新成立的金融机构，没有任何历史负担；同时，村镇银行是由符合条件的银行业金融机构发起设立的，主发起行往往给村镇银行带来较为规范的业务流程和内控机制，以及先进的经营管理理念。

作为银行业金融机构，村镇银行还可以在农村地区向所有的经营主体提供各种银行业服务，发展成熟以后还可以进一步开展国内外结算，票据贴现，代理发行、兑付、承销政府债券，信用证服务及担保，代理收付款及代理保险业务等。不同地区村镇银行的主要目标客户可以有所差别，在东部地区的农村，由于工业化和城镇化发展程度比较高，村镇银行的注册资本规模也比较大，因此村镇银行的主要客户涵盖范围较宽，针对涉农企业的贷款比重较高；中西部地区的农村，工商业发展和城镇化发展速度较慢，因此，村镇银行主要客户应以农户为主，兼顾涉农企业和产业化经济组织。

三、江苏村镇银行发展面临的主要问题与政策建议

1. 江苏村镇银行发展面临的主要问题

虽然村镇银行在维持自身盈利的情况下，增加了农村金融市场供给，但在其发展初期还存在着一些问题：

1) 主发起行偏向于在经济发达地区设立村镇银行

目前发起行在江苏设立村镇银行时偏向于经济发达地区，这主要是因为银行网点收入的大小与银行网点本身的服务能力、地域人口数量和居民的收入水平等有关。在发起行看来，经济发展水平高的地方居民收入较高，不仅能够为村镇银行提供充足的存款来源，还能给村镇银行带来较高的收益，于是便纷纷将村镇银行设立在经济较发达的地区，想以此获取较高的利润。一个地区的经济发展水平与金融机构数量值间往往存在正相关关系，在经济越是发达的地区，金融机构越聚集，这也决定了村镇银行在选择经济发达地区的同时，也选择了金融覆盖率较高的地区。经济发展水平较高的地区往往金融机构众多，商业银行之间的竞争非常激烈，市场趋于饱和，村镇银行的发展空间有限。另外，村镇银行由于自身规模小，经营受限制较多，因此与其他大型商业银行相比，其本身的竞争能力也存在很大劣势。

2) 认知度低，资金来源不足

金融机构只有有了充足易得的资金来源，才能形成一定的资金规模，才能为开展业务提供源源不断的资金供给，形成资金的良性物质循环体系。目前，村镇银行自有资金较少，资金的来源渠道相对狭窄。与一般金融机构储蓄存款占比较高的特点显著不同，在村镇银行各项存款种类中，储蓄存款占比过低；而村镇银行的存贷比居高不下，2013 年 6 月底存贷比达到了 98.3%，远高于银监会规定的商业银行上限 75%。这些事实均反映出村镇银行资金来源不足的情况。

村镇银行由于处于起步阶段，社会认同度低，制约其自身吸收资金的能力。产生这一现象的原因主要有：第一，长期以来，群众在国有商业银行、农村信用社办理存、贷款业务，信赖度和认同度较高。第二，在农村，很多群众目睹和亲历过农村合作基金会产生、发展、失败的全过程，有过惨痛的教训，对村镇银行等农村小型金融机构普遍持怀疑和观望的态度。村镇居民对于将钱存入村镇银行缺乏信任，他们普遍认为去村镇银行贷款可以，存款还是要找传统意义上的银行，这就直接导致了村镇银行的资金来源不足。网点不足和结算体系的落后也使村镇银行在吸收存款上举步维艰。

3) 人力资源匮乏

村镇银行地处农村地区，本身就缺乏对高学历人才的吸引，更何况国家政策鼓励村镇银行设立在经济发展较落后的地区。从长远角度来看，随着村镇银行业务的不断发展，这一矛盾将愈发突出。

2. 促进江苏村镇银行发展的政策建议

1) 建立适合自身的市场定位

人们往往直觉地认为，一个地区的经济实力越强，那么这个地区的银行绩效越好，于是盲目的在经济发达的地区设立村镇银行。殊不知，在经济发达的地区往往金融发展水平比较高，金融市场竞争比较激烈，而村镇银行作为小型金融机构，竞争能力十分有限，经营绩效反而会差。因此发起行应该在金融发展水平相对落后的地区发起设立村镇银行，充分发挥村镇银行这种微小金融机构在落后地区的相对优势。

在设立地选择方面，应以不发达的农村地区为主，辅之以较发达的县域地区。村镇银行要想和国有大型银行展开竞争并争得优势，就需要立足于当地，立足于农村经济欠发达地区。在主要客户选择方面。应以农户和微小企业为主，兼顾中小企业。我国农村居民占我国人口总数的 70%以上、中小企业占企业总数 90%以上。这些人群在经济活动中收入较少、经济实力不强，在市场竞争和社会经济活动中处于相对弱势地位。把这些弱势群里作为服务对象，既可以把握政策机遇，又可以占领农村金融市场“真空地带”。同时，在主要产品选择方面，应以形式多样的小额信贷为主，辅以其他金融创新。因为农村中广大的农户群体是村镇银行的首选客户群体，而农户的基本金融需求通常是小额信贷。所以针对目标客户，村镇银行的主打产品应该是设计形式多样的小额贷款，以满足客户多样化的金融需求。

2) 逐步实施差异化监管

与其他类型商业银行相比，村镇银行起步晚、资本规模小、业务发展尚不成熟，监管部门应结合村镇银行自身发展特点，逐步实施差别化的监管政策，适当降低对村镇银行的监管要求：

第一，降低部分针对村镇银行的监管指标。比如，目前村镇银行面临的资金来源不足问题比较突出，监管部门可以考虑给予村镇银行更低的存款准备金率，以缓解村镇银行资金来源不足的问题。在其他监管指标上(如存贷比率、拨备覆盖率等)对村镇银行也可以适当降低标准。

第二，降低村镇银行分支网点审批门槛。目前村镇银行的网点普遍偏少，根据对江苏省村镇银行的情况来看，绝大多数村镇银行目前只有 1 个网点，只有沭阳东吴村镇银行、丹阳保得村镇银行等少数几家村镇银行在乡镇设立分支网点。村镇银行业务受阻一个很重要的原因就是网点数量过少，客户业务开展非常不便。监管部门应采取措施鼓励村镇银行适当扩充网点数量，积极做大规模。

第三，对村镇银行的发起行实施差别化监管。对于发起行来说，由于实施并表管理，投资村镇银行将会增加其风险资产，对发起行的资本产生损耗，对于那些资产规模较小、资本实力较弱的中小银行来说尤其如此。目前区域性银行(农村商业银行与城市商业银行)是设立发起村镇银行的主力军，其本身作为中小型银行，与大型商业银行相比，风险控制与资金实力较弱，如果实行一致、较为严格的监管指标，会打击中小型银行设立村镇银行的积极性。村镇银行的发起行资源总体上仍然较为稀缺，尤其是欠发达地区，很多符合要求的发起行都不愿意去欠发达地区设立村镇银行。因此，为了提高发起行的积极性，建议在计算发起行资本充足率时将投资村镇银行的资产予以特殊考虑，并对不同类型的发起行实行差别化监管。

第八章　农村土地制度改革和农地金融发展

一、农村土地制度改革和土地流转的现状与问题：以南京为例

为探索研究农村土地制度改革和农地金融的改革方向、路径和模式，南京农业大学金融学院、江苏农村金融发展研究中心开展农村土地金融发展专项调研，于 2014 年 9 月对南京市江宁、六合和高淳 3 个区 6 个镇(街道)12 个村(社区)进行实地走访调查，与基层政府人员进行座谈并对 168 户传统农户，65 家专业大户、家庭农场和农民专业合作社、农业企业等新型经营主体，合计 233 个经营主体进行问卷调查，深入了解不同类型经营主体在经营中面临的问题，尤其是在资金方面的难题，以及各方对于农村土地产权制度改革(包括流转和抵押等)的态度和参与意愿。

1. 农村土地确权进展及面临的难题

南京市始于 2013 年在高淳区红松村率先开展农村土地承包经营权确权试点，2014 年进一步扩大试点范围，高淳区整区推进确权登记颁证，江宁区淳化街道和禄口街道、浦口区永宁街道、六合区冶山镇、溧水区和凤镇和白马镇等 14 个镇(街道)、207 个村(社区)参与试点，涉及 18.5 万农户、77 万亩承包耕地，计划于 2015 年全面启动其他镇(街道)的确权登记并于 2016 年年底完成全市确权工作。

在实地调查的 12 个样本村(社区)中，东坝镇已完成确权工作，淳化街道和冶山镇正在开展确权。从实际调查情况来看，目前确权工作中至少面临以下几个方面的问题：二轮延包以来因人口变化等因素而频繁调整土地所引发

的确权难题，且调整越多的村面临的确权争议越多；农民在取消农业税之前少报承包面积以及农民之间不规范的土地流转所导致的土地权属难以确定；因公益事业等原因征收农民土地而未能给予补偿的土地面临如何确权的问题；部分地区为减少麻烦采用确权不确地的方法等。

从国际经验来看，土地登记分为确权登记和契约登记两种类型，前者以英国、美国为代表，后者则以德国为代表。一般而言，土地确权登记要优于契约登记，因为确权登记不仅让土地权利更可靠，而且更简单、更合逻辑，登记完成后的土地权利管理成本也更低。中国的《物权法》规定，只有对土地进行登记，才能确认土地权利，而《农村土地承包法》规定的是契约登记，即只要土地承包合同确立了，土地权利就产生了，无论相关土地权利是否已经登记。长期而言，确权登记可能是更适合中国的农村土地登记制度，但是，考虑到当下我国农村土地权利实行的是事实契约登记，以及上述确权登记过程中面临的实际困难，土地确权登记工作较难开展。

但是，无论确权登记在实践中面临怎样的困难，存在多高的交易成本，以法律文件形式确定权属关系是实现土地产权资本化和抵(质)押权能的基本前提，如果无法满足这一前提条件抵押品的有效性和金融机构的接受意愿将受到影响，农村土地资本化的成本和风险也将增加。因此，我们认为，确权登记改革及其进程对于农村土地能否顺利实现资本化有着重要的影响。

2. 土地流转和流转市场发展现状与问题

1) 相当比例的土地流转在非正式市场进行，农民土地流转正规化和契约化程度有待提高

近年来土地流转正规化和契约化程度整体上不断提高，但是目前仍有超过 30%的土地流转采取私下流转的方式，且没有书写的正式合约(表8-1)，这可能是农户出于流转成本和流转期限不确定的考虑。然而，私下流转，特别是向外地人流转土地的过程中，不签订合同或不经由村委会并向经管部门备

案，容易引起流转纠纷以及农民权益受到损害等问题。

表 8-1　样本地区农地转入情况

	笔数	占比/%
农地转入途径		
私下转入	29	35.37
通过产权交易所	1	1.22
通过村集体	51	62.19
其他	1	1.22
流转年限		
未约定期限	16	19.51
1~3 年(不含 3 年)	7	8.54
3~5 年(不含 5 年)	8	9.76
5~10 年(不含 10 年)	20	24.39
10 年以上	31	37.80

注：由于部分农户多次转入农地，占比加总不等于 100%。
数据来源：根据实地调查整理得到。

在调查中，我们了解到，不同地区土地流转的正规化和契约化程度不一。一些地方(如江宁区)水稻种植方面的土地流转相当一部分没有签订流转合同，因为水稻种植方面的土地流转通常发生在本村熟人之间，且部分农户存在将土地流转至种植经济作物的大户以获得更高租金的预期，不愿意签订长期流转合同。一些地方的土地流转虽较为规范(如高淳区)，但是流转之后的土地相当部分是用于多年生经济作物的种植，土地受让方为了降低投资风险而要求签订流转合同。此外，土地流转的程序也没有真正发展和完善起来，缺乏正式的、具有法律效应的文书证明土地流转。

我们认为，促进土地流转正规化和契约化既有利于保护参与流转农户的权益，也是规模经营主体获得的土地经营权(或者收益权)资本化和金融化的重要前提。

2) 部分土地流转的期限不确定或者期限较短，租金支付以每年支付一次的方式为主

从土地流转期限来看(表 8-1)，19.51%的土地流转未约定流转期限，18.30%的土地流转期限低于 5 年，期限最长的则是到二轮承包结束，这表明土地的短期流转仍占据较高比例。同时，租金支付方式以一年一付为主，占比为 69.12%，而一次性支付所有租金的仅占 16.20% (表 8-2)，这也从侧面反映出转入土地的经营主体面临较为严重的资金约束。

土地短期流转或不确定期限流转不仅限制了经营主体对土地进行长期投资，而且由于以短期流转、一年一付租金的方式流转获得的土地经营权产权不完整，土地的抵押价值及其作为抵押品的有效性将受到限制。

表 8-2 样本地区农地流转租金支付频率

租金支付频率	户数	占比(%)
每年支付两次	7	10.29
每年支付一次	47	69.12
每三年支付一次	1	1.47
每五年支付一次	1	1.47
一次付清	11	16.18
不支付租金	1	1.47
合计	68	100

数据来源：根据实地调查整理得到。

3) 土地流转非粮化趋势明显，土地流转租金基于谈判且与流转后的用途相关，难以反映真实的土地价值

目前南京市土地流转的非粮化趋势比较明显，部分样本村反映的情况是流转出去之后的土地基本都不再种粮食作物，形成种植经济作物的经营主体和种植粮食作物的经营主体竞争土地的格局。

从我们对规模经营主体的调查来看(表 8-3)，超过 40%的规模经营主体不

种植粮食作物或者不以种植粮食作物为主。土地流转的非粮化带来的结果之一是提高了土地流转租金，由于种植经济作物的规模主体支付的租金(平均为1000 元/亩/年)高于种植粮食作物的规模主体支付的租金(500~600 元/亩/年)，一些农户为了能够获得更高的土地租金，通常与种植粮食作物的经营主体签订短期的流转合同(部分甚至是一季一签)或者直接提高流转租金，从而提高了农业经营的成本并增加了不确定性。

从经营规模来看，如表 8-3 所示，仅种植粮食作物的规模主体平均经营土地面积为 343.16 亩，略低于仅种植经济作物的经营主体平均规模(412.71 亩)。而同时种植粮食作物和经济作物的规模主体平均规模最大，达到 1110.14 亩，这主要是一些工商资本为主体的农业企业，我们在实际调查中也了解到，种植粮食作物并不是这些农业企业的主营业务，仅仅是种植少量有机农产品，重点还是从事经济作物种植(如花卉、苗木、水果等)。

此外，从土地流转租金的确定方式来看，由于缺乏资产评估和公开的流转市场价格，土地租金通常是基于个人的谈判，难以反映真实的土地价值。

表 8-3　样本地区规模主体经营类型统计

	户数	占比(%)	平均经营土地面积/亩
仅种植粮食作物	19	50	343.16
仅种植经济作物	9	24	412.71
同时种植粮食作物、经济作物	7	18	1110.14
不种植粮食作物、经济作物*	3	8	23.08
合计/均值	38	100	466.90

注：*不种植粮食作物、经济作物的规模主体分别是：养殖大户、农机具合作社、未开始种植的农业企业。

数据来源：根据实地调查整理得到。

4) 农地流转比例较高，不同地区土地流转市场发育程度差异较大

首先，调查中发现，大部分农民愿意将承包地经营权流转出去，获得稳定的租金收入。其次，在调查的 12 个村(社区)中，经由村委会流转的土地比

例最高的村超过 80%，最低的村仅为 22%，平均流转比例约为 54% (表 8-4)。据统计，2011 年，全国 20%左右的土地发生了流转，江苏平均为 41%，浙江为 40%，广东为 26%。比较而言，南京市目前农村土地流转市场发育程度较高，适度规模经营水平较高。最后，农地确权工作正在推进，也有利于农地流转市场的进一步发展和完善。实际上，农村土地流转市场的发育程度直接与抵押土地的处置成本相关，因而是影响农村土地资本化和土地金融改革发展的重要因素。

表 8-4　部分样本村土地流转比例

样本村	土地流转比例(%)
江宁区淳化街道民主社区	71.43
六合区横梁街道雨花石村	50.00
六合区冶山镇东王社区	82.50
高淳区东坝镇沛桥村	42.86
高淳区东坝镇红松村	22.39
均值	53.84

数据来源：根据实地调查整理得到。

3. 新型经营主体发展情况及其面临的问题

各类经营主体在经营过程中面临劳动力、土地、资金和技术等生产要素方面不同程度的约束。具体表现为：

1) *农业劳动力短缺且素质偏低，老龄化趋势较为明显*

随着规模经营主体的增加，对农业季节性雇工的需求不断增加，但是农村地区的留守劳动力大多年龄较大、以妇女为主，且经常出现短缺。其带来的影响一方面是劳动力成本在农业经营成本中的占比不断上升；另一方面则倒逼规模经营主体不断增加资金投入以提高农业机械化水平。

2) 流转农地规模较大，租金支出占投资规模比例较高，租金支付以一年一付为主要形式

从表 8-5 中可以看出，调查的 36 户样本规模经营主体的平均经营面积为 526.68 亩，平均年租金为 526.90 元，每年规模经营主体平均用于土地租金的支出约为 25 万元。因此，从租金支付频率来看，实际情况中，很少有样本经营主体能够一次付清全部年份的租金，四分之三的样本经营主体采取一年一付的方式支付租金。不同的土地租金支付方式，决定了土地租赁取得的土地经营权的权能完整性、抵押物担保权能不同，以一年一付的租金支付方式取得经营权的规模主体并不能以其经营权作为抵押申请贷款。

表 8-5　样本地区规模经营主体农地转入情况

	户数	占比(%)
流转年限(户数及占比)		
未约定期限	4	11.11
1~3 年(不含 3 年)	2	5.56
3~5 年(不含 5 年)	5	13.89
5~10 年(不含 10 年)	9	25.00
10 年以上	16	44.44
租金支付时间(户数及占比)		
转入协议签订时	2	5.56
农作物收获时	9	25.00
年底支付	25	69.44
租金支付频率(户数及占比)		
每年支付两次	7	19.44
每年支付一次	27	75.00
每三年支付一次	1	2.78
一次付清	1	2.78
平均转入面积(亩)	526.68	
平均每亩租金(元)	526.90	

注：因 2 户规模主体的农地转入信息缺失，该表只包含 36 户规模主体的农地转入情况。
数据来源：根据实地调查整理得到。

除此之外，在土地使用方面，规模经营主体普遍反映的一个突出问题是晒场和仓库等生产性用地难以获批。

3) 农村金融需求日益呈现出多层次、多元化和规模化的特征，而现有的农村金融供给体制仍以服务传统农户为主，无论是贷款规模还是期限和用途都难以与农业转型和经营体制机制创新匹配

在资金需求方面，专业大户、家庭农场和农民专业合作社等新型规模主体的信贷需求主要来自于支付流转费和雇工工资、购买生产资料和建设农田水利设施费用、发展设施农业以及购买农业机械等方面，资金需求规模较大且部分资金需求属于中长期资金需求。而农村金融机构目前仍仅提供贷款规模 5 万~10 万元、贷款期限 1 年以下的担保贷款，供需不匹配的矛盾非常突出。实际调查的数据显示(表 8-6)，仅 17.9%的传统农户和 31.6%的规模经营主体在最近 3 年曾获得农村银行的信贷支持。

表 8-6　样本农户正规信贷情况

	规模农户	传统农户	所有农户
获得正规信贷的农户户数及占比	12(31.58%)	30(17.86%)	42(20.39%)
平均贷款规模(元)(按笔计算均值)	308 888.89	179 025.64	232 151.52
平均贷款规模(元)(按户计算均值)	695 000.00	232 733.33	364 809.52
平均贷款利率(按户计算均值)	7.37%	6.85%	7.10%

数据来源：根据实地调查整理得到。

传统农户难以获得银行贷款的主要原因是手续繁琐且难以满足银行贷款需要担保人的条件，规模经营主体则是由于其自身法律地位和认定标准不明确、有效抵押物缺失以及银行提供的贷款额度太小难以满足其资金需求等意愿难以获得银行贷款。

因此，大部分经营主体仍主要依赖自有资金和民间融资，27.4%的传统农户和 57.9%的规模经营主体最近 3 年曾向亲戚朋友、民间放贷机构等贷款，并且近年来民间借贷逐步市场化，民间借贷的融资成本高于银行贷款(表 8-7)。

表 8-7　样本农户民间借贷情况

	规模农户	传统农户	所有农户
获得民间借贷的农户户数及占比	22(57.89%)	46(27.38%)	68(33.01%)
平均贷款规模(元)(按笔计算均值)	107 868.42	61 505.06	80 936.77
平均贷款规模(元)(按户计算均值)	279 477.27	105 628.26	161 873.53
平均贷款利率(按户计算均值)	9.42%	9.67%	9.45%

注：平均贷款利率是有息贷款的平均利率。

数据来源：根据实地调查整理得到。

我们认为，“融资难”和“融资贵”不仅导致规模经营主体的经营成本较高，而且限制了这些主体的投资水平，使其难以实现最优经营规模。因此，这部分经营主体，尤其是规模经营主体应成为农村土地资本化改革瞄准的主要对象。此外，在调查中我们发现，以工商资本为主的农业产业化企业在资金方面大多以股权融资为主，不存在明显的资金约束。

除此之外，在调查中我们了解到，目前政策性农业保险在险种、覆盖面等方面仍存在很多不足，相当部分农户对于农业保险的需求较大，尤其是那些规模经营主体，规避经营风险的意愿非常强烈。实际上，进一步完善覆盖规模主体的农业保险体系，也有助于提高金融机构农地抵押贷款的供给意愿。

4. 关于各类主体对于农村土地金融的态度

基层政府工作人员大多认为农村土地金融改革是未来的发展方向，但是由于目前土地确权、登记和颁证等基础性工作未完成、农村产权交易市场不健全以及与现行法律存在冲突，司法部门对此亦非常谨慎，农村土地抵押融资改革需要一定的时间和过程才能实现。同时，各类经营主体对于参与土地抵押融资改革的意愿较为强烈，有资金需求的农户中，未来愿意使用土地经营权作为抵押进行融资的比例高于 60% (表 8-8)，愿意使用农民住房财产权进行抵押融资的比例接近 70% (表 8-9)。

表 8-8　样本农户农村土地经营权抵押融资意愿

	户数	占比(%)
愿意使用土地经营权作为抵押进行融资	141	68
不愿意使用土地经营权作为抵押进行融资	63	31
数据缺失	2	1
合计	206	100

数据来源：根据实地调查整理得到。

表 8-9　样本农户住房财产权抵押融资意愿

	户数	占比(%)
愿意使用农民住房财产权进行抵押融资	141	70.9
不愿意使用农民住房财产权进行抵押融资	57	28.6
信息缺失	1	0.5
合计	199	100

数据来源：根据实地调查整理得到。

因此，基于上述调查结果，我们发现，整体上，目前南京市农民土地流转市场发展较快，三分之二的土地流转期限长于 5 年，专业大户、家庭农场和农民合作社、农业企业等新型经营主体发展迅速且已流转接近 60%的土地，再以大面积或以整村推进的方式推动农地集中流转潜力有限，实际上这也不是中央层面政策鼓励和支持的，同时这些新型经营主体在劳动力、资金和土地等多要素市场中均面临一定的约束，急需得到相应的政策支持。因此，未来改革政策的重点应当通过金融、补贴等政策手段更好地支持新型经营主体的发展，而发展农地金融应当成为金融支持新型经营主体的重要政策手段。

二、农村土地金融发展面临的主要约束因素

农村土地金融的发展受到法律制度、土地流转市场和相关制度改革等多方面因素的影响。我们认为，以南京市为例，目前发展农村土地金融主要面

临以下几个方面的问题和制约因素：

1. 尽管中央政策支持农村土地经营抵押融资试点，现行法律限制不明确且仍未解除，改革面临一定的法律风险

关于农民承包经营权的抵押权问题，现有法律对此的规定如下：《农村土地承包法》第四十九条规定，只有“通过招标、拍卖、公开协商等方式承包农村土地，经依法登记取得土地承包经营权证或者林权证等证书的，其土地承包经营权可以依法采取转让、出租、入股、抵押或者其他方式流转”。《担保法》第三十七条规定“除荒地以外，耕地、宅基地、自留地、自留山等集体所有的土地使用权不得抵押”。《物权法》第一百八十四条规定“耕地、宅基地、自留地、自留山等集体所有的土地使用权不得抵押，但法律规定可以抵押的除外”。明确禁止农村土地承包经营权抵押的是最高人民法院 2005 年 7 月发布的《关于审理涉及农村土地承包纠纷案件适用法律问题的解释》，其中第 15 条明确规定，“承包方以其土地承包经营权进行抵押或者抵偿债务的，应当认定无效。对因此造成的损失，当事人有过错的，应当承担相应的民事责任。”这一解释否定了土地承包经营权抵押的合法性。

目前，《农村土地承包法》、《担保法》、《物权法》等法律中关于禁止农民土地使用权抵押的条文还未修订，因此各地开展以农村土地为标的抵押担保业务仍然或多或少地面临着法律风险和困难。在中央政策层面，十八届三中全会明确提出“在坚持和完善最严格的耕地保护制度前提下，赋予农民对承包地占有、使用、收益、流转及承包经营权抵押、担保权能”，这意味着政策层面已经鼓励农民承包经营权抵押融资，并鼓励地方政府开展先行先试。近期，中央又连续通过中央一号文件、中央办公厅和国务院办公厅发文的形式支持土地经营权抵押担保试点，人民银行也正在制定全国层面统一的改革试点实施办法，并为修订法律奠定基础。

2. 农村土地确权登记等基础性工作仍未完成，抵押融资基础设施不完善，对抵押贷款形成限制

首先，当前南京市正在开展农村土地承包经营权确权登记试点工作，大部分地区仍未完成确权，不能形成有效的权属证明。要实现农村土地产权的抵(质)押功能，以法律文件形式确定权属关系是基本前提，否则仅以地方政府文件的形成推动改革面临一定的风险。

其次，农村土地流转市场发展不健全，表现为三个方面：一是农村土地经营权流转的正规化和契约化程度有待进一步提高，即使是部分通过村委会和经管部门备案的流转，相关政府部门仅仅是对土地租赁和流转过程进行见证，其准确性和动态更新都有待验证，并且这种见证也不具备法律效应。二是南京市大多数区县的农村土地产权正规流转交易市场仍未建立，无法有效地对产权交易进行确认和鉴证，并发放相关有法律效应的文件予以证明。正规土地流转市场的缺失，导致土地交易中介功能缺位，土地流转信息传递不畅，信息不对称问题突出，增加了土地交易市场的搜寻成本。三是南京市市场化的土地流转机制尚未建立，目前农村土地流转市场目前仍以首次流转为主，大多通过村委会流转，二次(多次)流转市场发育不健全，因此，农地承包经营权的流动性不高，在规模主体经营失败之后获得的土地经营权可能难以在短期内实现二次(多次)流转，导致抵押物处置困难。同时，调查显示，南京市 40%左右的土地流转属于期限低于 5 年的短期租赁流转，且接近 70%的土地流转租金以一年一付的方式支付给农户，从而导致部分规模经营主体通过流转获得土地经营权实际上并不完整，抵押担保权能也明显不足。这些因素都限制了农地经营权的抵押权能。

3. 农村社会保障体系仍不完善，农地资产价值评估等配套体系仍不健全

现阶段，我国大部分农村土地不仅是农民最重要的生产资料，还承担着提供基本生活保障的任务，发挥着社会“稳定器”的功能，尤其是那些还没有建立良好农村社会保障和养老保险制度的经济欠发达地区，土地的社会保障功能更强。完善的农村社会保障体系能够在农民不能还款而在一定期限内丧失土地经营权时，仍能够保证其基本生活，避免引发农村社会和谐与稳定等方面的问题。目前南京市基本普及新型农村养老保险，但是其保障水平仍不高，一些地区农民失地之后的后顾之忧没有得到妥善解决。

同时，目前农地资产价值评估机制缺失，实际上农村土地的价值评估受到多方面因素的影响，这将导致金融机构难以科学评估并确定土地经营权的抵押价值。

4. 农村土地产权抵质押还难以独立发挥抵质押作用，且各类利益主体参与改革的意愿和积极性不同，需要政府建立相应的引导、担保或补偿机制

首先，传统农户经营的土地规模较小，即使其愿意以土地承包经营权作为抵押，金融机构也会因为交易成本过高而放弃。其次，虽然规模经营主体参与农地金融发展的意愿较为强烈，但是其通过流转获得的土地经营权能否抵押取决于其流转规模、流转方式(入股还是租赁)、流转期限、租金支付方式等一系列因素。而且在改革初期，这种融资方式的手续可能会较为繁琐，需要政府通过一定的方式(如贴息等)进行引导。再次，从其他地方的改革情况来看，农地经营权很难独立实现抵押，需要政府成立担保机构或风险补偿基金等对潜在的风险进行补偿，从而为农地经营权抵押增信。因此，农村金融机

构参与农村土地金融改革的意愿主要取决于农地承包经营权抵押融资是否存在法律障碍、土地承包经营权的流动性高低和抵押价值大小以及政府是否对潜在的风险进行担保或者补偿。

三、推动农村土地金融发展的思路和对策

从目前全国范围内农村土地资本化改革和农村土地金融发展的情况来看，各地方政府参与改革的积极性较高，各类农业经营主体有不同程度的需求，各类金融机构也倾向于在农村土地产权抵押方面进行创新。因此，在各方力量的推动下，全国已开展了多种形式的农村土地信托、农村土地抵押融资改革试点，对于南京市开展农村土地资本化有一定的借鉴作用。当然，如上所述，南京市目前发展农村土地金融仍面临一些障碍因素，部分因素属于共性因素(如法律障碍)，也有部分因素有一定的特殊性。因此，结合相关地区改革经验，本报告对地方政府在法律保障、基础制度、抵押制度、风险补偿等方面应当发挥的作用提出详细建议，形成推动农村土地金融改革和发展的思路和对策。

在法律保障方面，现行《农村土地承包法》、《担保法》、《物权法》对农村土地承包经营权抵押规定不明确。上述三个法律明确规定的是集体土地使用权不得抵押，而未提及承包经营权的概念，明确禁止土地承包经营权抵押的仅仅是最高人民法院 2005 年出台的司法解释。因此，在实践中，这也为规避法律障碍提供了一定的空间，为金融机构推进试点而不从根本上触犯法律留有余地。一些地方政府(如山东枣庄)在推动农村土地承包经营权抵押融资改革过程中，采取地方政府协调司法部门为改革出台司法解释和保障的办法[①]。因此，发展农地金融过程中也可以借鉴这样的做法，在明确农民土地承包经营权抵押的合法地位后，协调司法部门出台相应的司法解释，保障金融机构

① 枣庄市协调司法部门出台《关于为我市农村土地改革提供司法保障和服务的意见》(枣中法发〔2008〕10 号)。

土地承包经营权抵押贷款清偿债务的有效性，有助于提高金融机构参与改革的积极性。如有可能，还可以进一步出台政策，明确农民土地承包经营权进一步分离的改革思路，将其分离为承包权和经营权，对两束权利分别赋权，承包农户对承包权享有占有、使用、收益、入股和流转权，经营农户对所流入的土地经营权享有担保、抵押权，这样既有利于承包户将承包地放心地流转，也有利于经营户以经营权的收益权作担保抵押，获得金融支持，还能够减少相关纠纷的出现。从中国农业银行出台的《中国农业银行农村土地承包经营权抵押贷款管理办法(试行)》中可以看出，其在选择农村土地承包经营权抵押改革试点地区时的要求之一便是已完成农村土地承包经营权确权颁证。

在基础制度方面，比较重要的是农村土地承包经营权的确权登记和农村产权流转交易市场的建立。首先是承包经营权的确权，一方面确权有助于保护农户对承包土地的权益，另一方面，一些研究还发现确权有助于降低交易成本，从而促进土地流转，并且能够增强农地的产权强度，提高土地资源的内在价值。从有效抵押品理论的角度来看，产权强度和农地价值的增加，都将有助于提高农地作为抵押品的有效性。从土地流转的角度来看，确权有助于农村土地流转和集中，尤其是以地块为基础的确权体系能够降低土地流转的交易成本。实际上，确权也是经营权在产权交易市场流转交易的基础。其次是加大财政投入，引入市场机制，建立农村产权流转交易平台、价值评估、服务中介机构和争议仲裁机制，为农村土地产权交易提供信息集聚、价值评估、集中交易和仲裁鉴证等专业服务，推动农村产权流转交易公开、公正、规范运行。比较重要的是农村各类资产权利的价值评估，应由政府出资成立或者招标农村土地资产评估机构，在全市范围内开展农村土地经营权价值及农村有关资产类价值的评估，为金融机构的放贷决策提供重要依据。条件成熟时，可由农村产权交易市场编制价格指数，依据区域和地块划分，制定农地产权交易市场指导价格。此外，还应该专门制定农村各类产权规范交易的管理办法。需要考虑的是问题是农村产权流转市场在哪一级重点建设，是在市、县还是乡镇？现有的经验是，武汉农村综合产权交易市场以市为重心，有助于积聚全市的流转交易信息，有助于发现价格，活跃产权交易，加快流转的速度；枣庄市农村产权交易市场是以乡镇为重心，先建设乡镇再建设市级产权交易所，并对不同级产权交易市场的功能进行明确界定。从调查情况来看，一些村委会存有农村土地流转交易的合同并由区农工委进行见证，流转相对规范，在建立产权交易中心之后应要求村委会在核实交易真实性和准确性的前提下，将现有交易在产权交易中心进行登记，并明确表示这是未来申请经营权抵押融资的前提条件。

在抵押融资制度方面，地方政府可以联合人民银行等部门出台农村土地承包经营权抵押相关政策制度，可以由农村产权交易市场为农村土地经营权流转交易提供具备法律效应的鉴证书，以此作为具有法律效应的抵押文本，这是目前国内一些地区开展农民土地承包经营权抵押融资的主要方式：“交易—鉴证—抵押”。建立和完善农村产权信息查询系统和抵押登记制度，统一登记部门、手续、流程、权利证书等，消除“一权多抵”的风险，奠定农村土地承包经营权抵押融资的制度基础。从其他地方的改革经验来看，对规模经营主体通过正规产权交易市场流转获得的土地经营权进行鉴证并允许其进行抵押，也有助于引导参与流转的各方自觉通过产权交易市场流转土地，因此，农村土地金融发展和产权流转正规化存在相互促进的关系。

在风险补偿方面，改革初期需要通过控制抵押比例以及由财政出资建立风险补偿或者担保机制等方式，降低改革可能面临的风险。通过对土地经营权的抵押比例和年限进行限制，即使经营主体违约，农民也只是失去部分土地一段时间内的经营权，或者建立土地流转风险保障金制度，流转农地的规模主体每年应交纳一定数量的风险保证金，以防范其违约，从而规避农民“失地”风险。目前开展农民土地承包经营权抵押融资改革的地区，基本都是由政府投入一定的财政资金承担农地抵押贷款的风险，承担比例一般为 80%；政府投入的风险补偿规模过大对于财政造成太大负担，过小则难以真正补偿风险，在风险难以得到补偿的情况下，金融机构对农地抵押贷款的放贷意愿可能会降低。发生违约风险之后，一般均由政府(或政府成立的风险基金、物权公司、担保公司等)首先代偿金融机构的贷款，然后寄希望于违约抵押土地的二次流转收益弥补风险。当然，长远来看，还是应当建立起市场化的抵押资产处置机制，但是在农地确权未完成和二次流转市场未发展成熟的情况下，最终的风险可能还需由政府兜底。对于金融机构而言，则类似于一种保险机制，有利于提高其参与改革的积极性。不过，也需要研究不同的风险补偿机制作用的差异，应当避免金融机构道德风险出现的可能。

最后，从现阶段农村土地金融改革的目标来看，应当是培育专业大户、家庭农场和农民合作社等新型规模经营主体，并给予其有效的金融政策扶持，引导其规范发展。现阶段开展农村土地金融改革的受益对象可能会主要集中于规模经营主体，但是相当一部分规模经营主体并未取得专业大户、家庭农村和合作社的合法认定，因此，需要政府明确各类新型经营主体的认定标准。同时，规模化经营主体获得土地流转的方式主要包括入股和租赁，若是以土地经营权入股方式成立农民土地股份合作社，那么土地合作社的土地经营权是一种用益物权，其权属是清晰的，符合抵押物的基本要求；若是以租赁方式获得土地经营权，此时的土地经营权应该是一种债权，其能否具备抵押权能则受到租赁期限、租赁租金的支付方式和频率的影响，流转时间越长且以一次性支付多年租金的方式获得的土地经营权权能更为完整，抵押权能更加充分。

第九章　新型农业经营主体融资障碍调查

2012 年党的十八大、2013 年党的十八届三中全会、2014 年中央 1 号文件都明确提出“鼓励有条件的农户流转承包土地的经营权”，“加快构建新型农业经营体系”，“扶持发展新型农业经营主体”，“鼓励承包经营权在公开市场上向专业大户、家庭农场、农民合作社、农业企业流转，发展多种形式规模经营”，“努力走出一条生产技术先进、经营规模适度、市场竞争力强、生态环境可持续的中国特色新型农业现代化道路”，近年来，全国新型农业经营主体因此得到了快速发展，仅以江苏省为例，截至 2014 年 6 月，专业大户 235 416 个、家庭农场 34 021 个、土地股份合作社 3638 个、龙头企业 2448个，经营土地规模分别为 945.26 万亩、362.95 万亩、313.83 万亩、262.41 万亩。然而伴随着新型农业经营主体的兴起和经营规模扩大，其对资金的需求远远大于传统经营农户，但涉农贷款“卡脖子”、经营大户融资难的问题日显突出，许多新型农业经营主体只能单打独斗，从金融部门得到的支持有限，远不能解决资金缺口问题。因此，促进农地适度规模经营，实现“四化同步”，如何解决新型农业经营主体融资难问题成为关键。

2014 年 2~3 月，南京农业大学“如何解决新型农业经营主体融资难问题”课题组，对江苏省盐城市射阳县、滨海县、阜宁县、大丰市、东台市、亭湖区等 6 个县(区)31 个乡镇的新型农业经营主体进行了抽样调查。发放并回收问卷 500 份，其中有效问卷共 460 份,问卷有效率 92%。调查对象主要包括专业大户 280 家、家庭农场 81 家、专业合作社 76 家、龙头企业 13 家和其他 10 家(包括养殖大户 2 家、种子培育 2 家、农药销售 6 家)，涉及设施农业、养殖、水果种植和粮食种植等经营项目。

之所以选择盐城市作为样本调查市，是因为盐城是江苏省第一农业大市。

2013 年，农业总产值 991.67 亿元，在全国 284 个地级市中列第二位；农业增加值 489.18 亿元，列全国第三位；农民人均纯收入达 13 344 元，列全国 27 个超百亿斤产粮大市第一位。连续两年荣获全国粮食生产先进市。国家江苏沿海地区发展规划对盐城农业的定位是，国家级东部沿海现代农业基地；长三角地区重要的粮棉油供给基地；国家级农副产品加工和出口基地；国家重要的农业旅游观光基地。调研发现的问题具有代表性，提出的对策建议具有针对性，可供决策部门借鉴。

一、新型农业经营主体融资难的现状

1. 融资渠道狭窄，以银行融资为主

通过对 460 家样本新型农业经营主体的外源性融资渠道的调查可以发现，新型农业经营主体的融资渠道较为狭窄和单一，以银行融资为主(表 9-1)。来

表 9-1　样本新型农业经营主体外源性融资渠道选择

类型	指标名称	农信社等正规金融机构贷款	商业信用	民间融资	新型金融机构贷款
专业大户	样本数(个)	149	36	67	28
280(个)	比例(%)	53.21	12.86	23.93	10
家庭农场	样本数(个)	47	5	21	8
81(个)	比例(%)	58.02	6.17	25.93	9.88
专业合作社	样本数(个)	38	—	20	18
76(个)	比例(%)	50	—	26.32	23.68
龙头企业	样本数(个)	11	—	1	1
13(个)	比例(%)	84.62	—	7.69	7.69
其他	样本数(个)	7	—	—	3
10(个)	比例(%)	70	—	—	30
合计	样本数(个)	252	41	109	58
	比例(%)	54.78	8.91	23.7	12.61

源于农信社、农商行等一般正规金融机构的贷款占比达到了 54.78%，远高于其他融资来源。来源于村镇银行、资金互助社、小额贷款公司等新型金融机构的贷款占比加总仅为 12.61%。四类经营主体的外源性融资渠道中，比重最大的均为银行贷款，占比均超过 50%。

2. 新型农业经营主体融资需求多样化

相对于传统的小规模、自给半自给普通农户，新型农业经营主体的金融需求不断增长，日益多样化，融资需求在融资额度、融资期限、融资范围、融资抵押类型等方面呈现出异质性。单一落后的农村金融产品供给不能很好地满足新型农业经营主体的融资新需求，使其融资遇到了瓶颈。

1) 融资需求大额化

相对于传统农户，新型农业经营主体生产经营面积扩大、生产要素的投入增大、农业科技化和机械化程度提高，资金需求规模相对较大。如前期土地流转费用，建造标准化棚舍等资金投入，以及学习先进农业科技的前期投入等。

表 9-2 所示，45%的样本新型农业经营主体融资金额大于 10 万元，其中融资金额在 10 万~50 万元区间的达到了 32.39%，融资金额在 100 万元以上的达到了 10.44%。从各类新型农业经营主体来看，除专业大户以外，其他新型农业经营主体融资需求金额在 10 万元以上的比重均过半。专业大户、家庭农场和专业合作社借款比重最大的区间是 10 万~50 万元，而龙头企业比重最大的则是 100 万元以上的区间。说明原有的小额信贷金融产品已经不能满足新型农业经营主体的融资需求。

表 9-2　样本新型农业经营主体融资额度需求

类型	指标名称	10 万元及以下	10 万~50 万元	50 万~100 万元	100 万元以上
专业大户	样本数	181	71	2	26
280	比例(%)	64.64	25.36	0.71	9.29
家庭农场	样本数	36	32	5	8
81	比例(%)	44.44	39.51	6.17	9.88
专业合作社	样本数	31	36	1	8
76	比例(%)	40.79	47.37	1.31	10.53
龙头企业	样本数	—	5	2	6
13	比例(%)	—	38.46	15.39	46.15
其他	样本数	5	5	—	—
10	比例(%)	50	50	—	—
合计	样本数	253	149	10	48
	比例(%)	55	32.39	2.17	10.44

2) 融资期限需求更倾向于中长期

相对于传统农户，新型农业经营主体贷款用途在开展农产品加工、扩大种养规模、购置大型新型农业机械设备等方面的投入资金收益周期长，需要长期贷款期限予以匹配。从融资资金的期限来看，需求较大的是 1 年以上的中长期贷款，占比 54.13%%，1 年(含)以内的短期贷款占比 45.87%。

表 9-3 所示，总体来看，样本新型农业经营主体倾向于选择期限更长的贷款。有 54.13%的样本经营主体选择了融资期限在 1 年以上的长期贷款，大于选择期限在 1 年以下的短期贷款的 45.87%的经营主体，而选择 6~12 个月的经营主体比重 23.70%又大于选择 1~6 个月的经营主体的比重 22.17%。从各类主体来看，选择 1 年以上长期贷款的专业大户、家庭农场、专业合作社和龙头企业的比重分别为 57.50%、53.09%、47.37%和 61.54%，除了专业合作社以外，其他三类新型农业经营主体选择 1 年以上长期贷款的比重均明显高于 1 年及以下短期贷款的比重。

表 9-3　样本新型农业经营主体融资期限

类型	指标名称	1~6 月	6~12 月	12 月以上
专业大户	样本数	64	55	161
280	比例(%)	22.86	19.64	57.5
家庭农场	样本数	16	22	43
81	比例(%)	19.75	27.16	53.09
专业合作社	样本数	19	21	36
76	比例(%)	25	27.63	47.37
龙头企业	样本数	2	3	8
13	比例(%)	15.38	23.08	61.54
其他	样本数	1	8	1
10	比例(%)	10	80	10
合计	样本数	102	109	249
	比例(%)	22.17	23.7	54.13

3) 生产性融资用途更趋多样化

新型农业经营主体的融资用途除了一般的生活性消费外，其融资的生产性用途也更加多样化，如表 9-4 所示，具体表现在土地租金；购置正常生产需要种子、肥料、幼苗等生产资料；购置、租用大型农具设备；为扩大生产经营规模大棚建设、养殖棚、养殖池搭建等基本设施建设；雇佣人工费用等方面。

从总体看，样本经营主体用于购置生产资料的资金所占比重最大，为 30.00%，其他依次为扩大规模建设费用 24.78%、农机具费用 23.26%和土地租金16.96%。从各类主体来看，这四项资金用途也占据了绝大多数的比重。这与我们实地了解的情况是相符合的，新型农业经营主体 10 万元以下的流动资金需求，金融机构原有小额信贷、联保金融产品的满足情况相对要好些，但目前新型农业经营体系正值发展阶段，部分主体迫切需要流转更多土地、扩大生产经营规模，这部分资金需求较多较大，满足情况相对较低。由此可知新型农业经营主体大额资金需求更为强烈。

表 9-4　样本新型农业经营主体融资用途

类型	指标名称	土地租金	购置生产资料	购置、租用农机具	扩大生产经营规模等基本设施建设	雇佣人工费用	其他
专业大户	样本数	43	91	72	62	8	4
280	比例(%)	15.36	32.5	25.71	22.14	2.86	1.43
家庭农场	样本数	19	28	12	19	3	—
81	比例(%)	23.46	34.57	14.81	23.46	3.7	—
专业合作社	样本数	12	12	23	28	1	—
76	比例(%)	15.79	15.79	30.26	36.84	1.32	—
龙头企业	样本数	4	1	—	3	—	5
13	比例(%)	30.77	7.69	—	23.08	—	38.46
其他	样本数	—	6	—	2	—	2
10	比例(%)	—	60	—	20	—	20
合计	样本数	78	138	107	114	12	11
	比例(%)	16.96	30	23.26	24.78	2.61	2.39

4) 综合产权抵押融资需求旺盛

以往农村领域贷款主要是小额信贷、3~5 户联保、公务员担保等，因为法律的约束，几乎没有综合产权抵押贷款，随着土地承包经营权抵押政策的逐渐放松，越来越多的新型农业经营主体希望以种养业的资产、房屋和土地承包经营权等综合产权进行抵押贷款。抵押担保物需求由传统的担保人、抵押物向产权抵押需求转变。专业大户、家庭农场、专业合作社、农业龙头企业等新型农业经营主体经营的土地主要是通过土地流转获取的，表 9-5 显示，从总体来看，89.13%的新型农业经营主体希望通过综合产权的抵押进行融资，远远高于没有意愿的 10.87%的经营主体，从各类主体分别来看，九成左右的专业大户、家庭农场和专业合作社也愿意通过综合产权的抵押进行融资。

表 9-5 样本新型农业经营主体产权抵押融资需求

类型	指标名称	有意愿进行综合产权抵押	无意愿进行综合产权抵押
专业大户	样本数	250	30
280	比例(%)	89.29	10.71
家庭农场	样本数	73	8
81	比例(%)	90.12	9.88
专业合作社	样本数	68	8
76	比例(%)	89.47	10.53
龙头企业	样本数	9	4
13	比例(%)	69.23	30.77
其他	样本数	10	—
10	比例(%)	100	—
合计	样本数	410	50
	比例(%)	89.13	10.87

3. 新型农业经营主体融资满足程度低，资金缺口较大

新型农业经营主体的融资需求满足程度较低。如表 9-6 所示，从总体来看，样本新型农业经营主体中仅有 31.74%表示其银行融资需求得到了“基本满足”，而融资需求得不到满足的新型农业经营主体占到了 68.28%，其中“有较大资金缺口”的占 41.52%，“远远得不到满足”的占 26.74%。从各类新型农业经营主体来看，专业大户、家庭农场、专业合作社和龙头企业中融资需求得到“基本满足”的分别占 30.71%、38.27%、28.96%和 23.08%，远远低于融资需求得不到满足的占比。这说明对于大多数样本新型农业经营主体来说，其融资需求不能得到很好地满足，存在较大资金缺口和远远得不到满足的情况。

新型农业经营主体融资存在的资金缺口，普遍在 10 万元以上。表 9-6 表示的是样本新型农业经营主体在融资需求未得到完全满足的情况下仍需要的融资额度。从总体来看，68.28%的样本新型农业经营主体得不到满足的金额在 10 万元以上，其中 10 万~50 万区间的占比最大为 39.13%。从各类主体来看，未满足的融资金额在 10 万元以上的专业大户、家庭农场、专业合作社和龙头企业中分别达到 65%、70.37%、75%和 92.31%。这说明对于大多数融资需求得不到满足的样本新型农业经营主体，其仍需要的融资金额在 10 万元以上。

表 9-6　经营主体融资需求满足情况及资金缺口

因素		指标名称	专业大户	家庭农场	专业合作社	龙头企业	其他	合计
融资需求满足程度	基本满足	样本数	86	31	22	3	4	146
		比例(%)	30.71	38.27	28.95	23.08	40	31.74
	有较大资金缺口	样本数	121	33	30	4	3	191
		比例(%)	43.21	40.74	39.47	30.76	30	41.52
	远远得不到满足	样本数	73	17	24	6	3	123
		比例(%)	26.08	20.99	31.58	46.16	30	26.74
未满足的融资额度	10 万及以下	样本数	98	24	19	1	4	146
		比例(%)	35	29.63	25	7.69	40	31.74
	10 万~50 万	样本数	94	37	43	3	3	180
		比例(%)	33.57	45.68	56.58	23.08	30	39.13
	50 万~100 万	样本数	80	16	11	3	3	113
		比例(%)	28.57	19.75	14.47	23.08	30	24.57
	100 万~300 万	样本数	2	1	1	2	—	6
		比例(%)	0.71	1.24	1.32	18.38	—	1.3
	300 万以上	样本数	6	3	2	4	—	15
		比例(%)	2.15	3.7	2.63	30.77	—	3.26

4. 银行贷款受理份数占比高但实际发放金额占比低

表 9-7 显示，样本新型农业经营主体 2013 年共申请了 641 份贷款，银行发放份数为 449 份，占比 70.05%，三分之一受理未发放。申请总金额为 14 370 万元，银行受理并发放的金额为 8536 万元，占比只有 59.40%。各类新型农业经营主体的情况与总体基本一致，可以看出，不仅银行受理未发放贷款的份数缺口较高，而且银行受理未发放的贷款金额缺口更高，样本新型农业经营主体实际获得的贷款金额占申请金额的比重并不高，融资需求未能得到很好地满足。

表 9-7　样本新型农业经营主体银行贷款受理与实际发放情况

类　型	申请份数	发放份数	占比(%)	申请金额(万元)	发放金额(万元)	占比(%)
专业大户	385	283	73.51	3695	2120	57.37
家庭农场	106	66	62.26	1585	720	45.43
专业合作社	117	76	64.96	2696	1258	46.66
龙头企业	28	20	71.43	6324	4388	69.39
其他	5	4	80	70	50	71.43
合计	641	449	70.05	14 370	8536	59.4

二、新型农业经营主体融资难的障碍因素

1. 新型农业经营主体自身的弱质性因素

新型农业经营主体总体上还处于发展的初始阶段，自身存在弱质性。

管理规范水平不高。大多数管理松散，内部规章不够健全，特别是财务管理不规范，出于节省开支考虑，会计和出纳往往由一人担任，财务信息的透明度较差。有些没有开立结算账户，或者虽有账户但一直无结算往来，金融机构很难判断其真实经营情况。如表 9-8 所示，仅有 38.7%的新型农业经营

主体在贷款时能提供完整的信息资料，而能提供完整财务报表的经营主体占比更少，仅为 14.13%。

经营证件不全。由于新型农业经营主体设立门槛较低，有的仅办理了工商登记，没有办理税务登记、法人登记等必要手续，缺少组织机构代码以及未申领贷款卡，经营证件不齐，限制了金融支持。表 9-8 中，仅有 47.83%的新型农业经营主体经过了相关部门的认定和审批，占比不到五成。

表 9-8　新型农业经营主体自身的弱质性因素　(单位：%)

因　素		专业大户	家庭农场	专业合作社	龙头企业	其他	合计
贷款时能否提供完整信息资料	不能提供	21.07	22.22	11.84	—	40.00	19.57
	能提供部分	38.21	35.80	61.84	23.08	60.00	41.73
	能提供完整	40.72	41.98	26.32	76.92	—	38.70
贷款时能否提供完整财务报表	不能提供	41.43	45.68	48.69	15.38	80.00	43.48
	不能提供但有手工账	49.64	32.10	32.89	23.08	20.00	42.39
	能提供完整	8.93	22.22	18.42	61.54	—	14.13
是否经过相关部门的认定和审批	是	36.07	53.09	75.00	84.62	80.00	47.83
	否	63.93	46.91	25.00	15.38	20.00	52.17
是否允许多种方式的联合抵押	均允许	26.43	13. 58	10.53	15.39	10.00	20.87
	部分允许	41.43	33. 33	27.63	38.46	—	36.74
	均不允许	32.14	53. 09	61.84	40.15	90.00	42.39
是否允许土地承包经营权、住房、宅基地抵押	均允许	11.79	11. 11	6.58	—	10.00	10.43
	部分允许	37.14	29.63	28.95	—	—	32.61
	均不允许	51.07	59. 26	64.47	100	90.00	56.96

缺少银行等金融机构要求的有效抵押物。新型农业经营主体可供抵押、担保的有效资产数量不多。农业生产资料及产品由于其流动性太强且价值难以评估，一般不被金融部门认定为抵押物。对新型农业经营主体来说，最大的资产除价值有限的生产资料之外就是房屋和主要通过土地流转拥有土地经营权的土地，而农民自用的房屋和拥有土地经营权的土地法律上禁止用来担

保或者抵押，虽然现在政策放松，也只是在试点地区才可以。因此，表 9-8 揭示，在现有政策法规允许的前提下，银行开设新型农业经营主体通过林权抵押、设施大棚抵押、畜禽抵押、大型农业机械抵押等抵押方式获得融资的占比也仅为 20.87%，而银行允许新型农业经营主体通过土地承包经营权和宅基地抵押获得融资的占比则只有 10.43%。这些因素在一定程度上抑制了金融机构贷款的发放，成为新型农业经营主体融资需求满足的障碍。

2. 银行等金融机构金融产品和金融服务的滞后因素

银行缺少针对新型农业经营主体的信贷融资产品和服务。由于新型农业经营主体的自身特点，传统的小额金融产品不能很好地满足其自身的需要。目前，小额信用贷款、联保贷款等传统信贷支农产品，期限一般不超过 1 年，额度偏小，大多满足普通农户的流动资金需求，但对于新型农业经营主体扩大生产规模、延长农业生产产业链等方面资金需求，缺乏综合性金融服务方式和多样化信贷支持产品。如表 9-9 所示，仅有 12.17%的经营主体享受到了银行为其提供的具有针对性的融资产品和服务。缺少适用于新型农业经营主体的信贷融资产品，是其新型农业经营主体融资难的重要因素。

表 9-9 银行等金融机构金融产品和金融服务的滞后

因素		指标名称	专业大户	家庭农场	专业合作社	龙头企业	其他	合计
是否有专门针对经营主体的融资产品或服务	是	样本数	33	14	7	2	0	56
		比例(%)	11.79	17. 28	9.21	15.39	0	12.17
	否	样本数	247	67	69	11	10	404
		比例(%)	88.21	82. 72	90.79	84.61	10.00	87.83

3. 政府政策等外部环境制约因素

缺少风险分担机制。风险分担机制主要是指针对农业的保险业务，特别是政策性农业保险的支持。由于农业生产的各种不确定性因素较多，天气、市场、季节等因素都可能对农业生产带来较大的影响，所以一直以来农业保险的赔付率较高，使得各大商业保险公司很难获取利润，农业保险业务发展缓慢。而目前农村政策性保险覆盖面较低，如表 9-10 所示，仅有 44.57%的新型农业经营主体享受到了政策性农业保险，这与构建新型农业经营体系的要求还有较大差距，不能满足农村生产的需求，客观上也影响了金融机构支农的积极性。

表 9-10　政府政策等外部环境因素

因素		指标名称	专业大户	家庭农场	专业合作社	龙头企业	其他	合计
是否参加或享受到政策性农业保险	是	样本数	113	38	35	11	8	205
		比例(%)	40.36	46.91	46.05	84.62	80	44.57
	否	样本数	167	43	41	2	2	255
		比例(%)	59.64	53.09	53.95	15.38	20	55.43
是否享受到支农资金贷款担保	是	样本数	138	31	24	—	1	194
		比例(%)	49.29	38.27	31.58	—	10.00	42.17
	否	样本数	142	50	52	13	9	266
		比例(%)	50.71	61.73	68.42	100.00	90.00	57.83
是否开展了农村信用体系建设	是	样本数	124	42	42	5	4	217
		比例(%)	44.28	51.85	55.26	38.46	40	47.17
	否	样本数	156	39	34	8	6	243
		比例(%)	55.72	48.15	44.74	61.54	60	52.83

缺少信贷补偿机制。部分新型农业经营主体希望借助商业担保来获得银行的贷款。但由于新型农业经营主体自身的弱质性，商业担保公司在为其担保的过程中面临着较大的风险，在相关融资活动中难以实现目标利润，因而一般不愿意为新型农业经营主体提供信用担保。而有些商业担保公司的担保费用过高也使得新型农业经营主体无法承受。这就需要政府采用资金担保的形式，财政出资为金融机构支农信贷做担保，而目前政府的信贷补偿机制较为薄弱，表 9-10 数据显示，仅有 42.17%的新型农业经营主体在融资时曾享受

到政府的支农资金贷款担保。信贷补偿机制的缺失增加了金融机构支持新型农业主体的信贷风险，现有保证金规模较小也影响了信贷支持力度。

缺乏统一规范的涉农信用等级评定。针对新型农业经营主体的信用评价工作相对滞后，如表 9-10 所示，仍有 52.83%的新型农业经营主体还没有开展信用评级工作。农村新型农业经营主体信用评级结果不能共享，信贷主体的信用价值难以有效发挥作用。农信社、农村商业银行对新型农业经营主体的信用评级，其他涉农金融机构不能共享，致使农村普遍存在贷款程序繁琐。受信息不对称的制约，金融机构信息来源比较单一，难以全面掌握新型农业经营主体的产销、成本、市场、盈利及风险等全面信息；无法对贷款对象的信用和风险状况进行全程跟踪；信用评级缺乏有效整合，导致金融支持新型农业经营主体缺少信用信息支撑。

三、改善新型农业经营主体融资难问题的对策

1. 拓宽融资渠道，发展多种形式的农村金融机构

放宽农村金融市场准入标准，发展多种形式的农村金融机构。

抓好大中型金融机构支农，发挥大中型农村金融机构的资金、网络、产品等优势，优化信贷流程，创新担保方式。

大力发展真正熟悉农村、立足农业、面向农民的小微型金融组织，积极组建农民资金互助社、信用合作社、村镇银行、小贷公司，发挥小微型金融机构先天的信息优势和地缘优势，构建地方性、区域性、小型化、草根型为主要特征的农村金融机构体系。同时加强各金融机构之间的竞争与合作，从而强化农村金融服务功能，加快形成农村金融市场体系。

2. 建立健全土地承包经营权确权登记体系和农村综合产权交易市场

推进农村土地承包经营权确权登记，为土地承包经营权流转和抵押奠定

基础。按照2014年中央一号文件，加快农村土地承包经营权确权登记颁证工作，引导农村土地承包经营权规范流转，促进农村土地适度规模经营。完善机制，扩大农村抵押担保物范围，允许农村土地承包经营权进行抵押，促进农村产权抵押贷款金融产品的运作。

筹建农村产权交易市场，提高农村各类资产的变现流通能力。在农村土地承包经营权确权登记颁证的基础上，可以在一些市、区县率先开展农村综合产权交易的试点，搭建农村产权交易平台和产权融资平台，促进农村资源资产化、资产资本化、资本股份化，将农村集体各类产权及农民个人房屋等产权，纳入有形市场公开交易，有序流动。

如江苏省连云港市东海县开展的全国农村土地承包经营权流转规范化管理服务试点。在2012年5月，东海成立全国首家县级农村产权交易所，原有的23个土地流转服务中心同时升级成为农村产权交易中心，实现了土地、农房等重要生产资料流转交易的规范化，其中允许流转的对象包括：农村土地承包经营权、村集体经济组织资产、农村集体经济组织养殖水面承包经营权、农村集体土地林地使用权和林木所有权等在内的十项产权，在农村产权改革及金融改革两个层面的实践对于其他农村地区都具有一定先导性。

3. 新型农业经营主体自身提高规范程度和管理水平

新型农业经营主体在发展的过程中，应重视并改进自身的管理方式，建立适合自身发展的规章制度，构建符合要求的财务会计制度，增强自身的管理能力和经营能力，以提高自身经营情况的透明度和金融机构的认可度。引进专业技术人才，加强管理和生产的科学性和有效性，提高对政策导向、市场信息等方面的关注度，增强自身抵御市场风险的能力，逐步实现产业化、规模化、品牌化经营，以提升整体实力，提高金融机构对经营主体的认可度。

4. 涉农金融机构应加快量身定制适合新型农业经营主体融资需求的金融产品和金融服务

涉农金融机构应针对不同新型农业经营主体的经营特征和资金需求特点，因地制宜开发、量身定制金融产品，提供多样化的融资服务，强化针对新型农业经营主体的金融改革。扩大贷款的规模和期限，适当提高新型农业经营主体信用贷款额度和担保贷款额度，允许其根据生产经营周期和还贷来源合理确定贷款期限。

5. 优化支持新型农业经营主体融资的政策等外部环境

完善风险分担机制。首先健全政策性农业保险制度，建立政策性农业保险机构。农业保险不同于商业保险，应以政策性保险为主。通过由地方政府筹措资金建立风险补偿基金，扩大保险公司的盈利空间，以农业保险保费财政补贴等措施以覆盖涉农金融风险。二是实行农业保险机构的多样化。可以创建商业保险公司，合股保险公司，大中小型互助合作保险组织等。鼓励商业保险公司加大农业生产保险服务的力度，逐步开发出适应新型农业主体需要的保险产品。加快发展农业保险业务，承担和分散部分农业产业化发展中转移过来的投资风险和产业化经营中可能发生的风险，补偿受损农民的利益，从而保证信贷资金的归还，形成金融支持新型农业经营体系良性循环的发展态势。

完善信贷补偿机制。加大对专项贷款设立保证金的力度，扩大针对新型农业经营主体贷款的保证金的规模，扩大信贷补偿机制的范围和力度，政府采用资金担保的形式，财政出资为金融机构支农信贷做担保，或者建立政府出资为主的担保公司帮助农民进行信用担保，以分散和减少金融支农信贷的风险，增强金融机构支持新型农业主体的自主性和积极性。

建立符合新型农业经营主体特点的信用评价机制。加强覆盖面广、真实性高、时效性强的社会征信系统的建立，提高对社会信用的约束力。把现代金融的风险控制机制与农村传统信用资源对接起来，将新型农业经营主体纳入信用评定范围，建立健全符合新型农业经营主体特点的信用评价体系，规范开展信用评定工作，建立各金融机构之间可以实现资源共享的数据库；构建一个良好的地方信用环境；为新型农业主体的融资营造良好的外部氛围。

第十章　江苏农村普惠金融发展情况及案例

一、江苏农村普惠金融发展情况

"三农"是普惠金融的重点领域，江苏又是我国农村中小金融机构改革的先行者，近年来，在强调扩大金融服务覆盖面、公平性和可获得性，发展普惠金融的监管政策导向下，江苏银监局积极推动实施的"南水北调"、"金融服务进村入社区"、"阳光信贷"、"富民惠农金融创新工程"等一系列农村金融服务普惠化努力取得了显著成效。

1. 优化网点布局，拓展"三农"服务广度

实施"南水北调"工程。为破解江苏苏北、苏中地区农村金融服务相对不足、资金短缺的难题，江苏银监局于 2009 年就首创提出以"跨区域、组团式、全覆盖"的方式实施"南水北调"工程，让苏南农商行到苏北、苏中县(市、区)设立异地支行。截至 2014 年 1 季度末，全省已有 11 家农商行在省内设立了 62 家异地支行。苏南农商行异地支行的设立，有效增加了苏中、苏北地区的金融供给，也为全省南北金融资源配置搭建了顺畅的资金流通平台。在异地支行的资金补给下，当地农合机构"一农支三农"的压力得到了缓解。同时，严禁当地农村中小金融机构撤并农村地区金融网点，确保农村地区机构和服务覆盖的广度。

积极稳妥培育村镇银行。为建立和完善江苏农村地区投资多元化、服务多样化的农村金融服务体系，江苏银监局在认真总结试点经验的基础上，完善政策措施，坚持质量为先，严把主发起行准入关，坚持面向"三农"微小

银行的建设方向，提高组建发展质量。截至2014年1季度末，江苏全省已有66家村镇银行开业，筹建2家，在全国率先实现了县域全覆盖。同时，支持发展较快、支农效果较好的村镇银行在乡镇设立分支机构。截至2014年1季度末，江苏村镇银行已设立68家分支机构。村镇银行的设立增加了当地的金融供给，增强了当地的支农服务，激活了当地的金融竞争。截至2014年1季度末，江苏全省村镇银行存款余额364亿元，贷款余额384亿元，存贷比达106%。

实施“金融服务进村入社区”工程。在已实现营业网点、自助设备对所有乡镇100%覆盖的基础上，在全国率先推动辖内机构拓展农村非物理网点金融服务渠道，推动实现“金融便民服务到村”的多维度全覆盖。一是加强分类指导。对经济发达地区，以“ATM+银联助农取款POS+内联POS”的方式共同推进；对经济欠发达地区，以金融便民服务到村POS为主、ATM为辅的推进方式。截至2013年年末，全省已发展村村通服务点2.3万个，实现行政村100%覆盖。二是优化业务平台，增加平台功能。目前“金融便民服务到村”业务的主要功能有行内卡折余额查询、卡折取现、卡折消费和卡折转账、他行卡余额查询、他行卡小额取现、他行卡消费等。同时，在服务点上配载金融知识宣传等功能，丰富基础金融服务内容。三是加强规范管理。规范金融便民服务点建设，制定业务办理标准化流程、服务指南，加强商户操作培训与业务指导，规范业务操作，推进服务标准化。

2. 推广阳光信贷，塑造品牌效应

推行普惠授信。在认真调研总结的基础上，江苏银监局2009年年底专门出台了《关于加快推进农村中小金融机构阳光信贷工作的指导意见》，在全省范围内推广宿迁、泰州等地机构阳光信贷的成功做法。五年来，在全系统共同推动下，全省农村中小金融机构通过层层发动、广泛宣传，实施逐村逐户拉网式的调查，全面收集农户基本信息，并借助社会力量民主评议，科学评

定授信额度，阳光公示授信结果，开展普惠授信，激发了潜在信贷需求。据统计，截至 2014 年 3 月末，全省实施阳光信贷的网点已达 2013 个，占网点总数的 91.9%。

推动提质增效。2012 年年底，江苏银监局下发《关于进一步提升农村中小金融机构阳光信贷工作质量的指导意见》，推动阳光信贷由扩面向提质转变。一是推进标准化建设。推动江苏省联社制定了统一的《阳光信贷操作规范(指引)》，对客户信息数据采集整理、民主评议运作以及涉及预评级、预授信基本打分卡进行了规范细化，形成可复制、可推广的样板，提升服务品质。二是推动开发阳光信贷操作管理平台，为“阳光信贷”提供科技支撑。目前“阳光信贷标准化管理平台”已在宿迁地区以及扬中、仪征、如皋等多家农商行上线。三是推动“阳光信贷”由一般农户向小微企业扩展，加大小微企业信贷支持力度。据统计，2014 年 1 季度末，全省机构已向 3.7 万户小微企业授信 1533 亿元。

丰富品牌内涵。引导全省农村中小金融机构实施“阳光信贷”品牌经营，坚守阳光授信、阳光公示、阳光定价、阳光用信等承诺，用诚信支撑品牌；通过细分普通农户、规模种养殖户、个体工商户、小微企业等不同需求，打造差异化的“阳光信贷”产品系列，提供菜单式服务；同时根据市场和客户需求变化，因时而变，不断增加完善功能，从服务承诺、服务速度、员工表现、服务细节、产品满意度等方面不断改进“阳光信贷”服务质量，不断强化优势业务特点，打造以小额化、微型化为特色和精品的核心竞争力。在规模和资金紧缺的情况下，要求机构优先保证和满足“阳光信贷”授信客户的用信要求，树立快捷、专业、普惠的“阳光信贷”品牌形象，让客户切身感受“阳光信贷”作为致富帮手、成长伙伴的核心品牌主张。

3. 鼓励金融创新，加强服务能力建设

推进富民惠农创新工程。金融产品和服务方式创新是改进和加强机构服

务“三农”能力最为重要和直接的手段。多年来，江苏银监局始终坚持以满足实体经济真实需求、客户需求和机构自身发展需求为出发点，支持和推动辖内机构开展农村金融产品和服务方式创新，并通过经验介绍、现场观摩、监管调研等多种形式提供交流平台，鼓励各机构相互借鉴。目前，全省各地涌现出很多可复制、能推广的农村特色金融产品和服务方式。有的机构引入国际微贷技术，如常熟农商行、民丰农商行等先后引进了德国 IPC 微贷模式并成功落地；有的机构在担保方式上创新思路，通过“农业龙头企业或新型经营主体+农户”等方式解决抵押担保不足问题；有的机构紧跟国家土地改革步伐，新沂、泗洪等地积极探索土地承包经营权、农民住房及集体建设用地使用权抵(质)押，破解激活农村资产金融功能难题。

给予监管政策支持。随着改革持续深入，江苏银监局还针对机构发展情况和特点，“一行一策”，区别对待，主动为辖内机构推出的改革举措提供咨询和支持。一方面，鼓励大胆尝试，增强发展后劲。截至 2014 年 1 季度末，全省已有 30 家农合机构开办了外汇业务，有 26 家机构开办了信用卡业务，张家港等 5 家农商行正在筹备公开上市，江南农商行成为省内着家核准发行二级资本债券的农商行，张家港农商行为全国农商行系统首批新资本协议推进 5 家试点单位之一，苏南 8 家农商行新资本协议联合实施工作正在稳步推进，无锡等 3 家农商行正在进行首批信贷资产证券化试点工作。另一方面，积极引导优质农商行战略入股一些风险相对突出、包袱相对较重的机构，以股权为纽带，提升引资机构经营管理水平和发展能力，实现共同发展。

推动提升科技创新能力。推动增强省级平台服务功能，发挥江苏省联社平台整体优势，完善运维保障体系和产品研发体系，做强信息科技支撑和服务平台，形成“小银行+大平台”的核心竞争力。推动法人机构以信息科技手段创新为支撑，打造更先进、更便捷的平台和渠道，着力拓展新客户和新业务市场。如强化渠道建设，进一步推广电话银行、网上银行、手机银行等在农村地区的运用，提升农村金融服务的便利性和可得性。同时，鼓励机构加强管理模式创新，如推广移动作业终端、集中审批、远程集中授权模式，完善无纸化审批、网上银行自助贷款等功能或技术，试点研发“客户关系管理”等系统，推动信息化应用由业务领域向管理领域纵深推进。

4. 强化监管引导，推动科学发展

实施战略导向监管。做精做深“三农”业务，摸清吃透本土市场，是农村中小金融机构安身立命之本。为此，江苏银监局着力引导辖内农村中小金融机构坚定支农支小的市场定位，加大对“三农”的支持力度。全面实施支农服务承诺制度，要求所有法人股东、持股 1%以上的自然人股东以及“三长”作出明确承诺，将服务“三农”的相关要求写入章程，并作为机构准入的核准要件。完善支农服务考核体系，制定涉农、小微贷款占比等具体考核标准，定期进行监测通报，并与行政许可、监管评级、董(理)事和高管人员履职评价挂钩，有效促进机构增强支农主动性。督促建立支农导向绩效考核机制，指导机构在绩效考核办法中增设“三农”业务考核指标，提升员工开展支农服务的内在动力。

推动强化机制建设。为巩固和提升全省农村中小金融机构的先发优势和发展成果，江苏银监局始终把有效增强基层法人机构的竞争发展能力作为改革的出发点和落脚点，坚定方向，着力推进体制机制改革创新。在以股份制为导向的产权制度改革基本完成的情况下，江苏银监局审时度势，将工作重心由推动体制改革逐步转向引导加强内部机制建设，以改革激发活力，以创新推动发展，整体推进全省农村中小金融机构改革转型。目前，全省农合机构流程银行试点范围已扩大至 20 家，运营管理集中在法人层面初步到位，兴化、如皋农商行商务转型试点已经启动，“客户关系管理系统”在部分法人机构先行先试，数据平台项目建设正在推进，特色管理系统急用先行，如绩效考核系统、资产负债管理系统等。

实施差异化监管。江苏南北地域特色鲜明，各地区梯度发展层次明显，农村中小金融机构的发展水平不一，既有“大、中、小”的规模差异，又有“好、中、差”的质量差异。因此，江苏银监局始终强调在统一监管标杆下实现分类监管，既注重层次性，又强调灵活性。如对城区和县域农商行实施有差别的涉农、小微企业信贷投放监管考核，对涉农、小微不良贷款给予更大的容忍度；针对机构的区域性和季节性特点，实行弹性存贷比，允许涉农贷款占比 85%以上的农商银行年度中间可适度突破存贷比限制(经属地监管部门认可)，对村镇银行存贷比给予宽限期政策等；支持法人机构根据当地金融需求状况授权分支机构开办部分业务，允许授权经营部分业务的分支机构在网点面积、经营规模和人员配置适当简化，并结合实际实行错时、定时灵活经营等。

思想指导行动，理念指引实践。江苏银监局始终站在服务城乡统筹发展、新农村建设以及“四化同步”的战略高度，将普惠金融作为一种理念贯穿于改革、发展、监管的全过程，引导全省农村中小金融机构紧扣支农支小这一战略定位，紧抓客户需求这一基础环节，坚持创新这一不竭动力，探索专业化、本土化的发展模式，强化为农服务功能，坚定不移地践行着独具特色的江苏农村普惠金融道路。

二、江苏农村普惠金融发展典型案例

1. 沭阳农村商业银行农户小额信用贷款“整村推进”的调查

为贯彻落实党的十八大、十八届三中全会精神和国务院的决策部署，推动农村信用体系建设，提升农村金融服务的能力和水平，缓解农户融资难题，沭阳农商行创新支农惠农信贷新业务，率先创新推出农户小额信用贷款“整村推进”模式。该项业务试点一年来，沭阳县已有 452 个村开展农户小额信用贷款评定工作，评定信用户 10 548 户，授信信用贷款 44 257 万元；累计投放农户小额信用贷款 2207 户、8037 万元。为认真总结沭阳农商行农户小额信用贷款“整村推进”工作经验，探索可复制、易推广的农村金融服务模式，我们组织对该行“整村推进”工作开展情况进行了专题调查。

1) 农户小额信用贷款“整村推进”主要措施

(1) 构建“一个体系”。为做好农户小额信用贷款“整村推进”试点工作，沭阳农商行依托县乡村政府(村委)构建了农户小额信用贷款“整村推进”县乡村三级服务体系。一是县政府强力推动。2013 年 4 月份，沭阳县政府印发《关于开展农户小额信用贷款试点工作的通知》，要求各乡镇政府协助该行组织实施。同年 9 月份，召开全县三级干部大会，专题研究农户小额信用贷款整村推进事宜，县委主要领导出席并讲话，各乡镇党委书记、村支部书记等参加了会议。二是乡政府层层推进。农商行各支行主动向当地乡镇党政领导汇报“整村推进”工程的目的和意义，研究制定本乡镇实施方案，细化量化工作目标，并召开乡镇农户小额信用贷款试点动员会议，汇聚多方合力，共同推动“整村推进”工作扎实开展。三是村委会组织实施。在“整村推进”试点村由村支部书记牵头、村干部协助，向当地农商行推选信用户，包片信贷员和相关村组干部参与实地调查，拟定发放信用贷款户名单及授信额度。为充分调动村干部积极性，该行还对年末全村信用贷款不良率控制在 0.4%以内的试点村，按信用贷款余额的万分之五奖励村干部，每下降 1%多奖励万分之二。

(2) 搭建“两个平台”。一是搭建信息宣传平台。宣传工作是否到位，是活动能否取得实效的重要前提。为此，市、县人民银行积极搭建宣传平台，推动沭阳农商行结合农村实际，在该县广大农村地区分别开展“信用记录关爱日”、“征信知识宣传周”等宣传活动，积极营造“诚信光荣、失信可耻”的良好社会氛围，有效推动农村信用体系建设。同时，该行利用乡村广播、宣传漫画、手机短信、宣传车播放录音以及发放宣传单、宣传手册等形式，深入宣传整村推进小额信用贷款的背景、意义、流程，实现了家喻户晓的宣传效果。

二是搭建信息采集平台。做好小额信用贷款，掌握全面准确农户档案信息是关键。为此，人行宿迁中支依托人民银行农户征信系统，加强对涉农金融机构业务指导，规范信用信息采集要求，在依法采集的基础上尽可能广泛采集农户信用信息。在规范信用信息采集的基础上，统一要求各涉农金融机构规范农户信用档案及农户电子信用档案，便于信用信息采集成果的推广和使用。农户信用信息的大量采集和共享使用，为减少农商行信息不对称、降低信贷风险、开展业务创新奠定了扎实的基础。

(3) 实施“三项措施”。一是规范操作流程，实行阳光授信。为加快“整村推进”步伐，在“阳光信贷”的业务基础上，该行制定了《农户小额信用贷款管理办法》，并及时细化了操作流程，即“确定信用贷款村—村提供信用贷款备选户名单—支行审核、确认—公示信用贷款户名单—签约、用信—回收率奖励”，各环节对接顺畅，开诚布公。

二是强化硬性约束，突出村组责任。“整村推进”业务中对“村”进行严格把关、挑选，从源头上控制风险。首先，必须是人民银行考核评定的信用村；其次，该村必须达到连续两年不良贷款率在0.4%以内；最后，要求村委班子务实诚信，积极倡导、宣传讲信用、守信用的社会风向，并书面承诺履行支持农商行工作，协助做好不良贷款清收管理，突出村组责任，自上而下推动农村信用环境建设。

三是限定额度用途，强化后续管理。“整村推进”农户小额信用贷款授信额度一般在5万元以内，经济条件较好村的农户控制在10万元以内，且主要用于支持农户在种植、养殖及个体工商运输等方面的小额资金需求，超过额度部分仍采用担保、抵押方式，有效控制了信贷风险。在后续管理上，强化退出机制，即对农户资信等级每年审查一次，对随意变更贷款用途，不能按期偿还贷款的农户，及时取消其信用贷款资格；对信用村发生0.4%以上信用贷款逾期的，暂停全村信用贷款发放。

2) 取得成效

开展农户小额信用贷款是对沭阳农商行传统贷款方式进行创新和改革，是为农民办好事，办实事的重要创举。此项业务的开展有效地解决了农民贷款担保难问题，促进了辖区农户增收致富，受到地方党政的充分肯定和社会各界的广泛赞誉，带来了良好的经济效益和社会效益。

降低了农户融资成本。从贷款融资成本来看，农户小额信用贷款利率比同等条件下担保贷款少上浮 5%~15%，“整村推进”工作开展一年多以来，累计发放农户小额信用贷款 8000 多万元，累计帮助受益农户节约近 100 万元左右的融资成本，一定程度上缓解了当前农户融资贵的难题。

降低了银行信贷风险。从防范和化解不良贷款目标来看，小额信用贷款的不良贷款率控制在 0.4%以内，比目前沭阳农商行不良贷款率的 1.48%平均水平低 1.1%。以目前贷款规模 8000 万元来算，则至少可降低不良贷款约 90 万元，随着该业务不断完善、成熟及推广，经济效益将更加显著。

缓解了农户融资难题。农户小额信用贷款以其“手续简便、无抵押、无担保”等特点，在核定的贷款限额内对农户发放信用贷款。农户可根据需要随用随贷，极大地简化了贷款手续，方便了农户借贷，缓解了农户融资难的问题，有效地提升了农村金融服务效率和水平。

增强了农户信用意识。通过推广农户小额信用贷款，对信用良好的农户实行手续从简、利率下浮优惠政策，让广大农民亲身体会到信用的价值，极大地调动了农户诚信经营的积极性，增强了他们的诚信意识，“守信光荣，失信可耻”的观念深入人心，为农村社会信用体系建设奠定了扎实的基础。

密切了银农鱼水关系。在农户小额信用贷款试点工作中，沭阳农商行充分利用村“两委”熟悉村情民情的优势，请其协助对农户信用状况进行评定，推荐信用贷款备选户名，以此作为核定信用贷款额度的重要依据，让村组干部、信贷人员更加贴近农民，让有困难的农民及时向村两委反映，农户小额信用贷款成为联系致富农户的金融纽带，成为改善干群关系的重要载体。

3) 启示

农村金融是我国金融体系的重要组成部分，是支持服务“三农”发展的重要力量。江苏沭阳农商行围绕服务“三农”，创新农村小额信贷产品，推出具有自身特色的产品和服务模式，打造出可复制、易推广的农村小额信用贷款服务品牌，在有效满足普通农户的金融需求的同时，也为我们进一步深化金融支持“三农”提供了重要的启示。

(1) 地方政府强力支持是做好金融产品创新的重要保障。农户小额信用贷款“整村推进”是一个系统工程，需要多方努力、共同推进，既需要人民银行、金融机构的主动作为，也需要地方政府、相关职能部门的积极配合。工作开展过程中，沭阳县委县政府对农户小额信用贷款“整村推进”业务给予了高度重视和大力支持，2013 年 4 月份，该县政府专门印发《关于开展农户小额信用贷款试点工作的通知》，要求各乡镇政府协助沭阳农商行组织实施；同年 9 月份，该县组织召开全县三级干部大会，专题研究农户小额信用贷款整村推进事宜，县委书记出席并讲话，各乡镇党委书记、村支部书记等参加了会议。县委县政府高度重视和支持，为业务的顺利开展提供了坚强保证。

(2) 人民银行因势利导是做好金融产品创新的必备条件。近年来，人民银行宿迁中心支行积极引导全市各涉农金融机构立足农村实际，着力改进信贷管理，积极丰富金融产品，多方改进和完善农村金融服务。通过以信用乡(镇)、信用村、信用户和农村青年信用示范户等创建工作为抓手，加强对农商行业务指导，广泛采集农户信用信息，规范农户信用档案及农户电子信用档案建设；同时依托人民银行农户征信系统，强化农户信用信息的报送，增强农户信用信息共享，进一步扩大农户信用信息的运用，为沭阳农商行开展“整村推进”农户小额信贷产品业务创新奠定扎实的信息数据基础。

(3) 金融机构主动作为是做好金融产品创新的根本动力。近年来，沭阳农商行通过开展阳光信贷年检、季检和标准化建设，不断扩大授信覆盖面，全县阳光信贷授信总量突破 100 亿元。在前期授信量、面持续扩张的同时，由于“三农”经济的特殊性，农民可抵押物较少，联保、担保缺乏合适的联保人且存在一定风险，影响到了借款积极性，抑制了有效资金需求，不利于农村金融的健康发展。针对这些情况，沭阳农商行提出“以小额信用方式直接发放，是农户贷款的终极模式”这一理念，在全省乃至全国率先实施农户小额信用贷款“整村推进”工程。该模式坚持“平等透明、规范高效、风险可控、互惠互利”的原则，有效解决农民贷款担保难问题，切实提高了农户贷款的可得性、便利性和安全性。

(4) 服务模式易推广、可复制是金融产品创新的活力所在。开展“三农”金融产品创新必须坚持面向基层，贴近农户，有针对性地研究开发和推广运用合适的金融产品；必须坚持易推广、可复制，切实增强农户融资可得性、服务便利性。沭阳县农户小额信用贷款“整村推进”作为一种行之有效，契合实际的“三农”金融产品创新已经在全县推广。事实证明，这一做法完全符合中央金融服务“三农”的政策导向，只要严格规范操作，农户小额信用贷款不会出现大面积风险。通过一年多的摸索试点，成效已经初步显现，促成了银行服务效率更快、农村信用环境更优、政府满意度更高的“三赢”局面。因此，将农户小额信用贷款“整村推进”工作机制和运作模式在全市、全省甚至全国广大县域地区复制和推广，才会焕发出持续的生命力和创造力。

2. 民丰农村商业银行 IPC 微贷模式助力小微企业融资

1) 基本情况和背景

随着经济社会的快速发展，各类小微企业应运而生，并呈逐年倍增态势。目前小微企业已成为经济持续健康发展的不竭动力,是繁荣经济、扩大就业、调整结构的重要力量。

但是和全国大多数地区一样，位于苏北的宿迁境内小微企业正承受着土地供应紧张、资金矛盾加剧、生产成本增加、劳动力缺口较大等共性问题。与此同时，由于小微企业缺乏健全的财务报表、不能提供有效抵押物，且小微企业贷款额小、分散、风险大、成本高等原因，导致银行对小微企业贷款不会贷、不敢贷、不愿贷，从而形成了小微企业“难贷款”和银行“款难贷”的“两难”局面，融资难成为制约小微企业发展的主要瓶颈。

如何解决小微企业融资难题，各级政府、各金融机构都做出了积极的探索与尝试，其中江苏民丰农村商业银行通过引入德国“信贷工厂”模式(以下简称 IPC 技术)和实施微贷业务转型升级，探索出了一条专业服务小微企业的新路子，摸索出一个具有条件宽、门槛低、方式灵活等鲜明特色的小微企业贷款模式。

2) 主要做法及创新

2011 年年初，民丰农村商业银行通过引入国际专业微贷技术顾问公司—德仕金融的先进模式，以 IPC 技术操作流程为基础，以准事业部形式在该行总部设立了小微贷款专营中心，专司小微企业信贷服务。其主要特点是将标准化的流程运用到贷款管理的各个环节，在市场营销、申请受理、贷前准备、实地调查、审查审批、合同签订及贷款发放等阶段均实行固式可量化的操作，每个阶段均有细致的操作步骤，客户经理办理的每笔业务都需按指定的流程操作，真正实现了标准化、流程化的运作模式。

一是营销主动化。作为服务小微客户的专营机构，小微贷款专营中心将目标客户定位为各类从事实体经济的小型、微型企业，包括商贸、加工、种养殖等各类客户，该类客户一般没有有效抵押品、缺乏规范的财务报表等，长期被银行拒之门外，所以该类人群一般没有银行贷款经历。该行推行主动上门营销，客户经理必须经常性地开展“扫园”、“扫街”、“扫城”、“扫村”“四扫”活动，对客户进行地毯式上门营销，向客户解释小微企业贷款的操作流程，并现场解答客户的相关问题，使新的贷款模式深入人心。

二是贷款调查程式化。程式化贷款调查是该行小微企业贷款模式的核心环节，也是有效解决银行与客户之间信息不对称的核心技术。主要反映在两个方面：一方面，贷款调查流程标准。客户经理根据小微企业申请填写贷前准备表，并准备三个以上的销售额逻辑检验方法，从而做到有目的地开展调查。在实地调查中，客户经理必须按照流程规定的 15 个调查步骤逐步实施，既有效控制风险又最大限度地避免重复麻烦客户。另一方面，贷款调查检验技术规范。采用交叉检验技术考察客户的还款能力。实地调查了解借款人生产经营状况，并依据实地眼见、现值和谨慎性三大原则为借款人制作资产负债表和损益表等。采用软信息不对称偏差分析考察客户还款意愿。通过收集任何可以勾勒客户社会真实面貌的软信息，并依据不对称偏差分析进行逻辑判断，发现偏差、解释偏差，为决策提供依据。

三是贷款处理高效化。针对小微企业贷款需求“短、频、急”的特点，该行小微企业贷款模式从贷款受理申请到发放整个流程控制在 3 个工作日内，并对每个阶段进行量化：客户申请阶段处理时间控制在 15 分钟内；实地调查时间控制在 2 小时，而且必须一次完成；客户经理完成调查的次日必须完成图表的制作、分析并上报贷审会。贷审会审批过程中，客户经理提交的资料、陈述的顺序、贷审会审查的内容也都实行标准化。一笔贷款上贷审会的时间严格控制在 30 分钟内，并当即作出批准或拒绝的明确决议，真正做到了当即审查、当即审批、当即决策。

四是贷后管理标准化。在德国 IPC 模式下，贷款客户及贷款总额的快速增长也增加了风险管控的难度，为此，该行制定了标准化的贷后监控操作规范和逾期处理流程，对客户经理首次贷后和日常贷后作出明确规定。首次贷后必须落实贷款目的履行情况，并详细列明用途要素，并与贷款金额进行核对；日常贷后必须详细核实水电费单据、应收账款、存货等信息，并将连续的数据做成贷后曲线图，以便更好地跟踪了解企业生产经营情况。

五是产品体系化。为进一步向小微客户提供优质高效的金融服务，该行专门组织精干人员，成立微小信贷产品研发小组，充分借鉴德国 IPC 技术对现有的微小信贷产品进行转型升级，同时结合小微企业市场特点，研发新的信贷产品。目前，已研发针对商贸类客户的义务快易贷、耿车镇塑料加工企业的塑料快易贷等 10 类 42 个个贷产品和 6 类 31 个公司信贷产品，建立起标准化、系列化、体系化的信贷产品，有效满足了小微企业客户的不同信贷需求。

3) 实施效果

江苏民丰农村商业银行通过引进 IPC 微贷技术，并结合宿迁地方特色，对此项技术进行改进和完善，形成具有当地特色的微贷模式，经过近三年的实践与探索，“信贷工厂”的作业模式和理念对民丰农商行传统的信贷模式和理念带来了颠覆性冲击。

一是助推小微企业发展上规模。该行将各类从事实体经济的小型、微型企业全部纳入服务对象，让那些原本被拒绝在银行大门之外的小型、微型客户群体享受到平等获得金融服务的机会，真正将小微贷款橄榄枝洒向千家万户，让小微企业也能够顺利融资，扩大生产。2011 年当年该行即通过 IPC 微贷技术发放贷款 1091 笔，金额 1.07 亿元。截至 2014 年 11 月末，该行通过 IPC 微贷模式，累计发放贷款 12 064 笔、金额为 28.53 亿元，其中，2014 年 1~11 月累计发放贷款总额 4921 笔、金额为 12.27 亿元；贷款余额为 17.61 亿元，贷款不良率 0.57%，有效加大了对全市小微企业和涉农企业的信贷支持。

二是助推全民创业掀热潮。很多好企业、好项目因抵押物不足、担保不够、贷款门槛高等原因，而无法从银行贷款导致项目夭折。该行引入 IPC 技术后，降低准入门槛，只要企业符合 IPC 技术要求的现金流标准，就无需提供有效资产作为抵押品，只要能提供银行认可的担保人即可申请。这种贷款方式有效地解决了小微企业抵押难、担保难的问题，大大降低了贷款门槛，在一定程度上助推了全民创业再掀高潮。同时，该行也获得了宿迁市中小微企业的信赖和地方政府的信任，在广大客户的回报支持下，该行业务也得到了健康快速发展。

三是助推金融生态环境大转变。过去各大银行竞相选择支持大企业、大行业、大项目，但随着该行 IPC 技术的成功，部分大型银行已放下身段，开始发放小微企业贷款。同时村镇银行、农村小额贷款公司、中小企业信贷服务专营机构以及融资性担保公司都在努力探讨小微企业信贷服务体系，为小微企业服务的良好金融生态环境正在逐步建设与完善。

3. 农村商业银行“阳光信贷”惠民工程创新

1) 创新项目

“阳光信贷”惠民工程自 2008 年 11 月起，由沭阳县农村商业银行(前身为农村合作银行)在全国率先推行，并迅速在宿迁市农商行推广，至 2010 年年末全辖 114 家农村网点已全部完成了授信工作。至 2014 年 6 月末，四家农商行阳光授信农户 76.85 万户，授信覆盖面达 79.15%，授信金额 434.70 亿元，是农户贷款余额的 1.67 倍，2014 年 6 月末，四家农商行阳光信贷余额 164.68 亿元，同比增加 26.20 亿元，该工程被市、县政府评为民办实事工程。全省、全国各地农村法人金融机构纷纷到该市考察学习，沭阳县农商行分别在银监会、省农联社组织的会议上作先进工作经验介绍。

2) 创新意义

“阳光信贷”惠民工程通过公开授信，让农户在授信额度内循环用信，有利于实现普惠制金融，扩大支农力度。

一是农户授信由随机受理转变为批发办理,提高了办贷效率。长期以来，小额农户贷款都是授信、用信不分，农户提出贷款需求后，信贷人员才会上门调查授信，等客上门、坐家放贷的现象较为普遍。集中授信后，我市四家农商行面向各县、区开展全方位宣传，引导农户积极申请授信；批量年检、季检期间，对符合条件的农户统一办理调增授信或补授信，大大提高了服务效率。

二是基层支行由决策者转变为业务终端,防范了道德风险。集中授信及补授信时，一律实行“背靠背”式问卷普查，农商行各支行汇总后填制授信评议表，交评议组评定授信对象、授信额度。所有授信农户信息纳入电子档案系统，未经总行授权，支行不能自行调整，从而取消了信贷人员个人决断权。集体民主决策、公开透明操作保证了银农之间信息充分对称，有助于从根本上防范员工道德风险，提升信贷资产质量。至 2014 年 6 月末，宿迁市四家农商行不良贷款率为 1.77%，比 2008 年末下降 4.59%。

三是农户贷款由终身制转变为尽职免责,激发了工作热情。通过开展尽职情况量化考核，组织不良贷款责任界定，结束了数十年来一以贯之的贷款责任终身制，消除了信贷人员惧贷、惜贷的心理。至 2014 年 6 月末，农户贷款余额已达 260.91 亿元，是 2008 年末阳光信贷实施之初的 4.05 倍。

3) 创新点

宿迁市农商行持续开展并不断完善“阳光信贷”工程，促进了农户贷款战略转型，提高了支农服务水平。

一是首推季检年检，在发展中不断调整优化授信结构。阳光信贷并非通过一次性集中授信就能一劳永逸，关键是要加强后续维护，实施长效管理。在初期授信的基础上，该市农商行区分客户类别及授信金额，分别开展季检、年检，对所有授信农户的生产经营、履约情况、未用信原因等实施全面普查，分别予以维持、调增、调减和取消授信，发现风险及时采取限制用信、追加担保、提前收贷等措施；同时，对未授信农户全面过滤，符合条件的经问卷调查后纳入电子档案系统，不断优化授信结构，保证阳光信贷拥有旺盛的生命力。

二是首推电子信息档案管理，以科技手段锁定风险。坚持把科技作为发展和控险的强大支撑，自主研发上线阳光授信电子档案管理系统，为所有授信农户逐户建立动态电子档案，取消信贷人员个人决策权，前移风险控制环节。系统对联保小组成员的授信额度实施控制，单户授信额度不得大于其他成员授信之和，避免无效联保。电子档案系统实现了阳光授信量化操作，为全面推行阳光信贷标准化建设奠定了基础。

三是首推银农连心系列工程，引导阳光信贷向纵深推进。2011 年 10 月起，由沭阳县农商行率先开展，陆续在宿迁全市推行了银农连心系列工程。借助自行研发的“随身宝”移动办公系统，组织信贷人员定期到村服务，上门开展客户维护和组合营销，同时结合监管部门阳光信贷标准化建设要求，对原有授信数据信息进行补充完善。为进一步提高办贷效率，分步实施农户小额信用贷款“整村推进”工程，彻底解决农民贷款担保难问题。

4) 实施效果

一是巩固了支农主力军地位。阳光信贷的持续开展和不断完善，得到了广大农户的普遍认同和称赞，支农品牌效应得到显现。截至 2014 年 6 月末，宿迁辖区农商行涉农贷款余额为 358.93 亿元，比 2008 年末增加 260.88 亿元，增长了 266.07%，占全市银行业金融机构涉农贷款的比重为 44.86%；农户贷款余额 260.91 亿元，比 2008 年末增加 196.5 亿元，增长了 305.08%，占全市银行业金融机构农户贷款的比重为 67.67%，面临着新建异地农商行分支机构和村镇银行等机构的市场竞争，宿迁市四家农商行农户贷款增速明显高于其他机构增速，依然主导农户贷款市场份额。

二是银农信息不对称问题得到解决。“阳光信贷”充分体现了“打开天窗办银行”的支农服务理念，使得农户在阳光下借款，银行在阳光下放贷，较好地解决了银行和客户间的信息不对称问题，尤其是为每个农户建立了信贷户籍并开发了农户信贷档案数据库，便于信贷员查询农户基本信息，缓解了农户点多面广与信贷员人手紧张的矛盾。截至 2014 年 6 月末，四家农商行已建立农户电子档案 91.13 万户，其中阳光授信户 76.85 万户、暂缓授信户 14.28

万户，两项合计占全部农户的 93.85%。

三是农户贷款“易得性”显著提高。各行公开办贷流程、服务承诺及监督电话并告知了农户授信结果，取得阳光授信的农户，只要贷款用途合理，就可以直接到银行办理借款手续取得贷款，无须“跑人情、拉关系”。农户靠其资信状况而非人情面子获取贷款，贷款“易得性”明显提升，以前因“四处碰壁”而转向民间融资甚至高利贷的农户，现在重新回到银行的服务渠道。2014 年上半年四家农商行累计投放农户贷款 166.96 亿元，比 2008 年全年多投放 72.94 亿元。

四是支农服务内生机制基本形成。一方面，风险管控水平显著提高。农户授信额度的系统锁定，贷款主要业务流程的系统控制，减少了人为自由操作空间。信贷员只能按照标准化的流程进行操作，避免了暗箱操作、吃拿卡要现象的发生。据调查，目前宿迁市农商行经过阳光信贷系统发放的贷款平均不良率约为 1.51%，低于全部贷款不良率 0.26%。另一方面，支农长效机制初步形成。定期检查的持续开展，保障了阳光信贷的动态完善和持久的生命力。贷款责任的清晰量化和尽职免责制度的实施，提高了信贷员的履职尽责意识。诚信奖励、失信制裁、舆论宣传等措施的实施，促进了农村信用环境的不断优化。

附　录

附录一　2014年江苏省农村金融发展政策文件

中国人民银行关于做好家庭农场等新型农业经营主体金融服务的指导意见

银发〔2014〕42号

为贯彻落实党的十八届三中全会、中央经济工作会议、中央农村工作会议和《中共中央国务院关于全面深化农村改革加快推进农业现代化的若干意见》(中发〔2014〕1号)精神，扎实做好家庭农场等新型农业经营主体金融服务，现提出如下意见：

一、充分认识新形势下做好家庭农场等新型农业经营主体金融服务的重要意义。家庭农场、专业大户、农民合作社、产业化龙头企业等新型农业经营主体是当前实现农村农户经营制度基本稳定和农业适度规模经营有效结合的重要载体。培育发展家庭农场等新型农业经营主体，加大对新型农业经营主体的金融支持，对于加快推进农业现代化、促进城乡统筹发展和实现“四化同步”目标具有重要意义。人民银行各分支机构、各银行业金融机构要充分认识农业现代化发展的必然趋势和家庭农场等新型农业经营主体的历史地位，积极推动金融产品、利率、期限、额度、流程、风险控制等方面创新，合理调配信贷资源，扎实做好新型农业经营主体各项金融服务工作，支持和促进农民增收致富和现代农业加快发展。

二、切实加大对家庭农场等新型农业经营主体的信贷支持力度。各银行业金融机构对经营管理比较规范、主要从事农业生产、有一定生产经营规模、收益相对稳定的家庭农场等新型农业经营主体，应采取灵活方式确定承贷主体，按照“宜场则场、宜户则户、宜企则企、宜社则社”的原则，简化审贷流程，确保其合理信贷需求得到有效满足。重点支持新型农业经营主体购买农业生产资料、购置农机具、受让土地承包经营权、从事农田整理、农田水利、大棚等基础设施建设维修等农业生产用途，发展多种形式规模经营。

三、合理确定贷款利率水平，有效降低新型农业经营主体的融资成本。对于符合条件的家庭农场等新型农业经营主体贷款，各银行业金融机构应从服务现代农业发展的大局出发，根据市场化原则，综合调配信贷资源，合理确定利率水平。对于地方政府出台了财政贴息和风险补偿政策以及通过抵质押或引入保险、担保机制等符合条件的新型农业经营主体贷款，利率原则上应低于本机构同类同档次贷款利率平均水平。各银行业金融机构在贷款利率之外不应附加收费，不得搭售理财产品或附加其他变相提高融资成本的条件，切实降低新型农业经营主体融资成本。

四、适当延长贷款期限，满足农业生产周期实际需求。对日常生产经营和农业机械购买需求，提供 1 年期以内短期流动资金贷款和 1 至 3 年期中长期流动资金贷款支持；对于受让土地承包经营权、农田整理、农田水利、农业科技、农业社会化服务体系建设等，可以提供 3 年期以上农业项目贷款支持；对于从事林木、果业、茶叶及林下经济等生长周期较长作物种植的，贷款期限最长可为 10 年，具体期限由金融机构与借款人根据实际情况协商确定。在贷款利率和期限确定的前提下，可适当延长本息的偿付周期，提高信贷资金的使用效率。对于林果种植等生产周期较长的贷款，各银行业金融机构可在风险可控的前提下，允许贷款到期后适当展期。

五、合理确定贷款额度，满足农业现代化经营资金需求。各银行业金融机构要根据借款人生产经营状况、偿债能力、还款来源、贷款真实需求、信用状况、担保方式等因素，合理确定新型农业经营主体贷款的最高额度。原则上，从事种植业的专业大户和家庭农场贷款金额最高可以为借款人农业生产经营所需投入资金的 70%，其他专业大户和家庭农场贷款金额最高可以为借款人农业生产经营所需投入资金的 60%。家庭农场单户贷款原则上最高可达 1000 万元。鼓励银行业金融机构在信用评定基础上对农民合作社示范社开展联合授信，增加农民合作社发展资金，支持农村合作经济发展。

六、加快农村金融产品和服务方式创新，积极拓宽新型农业经营主体抵质押担保物范围。各银行业金融机构要加大农村金融产品和服务方式创新力度，针对不同类型、不同经营规模家庭农场等新型农业经营主体的差异化资金需求，提供多样化的融资方案。对于种植粮食类新型农业经营主体，应重点开展农机具抵押、存货抵押、大额订单质押、涉农直补资金担保、土地流转收益保证贷款等业务，探索开展粮食生产规模经营主体营销贷款创新产品；对于种植经济作物类新型农业经营主体，要探索蔬菜大棚抵押、现金流抵押、林权抵押、应收账款质押贷款等金融产品；对于畜禽养殖类新型农业经营主体，要重点创新厂房抵押、畜禽产品抵押、水域滩涂使用权抵押贷款业务；对产业化程度高的新型农业经营主体，要开展“新型农业经营主体+农户”等供应链金融服务；对资信情况良好、资金周转量大的新型农业经营主体要积极发放信用贷款。人民银行各分支机构要根据中央统一部署，主动参与制定辖区试点实施方案，因地制宜，统筹规划，积极稳妥推动辖内农村土地承包经营权抵押贷款试点工作，鼓励金融机构推出专门的农村土地承包经营权抵押贷款产品，配置足够的信贷资源，创新开展农村土地承包经营权抵押贷款业务。

七、加强农村金融基础设施建设，努力提升新型农业经营主体综合金融服务水平。进一步改善农村支付环境，鼓励各商业银行大力开展农村支付业务创新，推广 POS 机、网上银行、电话银行等新型支付业务，多渠道为家庭农场提供便捷的支付结算服务。支持农村粮食、蔬菜、农产品、农业生产资料等各类专业市场使用银行卡、电子汇划等非现金支付方式。探索依托超市、农资站等组建村组金融服务联系点，深化银行卡助农取款服务和农民工银行卡特色服务，进一步丰富村组的基础性金融服务种类。完善农村支付服务政策扶持体系。持续推进农村信用体系建设，建立健全对家庭农场、专业大户、农民合作社的信用采集和评价制度，鼓励金融机构将新型农业经营主体的信用评价与信贷投放相结合，探索将家庭农场纳入征信系统管理，将家庭农场主要成员一并纳入管理，支持守信家庭农场融资。

八、切实发挥涉农金融机构在支持新型农业经营主体发展中的作用。农村信用社(包括农村商业银行、农村合作银行)要增强支农服务功能，加大对新型农业经营主体的信贷投入；农业发展银行要围绕粮棉油等主要农产品的生产、收购、加工、销售，通过“产业化龙头企业+家庭农场”等模式促进新型农业经营主体做大做强。积极支持农村土地整治开发、高标准农田建设、农田水利等农村基础设施建设，改善农业生产条件；农业银行要充分利用作为国有商业银行“面向三农”的市场定位和“三农金融事业部”改革的特殊优势，创新完善针对新型农业经营主体的贷款产品，探索服务家庭农场的新模式；邮政储蓄银行要加大对“三农”金融业务的资源配置，进一步强化县以下机构网点功能，不断丰富针对家庭农场等新型农业经营主体的信贷产品。农业发展银行、农业银行、邮政储蓄银行和农村信用社等涉农金融机构要积极探索支持新型农业经营主体的有效形式，可选择部分农业生产重点省份的县(市)，提供“一对一服务”，重点支持一批家庭农场等新型农业经营主体发展现代农业。其他涉农银行业金融机构及小额贷款公司，也要在风险可控前提下，创新信贷管理体制，优化信贷管理流程，积极支持新型农业经营主体发展。

九、综合运用多种货币政策工具，支持涉农金融机构加大对家庭农场等新型农业经营主体的信贷投入。人民银行各分支机构要综合考虑差别准备金动态调整机制有关参数，引导地方法人金融机构增加县域资金投入，加大对家庭农场等新型农业经营主体的信贷支持。对于支持新型农业经营主体信贷投放较多的金融机构，要在发放支农再贷款、办理再贴现时给予优先支持。通过支农再贷款额度在地区间的调剂，不断加大对粮食主产区的倾斜，引导金融机构增加对粮食主产区新型农业经营主体的信贷支持。

十、创新信贷政策实施方式。人民银行各分支机构要将新型农业经营主体金融服务工作与农村金融产品和服务方式创新、农村金融产品创新示范县创建工作有机结合，推动涉农信贷政策产品化，力争做到“一行一品”，确保政策落到实处。充分发挥县域法人金融机构新增存款一定比例用于当地贷款考核政策的引导作用，提高县域法人金融机构支持新型农业经营主体的意愿和能力。深入开展涉农信贷政策导向效果评估，将对新型农业经营主体的信贷投放情况纳入信贷政策导向效果评估，以评估引导带动金融机构支持新型农业经营主体发展。

十一、拓宽家庭农场等新型农业经营主体多元化融资渠道。对经工商注册为有限责任公司、达到企业化经营标准、满足规范化信息披露要求且符合债务融资工具市场发行条件的新型家庭农场，可在银行间市场建立绿色通道，探索公开或私募发债融资。支持符合条件的银行发行金融债券专项用于“三农”贷款，加强对募集资金用途的后续监督管理，有效增加新型农业经营主体信贷资金来源。鼓励支持金融机构选择涉农贷款开展信贷资产证券化试点，盘活存量资金，支持家庭农场等新型农业经营主体发展。

十二、加大政策资源整合力度。人民银行各分支机构要积极推动当地政府出台对家庭农场等新型农业经营主体贷款的风险奖补政策，切实降低新型农业经营主体融资成本。鼓励有条件的地区由政府出资设立融资性担保公司或在现有融资性担保公司中拿出专项额度，为新型农业经营主体提供贷款担保服务。各银行业金融机构要加强与办理新型农业经营主体担保业务的担保机构的合作，适当扩大保证金的放大倍数，推广“贷款+保险”的融资模式，满足新型农业经营主体的资金需求。推动地方政府建立农村产权交易市场，探索农村集体资产有序流转的风险防范和保障制度。

十三、加强组织协调和统计监测工作。人民银行各分支机构要加强与地方政府有关部门和监管部门的沟通协调，建立信息共享和工作协调机制，确保对家庭农场等新型农业经营主体的金融服务政策落到实处。要积极开展对辖区内各经办银行的业务指导和统计分析，按户、按金融机构做好家庭农场等新型农业经营主体金融服务的季度统计报告，动态跟踪辖区内新型农业经营主体金融服务工作进展情况。同时要密切关注主要农产品生产经营形势、供需情况、市场价格变化，防范新型农业经营主体信贷风险。

中国银监会办公厅关于做好2014年农村金融服务工作的通知

银监办发〔2014〕42号

根据中央农村工作会议、2014年中央一号文件精神和2014年全国银行业监督管理工作会议有关部署，为持续改善农村金融服务，切实加强对现代农业发展的金融支持，现就有关事项通知如下：

一、强化服务“三农”责任，保持涉农信贷投放总量持续增长

各级监管部门和银行业金融机构要认真学习中央农村工作会议和中央一号文件精神，深刻认识到在我国现代化建设进程中，农业还是“四化同步”的短腿，农村还是全面建成小康社会的短板，农村改革发展还面临诸多困难和挑战；牢牢把握中央关于坚持把解决好“三农”问题作为全党工作重中之重的工作方针；深刻领会新形势下全面深化农村改革、加快推进农业现代化战略决策的重要性和紧迫性，切实提高思想认识，勇于承担金融支农责任，强化服务“三农”职责，充分发挥银行业金融机构支农服务合力作用，不断加大强农惠农富农金融支持力度，促进城乡金融一体化发展。2014年，在保持合理信贷投放总量前提下，要继续坚持有扶有控、有保有压原则，积极调整信贷结构，将信贷资源向“三农”倾斜，突出加大对现代农业的金融支持，增强农村金融服务的针对性和有效性，持续加大对“三农”的信贷支持力度。

二、稳定大中型银行县域网点，加大对县域经济的支持力度

优化大中型商业银行农村地区机构网点布局，稳定现有县域网点，拓展乡镇服务网络，探索城乡网点设立挂钩政策，严格限制现有乡镇网点撤并，适度提高农村地区网点覆盖水平。鼓励商业银行单列涉农信贷计划，下放贷款审批权限，持续提高县域存贷比。要根据自身业务结构和特点，建立适应“三农”需要的专门机构和运营机制，创新推广专业支行和信贷工厂等服务模式，建立符合涉农业务特点的决策和审批流程，增强服务“三农”功能。健全向“三农”业务倾斜的绩效考核和激励约束机制，科学设定考核分值权重。

农业银行要深化“三农”金融事业部改革试点，完善试点县域支行“六单”运行机制，充分发挥机构网点联结城乡的协同效应，加大“三农”信贷投放和资源配置力度。邮政储蓄银行要立足服务农村和社区的零售银行定位，逐步扩大涉农业务范围，加快邮政储蓄资金回流农村进度，不断提高“三农”贷款占比。农业发展银行要强化政策性金融职能定位，加大对农业开发和农村基础设施建设的中长期信贷支持。鼓励支持其他商业银行发挥自身专长，发展县域涉农业务。

三、增强农村中小金融机构支农服务功能，更好发挥支农服务主力军作用

加强农村信用社支农服务能力建设。一是稳步推进农村信用社产权改革。在总体保持县域法人地位稳定、维护体系完整的前提下，积极稳妥组建农村商业银行，培育合格的市场主体。鼓励社会资本投资入股，提升民间资本股比，壮大支农资本实力，提升“三农”服务能力。二是健全面向“三农”的公司治理和运行机制。建立支农服务股东承诺制度，完善“三农”业务相对独立的管理机制，健全基层机构网点加大涉农投放的激励约束机制和考核评价机制，指导农村商业银行在董事会下设立“三农”委员会，增强对服务“三农”发展战略的引导和强化作用。三是加快处置高风险机构。吸收社会资本参与高风险机构重组改造，适当放宽持股比例要求。四是完善农村信用社管理体制。省联社要切实淡出行政管理，强化服务功能，做好指导协调，整合放大服务“三农”能力。

稳步培育发展村镇银行，重点加快在农业地区、产粮大县的布局。要进一步提高民间资本的参与度，坚持股东本土化和股权多元化，坚持经营的专业化和服务的差异化、特色化，按照有利于强化社区金融服务、有利于防范金融风险、有利于完善法人治理原则，优先引入当地优质企业和种养大户投资入股，科学调整主发起行与其他股东的持股比例。

支持由社会资本发起设立服务“三农”的金融租赁公司，与农机设备制造商加强业务合作，开展涉农金融租赁业务。鼓励县域组建政府出资为主、重点开展涉农担保业务的融资性担保机构，支持其他融资性担保公司为农业生产经营主体提供融资担保服务。

四、着力加大对新型农业经营主体的支持力度，促进提高农业规模化集约化经营水平

探索建立与农业规模化集约化经营相适应的金融组织体系、经营管理体系、金融产品体系、风险分散转移体系、农村信用体系和政策扶持体系，持续加大对联户经营、专业大户、家庭农场、新型农民合作组织和农村集体产权股份合作制企业等新型农业经营主体的支持力度。一是将各类新型农业经营主体纳入信用评定范围，建立信用信息档案，做实信用信息基础。二是提高新型农业经营主体授信额度，重点支持发展层次高、经营效益好、带动能力强、信用状况佳的新型农业经营主体。三是创新服务模式，优化业务流程，完善管理制度，加大对新型农业经营主体金融服务的激励考核力度。四是创新契合新型农业经营主体需要的金融产品，鼓励开展自助循环流动资金贷款品种，探索扩大可用于贷款担保的财产范围，推广产业链金融模式，满足多元化金融服务需求。五是积极配合地方政府开展农村土地确权登记颁证工作，推动建立健全农村土地流转服务平台和抵押配套措施，为有效开展抵押贷款业务创造良好环境。

在农业部门确定的农业规模化集约化发展试点省份和地区，组织开展金融支持农业产业化规模化经营试点，研究制定试点工作方案。试点省份银行业金融机构要结合实际，创新方法，认真做好试点工作。

五、突出对农田水利、农业科技和现代种业的金融支持，保障国家粮食和主要农产品生产安全

加大对以农田水利为重点的农村基础设施建设、以种业为重点的农村科技建设的信贷支持力度。一是将农田水利建设作为信贷支持优先领域，加大政策性金融的支持力度，允许农业发展银行支持且符合中央政策的农田水利类项目新增平台贷款。二是支持科技型农业企业成长，加大对农业技术转移和成果转化、农业高新技术产业示范区和农业科技园区建设、科技特派员下乡创业行动的信贷支持。支持开办农村科技专利质押融资业务。三是积极助力育繁推一体化种子企业做大做强，农业发展银行要加大对种子收储加工企业的信贷支持力度。四是创新支持农业走出去战略的金融产品，支持企业到境外投资农产品仓储物流设施，参股并购农产品加工和贸易企业，开展农业生产和进出口合作。

各银行业金融机构要按照确保谷物基本自给、口粮绝对安全的要求，着力满足粮食和其他主要农产品生产、加工和流通各环节有效信贷需求。要认真开展春耕秋种生产资金需求调查，合理制定和及时调整信贷投放计划，多渠道筹措资金，合理把握投放节奏。要配合农产品价格形成机制改革，开展粮食生产规模经营主体营销贷款试点，对符合条件的种植大户、家庭农场，探索以当年种植的农产品、生产及配套辅助设施进行抵(质)押融资。

六、深入推进“三大工程”，打造支农服务特色品牌

深入推进农村中小金融机构支农服务“三大工程”，提高农村金融服务普惠度，大力推广微贷技术，不断提高服务水平。一是持续推进金融服务进村入社区工程。继续加强农村基层服务网络建设，稳步增加乡镇和社区服务网点。加快空白乡镇机构网点新设工作，对暂不具备设立标准化网点条件的乡镇和人口密集的行政村，不断优化多种形式的简易便民服务。以金融电子机具和自助服务终端为主要手段，重点推动基础金融服务向行政村有效延伸，工作基础较好的省份要加快实现基础金融服务“村村通”。二是持续推进阳光信贷工程。充实内容、扩大范围、创新机制、规范评议，持续强化对涉农信贷全过程的公开化、透明化管理和社会监督，坚决杜绝以贷谋私行为，促进解决农民“贷款难”问题，不断增强服务可得性。三是持续推进富民惠农金融创新工程。创新量体裁衣式的农村金融产品和服务方式，丰富返乡农民工、下岗职工、农村青年、农村妇女就业创业系列产品，创新支持城镇化建设金融产品，开办住房、家电、子女上学等消费贷款和民生金融业务，持续提升服务契合度。

七、坚持试点先行，慎重稳妥开展“三权”抵押融资

各银行业金融机构要认真贯彻落实银监会、国家林业局《关于林权抵押贷款的实施意见》，探索创新林权抵押业务品种，合理确定贷款期限，不断加大对林业发展的有效信贷投入。

按照中央关于“允许承包土地的经营权向金融机构抵押融资”和“慎重稳妥推进农民住房财产权抵押、担保、转让”的要求，慎重稳妥开展土地承包经营权和农民住房财产权抵押融资试点，发挥其在信贷融资方面的作用。一是重点支持在城镇化和农业产业化程度较高地区，探索开展相应的抵押贷款试点，丰富“三农”贷款增信的有效方式和手段。二是坚持依法自愿有偿原则，操作过程中要注重做到不改变土地集体所有性质，不改变土地用途，不损害农民土地承包权益。三是要结合抵押业务特点，探索融资模式，创新融资产品，完善业务流程。四是注重贷后管理和风险评估，密切跟踪抵押资产状况，加强贷后管理，做好贷款风险评估和动态监测。五是加强与地方政府的协调配合，积极推动建立“三权”确权登记、评估流转以及融资风险分担和政策支持机制。

银行业金融机构要结合“三农”发展特点，创新多样化的抵押担保模式，大力拓展抵押担保物范围，因地制宜推广多种抵押贷款方式。

八、加强监管能力建设，强化农村金融差异化监管

各级监管部门要适应农村金融发展需要，不断完善监管制度，改进监管方法，丰富监管手段，提升监管有效性。一是加强监管引领。要切实加强信贷投向监管，引导加大涉农信贷投放，对金融机构创新涉农业务产品，在服务薄弱地区设立机构网点，积极开辟准入绿色通道。支持符合条件的机构发行专项用于“三农”的金融债，增加支农信贷资金来源，对募集资金发放的涉农贷款不纳入存贷比考核。二是加强监督考核。落实银行业县域法人机构一定比例存款投放当地的要求，加大县域信贷投入。督促银行业金融机构提高对分支机构“三农”业务考核的分值权重，加强支农服务机制建设。落实差异化监管政策，适度提高涉农不良贷款容忍度。三是加强风险防控。实施多层次的风险监测预警制度，切实防范涉农信贷风险。督促银行业金融机构强化涉农贷款风险管理，提高涉农贷款服务效率和质量，保证有效支持农村实体经济发展。

2014 年 2 月 28 日

中国银监会关于鼓励和引导民间资本参与农村信用社产权改革工作的通知

银监发〔2014〕45 号

为认真贯彻落实国务院关于鼓励、引导和扩大民间资本进入金融业的要求，深入推进农村信用社产权改革，优化股权结构，完善公司治理，加快培育合格市场主体，全面提升农村信用社“三农”服务能力与水平，现就积极吸收民间资本参与农村信用社产权改革有关要求通知如下：

一、支持民间资本与其他资本按同等条件参与农村信用社产权改革

按照“立足本地、面向市场；平等参与、公平竞争；主业涉农、资质优良”原则，鼓励民间资本进入农村金融服务领域，支持民间资本参与农村信用社产权改革，着力实现农村信用社股东主体涉农化、股权结构多元化、股本构成民营化，进一步提升农村信用社资本实力、经营活力与竞争能力。积极支持民间资本与其他资本按照同等条件参与农村信用社改革，优先吸收认同农村信用社服务“三农”战略的民营企业参与改革，重点引入农业产业化龙头企业、农民合作社、种养大户等新型农村经营主体以及经营稳健、具备持续增资能力的优质民营企业。

各银监局、各省联社要按照上述原则和要求，在坚持服务县域、支农支小市场定位和发展战略的前提下，以股份制改革为导向，稳步扎实推进农村信用社产权改革。符合农村商业银行组建条件的，要积极改制为农村商业银行,增强资本实力，提高支农能力，推进向现代金融企业转型；农村合作银行也要加快将资格股转换为投资股，完善产权制度,按照农村商业银行要求进行改制。

二、鼓励民间资本参与农村商业银行增资扩股

已经改制为农村商业银行的机构，要以培育合格市场主体、打造现代金融企业为目标，进一步扩大民间资本参与度，着力提高股权结构中的民间资本占比、法人股占比和优质股东占比。

在新股增发和股权转让过程中，要科学设置和调整优化股权结构。原则上，新增股本以吸收民间资本为主，股权流转以优质民营企业为主要受让方。对于因历史因素导致国有资本持股比例较高的，应逐步通过增资扩股、股权转让等方式稀释减持，确保民间资本在总资本中始终保持绝对主导地位。要着力改善股东质量，在有效保护中小股东合法权益的前提下，稳步提升优质民营法人股东持股比例，原则上应有相应数量持股比例相对较高的优质股东，逐步形成以民营法人股东为主体，具备一定数量主业涉农、治理完善、经营稳健、具备持续增资能力的主要投资人的良好股东结构。

三、引导民间资本对农村信用社实施并购重组

积极支持各类优质民营企业对农村信用社问题机构实施并购重组,促进机构风险化解和产权改革。进一步放宽并购重组的机构范围，并购对象由原规定的监管评级五 B 级(含)以下机构，调整放宽至五级(含)以下机构。进一步提高并购方的持股比例，对并购五 A 级机构的，单家企业及其关联方合并持股比例由原来的 10%放宽至 20%；对并购五 B 级(含)以下机构的，允许单家企业及其关联方持股比例阶段性超过 20%，在被并购机构经营管理进入良性状态后，再按照有利于完善公司治理和防范风险的原则，逐步减持或稀释至 20%以下。

继续支持符合条件的境内金融机构对农村信用社问题机构进行战略投资和财务重组，重点引导农村商业银行实施行业内、跨区域帮扶。监管评级二级(含)以上的农村商业银行，最高可按 100%比例全资并购五级(含)以下农村信用社；监管评级三级的农村商业银行参股五级(含)以下农村信用社的，持股比例可达 20%，有特殊情况的，持股比例可阶段性超过 20%。

四、保障民营股东有效行使权利和发挥治理作用

吸收民间资本进入银行业，参与农村信用社产权改革，不仅要发挥其资本聚合和优化股权结构的作用，还要注重发挥民营股东在提升农村中小金融机构公司治理有效性、促进机制转换方面的积极作用。要按照依法合规原则，构建能够体现民营股东地位、发挥股东作用的公司治理架构，着重吸收优质民营企业股东进入董事会、监事会及相关专业委员会，为民营股东有效履职提供组织保障。要细化完善公司章程内容，按照《公司法》《商业银行公司治理指引》等相关法律法规和监管政策要求，对股东行使权利的规则、方式和程序作出明确规定，为各类股东有效履职提供制度保障。要建立健全工作机制，按照便于股东参与决策、实施监督和进行绩效评价的原则，改进工作流程，实现股东参事议事规范化，为股东有效履职提供运行保障。要加强民营股东董事和监事培训，增强其对金融政策和金融知识的了解掌握，提升其履行出资人职责的专业化能力与水平。

五、加强对民间资本投资农村信用社的规范与监管

各银监局要高度重视和切实加强对民间资本参与农村信用社产权改革工

作的规范与监管。在产权改革和股权流转过程中，要充分尊重原有股东意愿，注重维护原有股东合法权益，确保投资入股和改制程序依法合规。要严格股东准入审核，除按行政许可规定审核其资质条件外，要重点审查股东关联关系，严防关联企业违规参股甚至恶意控制被投资机构。要加强股东注资监管，确保入股资金真实合法、足额到位，严防虚假注资、贷款注资以及抽逃资本等行为。要强化股东行为监管，合理平衡大小股东权利关系，防止个别股东恶意操纵，严防股东通过关联交易牟取不当利益。要引导股东树立稳健经营理念，坚持服务县域和支农支小方向，在推进深化农村信用社改革过程中，确保方向不偏、风险可控、经营稳健、商业可持续。对股东违反《公司法》以及有关监管要求的，要依法查处问责。

六、健全促进民间资本投资的实施与保障机制

各银监局、各省联社要从贯彻落实中央精神和金融服务“三农”大局出发，把鼓励和引导民间资本参与农村信用社产权改革工作摆在更加重要位置，协力构建完善促进民间资本投资的实施与保障机制。要加强工作联动协同，共同推进改革深化，为民间资本投资提供切实有效的支持。省联社要加强指导、协调，积极推动农村信用社吸收民间资本实施产权改革，在银监会关于农村信用社改制的行政许可要求之外，不得另行设置民间资本准入门槛，不得对农村信用社产权改革和增资扩股等实施审批或采取限制性措施。要建立银企对接平台，发挥行业信息对民间资本的投资引导作用,督促农村信用社与有投资意向、符合资质条件的民营企业主动对接，促进投资意向转化落实为投资行为。要健全投资后评价制度，对改制后机构的经营管理、风险化解、支农支小等情况进行跟踪评价和及时纠偏。

2014年11月24日

中国银监会
关于进一步促进村镇银行健康发展的指导意见

银监发〔2014〕46号

为贯彻落实党的十八届三中全会有关全面深化改革、发展普惠金融的精神，进一步健全农村金融服务体系，加快推动村镇银行本地化、民营化和专业化发展，加强“三农”和小微企业金融服务工作，现就促进村镇银行发展有关事项提出以下意见：

一、积极稳妥培育发展村镇银行

根据党中央、国务院关于完善农村金融服务体系、稳步培育发展村镇银行的要求，在商业可持续和有效控制风险的前提下，加大村镇银行县(市、旗)全覆盖工作的推进力度。按照规模化组建、集约化管理和专业化服务的原则，积极支持符合条件的商业银行科学制定村镇银行发展规划，加快在县(市、旗)集约化发起设立村镇银行步伐，重点布局中西部和老少边穷地区、粮食主产区和小微企业聚集地区，稳步提升县(市、旗)村镇银行的覆盖面。

鼓励国有商业银行和股份制商业银行主要在中西部地区发起设立村镇银行，支持其在未设立分支机构的县(市、旗)发起设立村镇银行。城市商业银行和农村商业银行原则上在省内发起设立村镇银行，鼓励符合条件且资产规模大、资本实力强、具有并表管理能力的城市商业银行和农村商业银行在西部地区集中发起设立村镇银行,支持对口援建省(市)的城市商业银行和农村商业银行在新疆、西藏、四川等援建地发起设立村镇银行。

主发起行应依据自身的资产规模、管理水平、人才储备情况，审慎确定组建村镇银行的区域和数量，确保与自身管理能力相适应，以及村镇银行持续健康发展。

二、加大民间资本引进力度

积极支持和鼓励民间资本参与村镇银行组建，扩大民间资本进入村镇银行渠道。公开村镇银行市场准入标准和流程，强化市场行为约束，提高市场准入透明度。

按照股权本地化、多元化和民营化的原则，在有利于提供专业化服务、有利于防范金融风险、坚持主发起行最低持股比例的前提下，合理设置新设立村镇银行的股权结构，鼓励主发起行持有相对较低的股权比例，稳步提高民间资本持股比例。

在坚持主发起行最低持股比例的前提下，按照有利于拓展特色金融服务、有利于防范金融风险、有利于完善公司治理的原则，支持开业 3 年以上、主要监管指标良好、经营发展稳健的村镇银行通过转让股权和新引进民间资本等方式，调整主发起行和其他股东的持股比例，主发起行以外的股份原则上由民间资本出资认购。

三、支持村镇银行调整主要股东

为促进村镇银行持续健康发展，支持符合条件且具有村镇银行管理经验、规模较大的商业银行按照市场化收购、集约化发展和区域适度集中的原则，通过认购新股、受让股权和并购重组等方式，规模化、集约化收购其他村镇银行主发起行的全部或部分股权，成为村镇银行新的主要股东。

四、督促村镇银行专注支农支小市场定位

村镇银行应牢固树立“立足县域、服务社区、支农支小”的市场定位，制定支农支小发展战略，创新探索支农支小商业模式。支持开业半年以上、主要监管指标符合要求的村镇银行向下延伸分支机构，不断拓展服务网络，着力打造专业化、精细化服务支农支小的社区性银行。

村镇银行应将资金主要用于发放“三农”和小微企业贷款。支持村镇银行发行专项用于“三农”和小微企业的金融债券，不断拓宽信贷资金来源，加大对“三农”和小微企业的资金扶持力度。

村镇银行应建立支农支小的正向激励和反向约束机制，鼓励在绩效考核中适当提高农户和小额贷款业务的考核权重，在风险可控的前提下，合理确定支农支小业务的风险容忍度，增强支农支小内在动力。

五、积极推进村镇银行本地化战略

村镇银行应加快构建与社区性银行性质相适应的股权结构。要优先引进本地股东，稳步提升本地股东的持股比例；优先引进农业龙头企业、优质涉农企业和种养大户，发挥战略协同效应。

村镇银行应根据客户特点和市场需求，构建适合业务发展的人力资源结构。鼓励优先招聘优秀大学生村官等本地人才，进一步充实前台营销队伍；优先聘用熟悉当地农村和具有支农支小经验的管理人员，不断提升本地化金融服务能力。

村镇银行应发挥贴近市场、企业和农民的优势，创新商业模式，以及个性化、本地化和具有包容性的金融产品和服务，大力推动微贷技术和主发起行成熟产品落地，提高金融服务匹配度、附加值和客户满意度。要加快建设网上银行和手机银行，持续提升农村金融服务的便利度和普惠金融服务水平。

六、强化村镇银行有限持牌经营

根据村镇银行的设立区域、功能定位和经营管理能力，持续强化村镇银行有限持牌管理，限定经营区域和业务范围，加快建成服务“三农”和小微企业的社区性银行，形成差异化、特色化的竞争优势。

村镇银行原则上应在注册地所在的县(市、旗、区)域内依法经营。村镇银行可以办理吸收公众存款，发放短期、中期和长期贷款，办理国内结算，办理票据承兑与贴现，从事同业拆借，从事银行卡业务，代理发行、代理兑付和承销政府债券，代理收付款项和代理保险业务，以及银行业监管机构批准的其他业务。银监会各级派出机构可根据当地金融服务需求和村镇银行风险管控能力，在上述业务范围内，审慎核定村镇银行业务范围，严禁村镇银行超范围经营。

七、规范村镇银行主发起行的大股东职责

主发起行应维护村镇银行的独立法人地位，严格按照《公司法》及章程有关规定，履行出资人制定章程、参与重大决策和选聘管理者等职责。要尊

重和维护村镇银行的经营自主权，不得将其视同分支机构进行管理。

主发起行应切实承担大股东职责，建立健全并表管理体系，加强对村镇银行资本和风险的并表管理。主发起行应承诺牵头组织村镇银行重大风险处置，为村镇银行提供持续的流动性支持；对经营管理不善、监管指标持续不达标的村镇银行，主发起行应通过调整更换高管人员、实施股权重组等方式，及时有效化解风险。主发起行要从严控制与村镇银行的关联交易，防止风险传递。

主发起行应建立健全支持村镇银行发展的集约化、专业化服务机制。鼓励主发起行成立专门的村镇银行管理部门或者独立事业部，负责对村镇银行的投资管理和服务。支持设立村镇银行达到一定数量的主发起行，研究探索对村镇银行实施有效股权管理、风险管理和中后台运营服务的模式。

八、强化村镇银行属地监管责任

银监会各级派出机构应强化村镇银行监管能力建设，确保其持续稳定健康发展。要充实监管力量，健全多维度、全方位的风险监管防控体系，提高日常风险监测频度和能力。要重点强化村镇银行资本、信用风险、流动性风险和合规性监管，动态分析潜在风险，适时开展重点风险压力测试，深入排查、锁定和化解各类风险隐患，做到早发现、早预警、早处置，守住不发生系统性和区域性风险的底线。

银监会各级派出机构要加强村镇银行发展战略监管，完善支农支小监测和评价制度，督促村镇银行做深做精支农支小业务，严禁村镇银行将资金投向“两高一剩”等国家限控行业。要督促村镇银行结合区域实际和业务特点，制定差异化的单笔贷款、户均贷款上限等标准，严禁超比例发放贷款，严控贷款集中度风险。对偏离支农支小定位、将资金大量存放金融机构以及存在不审慎经营行为的村镇银行，要及时采取相应的监管措施。要规范主发起行履职，督促村镇银行健全关联交易制度，切实防范关联交易风险。

主发起行所在地银监分局、银监局或银监会机构监管部门应强化对村镇银行的并表监管，加强与村镇银行所在地银监局、银监分局联动，构建监管信息共享平台，定期举行联动监管会谈，共同分析村镇银行存在的问题，及时研判和处置风险。

九、营造村镇银行良好发展环境

银监会各级派出机构要加强与地方政府沟通，为主发起行和村镇银行取得财政补贴、税收优惠等政策提供支持，协同推进社会信用体系建设，及时妥善解决村镇银行组建发展中的困难和问题。

银监会各级派出机构要大力总结推广村镇银行管理和服务典型经验，积极利用各类媒体加大正面宣传力度，正确引导社会舆论，提高村镇银行的社会知名度和社会地位，营造良好发展氛围，促进村镇银行健康发展。

2014 年 12 月 12 日

关于全面做好扶贫开发金融服务工作的指导意见

银发〔2014〕65 号

为贯彻落实党的十八大、十八届三中全会、中央经济工作会议和中央城镇化工作会议精神，按照《中国农村扶贫开发纲要(2011~2020 年)》和《中共中央办公厅 国务院办公厅印发〈关于创新机制扎实推进农村扶贫开发工作的意见〉的通知》(中办发〔2013〕25 号)的有关要求，进一步完善金融服务机制，促进贫困地区经济社会持续健康发展，现就全面做好扶贫开发的金融服务工作提出以下意见：

一、总体要求

(一)指导思想

以邓小平理论、“三个代表”重要思想、科学发展观为指导，认真落实党中央、国务院关于扶贫开发的总体部署，合理配置金融资源，创新金融产品和服务，完善金融基础设施，优化金融生态环境，积极发展农村普惠金融，支持贫困地区经济社会持续健康发展和贫困人口脱贫致富。

(二)总体目标

按照党的十八大明确提出的全面建成小康社会和大幅减少扶贫对象的目标要求，全面做好贫困地区的金融服务，到2020年使贫困地区金融服务水平接近全国平均水平，初步建成全方位覆盖贫困地区各阶层和弱势群体的普惠金融体系，金融对促进贫困地区人民群众脱贫致富、促进区域经济社会可持续发展的作用得到充分发挥。

1. 信贷投入总量持续增长。力争贫困地区每年各项贷款增速高于当年贫困地区所在省(区、市)各项贷款平均增速，新增贷款占所在省(区、市)贷款增量的比重高于上年同期水平。

2. 融资结构日益优化。信贷结构不断优化，直接融资比例不断上升。通过加强对企业上市的培育，促进贫困地区上市企业、报备企业及重点后备上市企业的规范健康发展，资本市场融资取得新进展。推动债券市场产品和制度创新，实现直接融资规模同比增长。

3. 金融扶贫开发组织体系日趋完善。政策性金融的导向作用进一步显现，商业性金融机构网点持续下沉，农村信用社改革不断深化，新型农村金融机构规范发展，形成政策性金融、商业性金融和合作性金融协调配合、共同参与的金融扶贫开发新格局。

4. 金融服务水平明显提升。到2020年，具备商业可持续发展条件的贫困地区基本实现金融机构乡镇全覆盖和金融服务行政村全覆盖，建成多层次、可持续的农村支付服务体系和完善的农村信用体系，贫困地区金融生态环境得到进一步优化。

(三)基本原则

1. 开发式扶贫原则。坚持以产业发展为引领，通过完善金融服务，促进贫困地区和贫困人口提升自我发展能力，增强贫困地区“造血”功能，充分发挥其发展生产经营的主动性和创造性，增加农民收入，实现脱贫致富。

2. 商业可持续原则。坚持市场化和政策扶持相结合，以市场化为导向，以政策扶持为支撑，充分发挥市场配置资源的决定性作用，健全激励约束机制，在有效防范金融风险的前提下，引导金融资源向贫困地区倾斜。

3. 因地制宜原则。立足贫困地区实际，根据不同县域的产业特点、资源禀赋和经济社会发展趋势，结合不同主体的差异化金融需求，创新扶贫开发金融服务方式，让贫困地区农业、农村和农民得到更高效、更实惠的金融服务。

4. 突出重点原则。加强与贫困地区区域发展规划和相关产业扶贫规划相衔接，重点支持贫困地区基础设施建设、主导优势产业和特色产品发展，保护生态环境，着力提供贫困人口、特别是创业青年急需的金融产品和服务，破除制约金融服务的体制机制障碍，努力寻求重点领域新突破。

(四)实施范围

本意见的实施范围为《中国农村扶贫开发纲要(2011~2020年)》确定的六盘山区、秦巴山区、武陵山区、乌蒙山区、滇桂黔石漠化区、滇西边境山区、大兴安岭南麓山区、燕山—太行山区、吕梁山区、大别山区、罗霄山区等区域的连片特困地区和已经明确实施特殊政策的西藏、四省藏区、新疆南疆三地州，以及连片特困地区以外的国家扶贫开发工作重点县，共计832个县。

二、重点支持领域

(一)支持贫困地区基础设施建设。加大贫困地区道路交通、饮水安全、电力保障、危房改造、农田水利、信息网络等基础设施建设的金融支持力度，积极支持贫困地区新农村和小城镇建设，增强贫困地区经济社会发展后劲。

(二)推动经济发展和产业结构升级。积极做好对贫困地区特色农业、农副产品加工、旅游、民族文化产业等特色优势产业的金融支持，不断完善承接产业转移和新兴产业发展的配套金融服务，促进贫困地区产业协调发展。

(三)促进就业创业和贫困户脱贫致富。积极支持贫困农户、农村青年致富带头人、大学生村官、妇女、进城务工人员、返乡农民工、残疾人等群体就业创业，加大对劳动密集型企业、小型微型企业及服务业的信贷支持，努力做好职业教育、继续教育、技术培训的金融服务，提升就业创业水平。

(四)支持生态建设和环境保护。做好贫困地区重要生态功能区、生态文明示范工程、生态移民等项目建设的金融服务工作，支持结合地方特色发展生态经济，实现贫困地区经济社会和生态环境可持续发展。

三、重点工作

(一)进一步发挥政策性、商业性和合作性金融的互补优势。充分发挥农业发展银行的政策优势，积极探索和改进服务方式，加大对贫困地区信贷支持力度。鼓励国家开发银行结合自身业务特点，合理调剂信贷资源，支持贫困地区基础设施建设和新型城镇化发展。继续深化中国农业银行“三农金融事业部”改革，强化县事业部“一级经营”能力，提升对贫困地区的综合服务水平。强化中国邮政储蓄银行贫困地区县以下机构网点功能建设，积极拓展小额贷款业务，探索资金回流贫困地区的合理途径。注重发挥农村信用社贫困地区支农主力军作用，继续保持县域法人地位稳定，下沉经营管理重心，真正做到贴近农民、扎根农村、做实县域。鼓励其他商业银行创新信贷管理体制，适当放宽基层机构信贷审批权限，增加贫困地区信贷投放。积极培育村镇银行等新型农村金融机构，规范发展小额贷款公司，支持民间资本在贫困地区优先设立金融机构，有效增加对贫困地区信贷供给。继续规范发展贫困村资金互助组织，在管理民主、运行规范、带动力强的农民合作社基础上培育发展新型农村合作金融组织。

(二)完善扶贫贴息贷款政策，加大扶贫贴息贷款投放。充分发挥中央财政贴息资金的杠杆作用。支持各地根据自身实际需求增加财政扶贫贷款贴息资金规模。完善扶贫贴息贷款管理实施办法，依照建档立卡认定的贫困户，改进项目库建设、扶贫企业和项目认定机制，合理确定贷款贴息额度。优化扶贫贴息贷款流程，支持金融机构积极参与发放扶贫贴息贷款。加强对扶贫贴息贷款执行情况统计和考核，建立相应的激励约束机制。

(三)优化金融机构网点布局，提高金融服务覆盖面。积极支持和鼓励银行、证券、保险机构在贫困地区设立分支机构，进一步向社区、乡镇延伸服务网点。优先办理金融机构在贫困地区开设分支机构网点的申请，加快金融服务网点建设。各金融机构要合理规划网点布局，加大在金融机构空白乡镇规划设置物理网点的工作力度，统筹增设正常营业的固定网点、定时服务的简易服务网点(或固定网点)和多种物理机具，并在确保安全的前提下，开展流动服务车、背包银行等流动服务。严格控制现有贫困地区网点撤并，提高网点覆盖面，积极推动金融机构网点服务升级。加大贫困地区新型农村金融机构组建工作力度，严格执行新型农村金融机构东西挂钩、城乡挂钩、发达地区和欠发达地区挂钩的政策要求，鼓励延伸服务网络。

(四)继续改善农村支付环境，提升金融服务便利度。加快推进贫困地区支付服务基础设施建设，逐步扩展和延伸支付清算网络的辐射范围，支持贫困地区符合条件的农村信用社、村镇银行等银行业金融机构以经济、便捷的方式接入人民银行跨行支付系统，畅通清算渠道，构建城乡一体的支付结算网络。大力推广非现金支付工具，优化银行卡受理环境，提高使用率，稳妥推进网上支付、移动支付等新型电子支付方式。进一步深化银行卡助农取款和农民工银行卡特色服务，切实满足贫困地区农民各项支农补贴发放、小额取现、转账、余额查询等基本服务需求。鼓励金融机构柜面业务合作，促进资源共享，加速城乡资金融通。积极引导金融机构和支付机构参与农村支付服务环境建设，扩大支付服务主体，提升服务水平，推动贫困地区农村支付服务环境改善工作向纵深推进。

(五)加快推进农村信用体系建设，推广农村小额贷款。深入开展“信用户”、“信用村”、“信用乡(镇)”以及“农村青年信用示范户”创建活动，不断提高贫困地区各类经济主体的信用意识，营造良好农村信用环境。稳步推进农户、家庭农场、农民合作社、农村企业等经济主体电子信用档案建设，多渠道整合社会信用信息，完善信用评价与共享机制。促进信用体系建设与农户小额信贷有效结合，鼓励金融机构创新农户小额信用贷款运作模式，提高贫困地区低收入农户的申贷获得率，切实发挥农村信用体系在提升贫困地区农户信用等级、降低金融机构支农成本和风险、增加农村经济活力等方面的重要作用。积极探索多元化贷款担保方式和专属信贷产品，大力推进农村青年创业小额贷款和妇女小额担保贷款工作。

(六)创新金融产品和服务方式，支持贫困地区发展现代农业。各银行业金融机构要创新组织、产品和服务，积极探索开发适合贫困地区现代农业发展特点的贷款专项产品和服务模式。大力发展大型农机具、林权抵押、仓单和应收账款质押等信贷业务，重点加大对管理规范、操作合规的家庭农场、专业大户、农民合作社、产业化龙头企业和农村残疾人扶贫基地等经营组织的支持力度。稳妥开展农村土地承包经营权抵押贷款和慎重稳妥推进农民住房财产权抵押贷款工作，进一步拓展抵押担保物范围。结合农户、农场、农民合作社、农业产业化龙头企业之间相互合作、互惠互利的生产经营组织形式新需求，健全“企业+农民合作社+农户”、“企业+家庭农场”、“家庭农场+农民合作社”等农业产业链金融服务模式，提高农业金融服务集约化水平。

(七)大力发展多层次资本市场，拓宽贫困地区多元化融资渠道。进一步优化主板、中小企业板、创业板市场的制度安排，支持符合条件的贫困地区企业首次公开发行股票并上市，鼓励已上市企业通过公开增发、定向增发、配股等方式进行再融资，支持已上市企业利用资本市场进行并购重组实现整体上市。鼓励证券交易所、保荐机构加强对贫困地区具有自主创新能力、发展前景好的企业的上市辅导培育工作。加大私募股权投资基金、风险投资基金等产品创新力度，充分利用全国中小企业股份转让系统和区域性股权市场挂牌、股份转让功能，促进贫困地区企业融资发展。鼓励和支持符合条件的贫困地区企业通过发行企业(公司)债券、短期融资券、中期票据、中小企业集合票据及由证券交易所备案的中小企业私募债券等多种债务融资工具，扩大直接融资的规模和比重。

(八)积极发展农村保险市场，构建贫困地区风险保障网络。贫困地区各保险机构要认真按照《农业保险条例》(中华人民共和国国务院令第629号)的要求，创新农业保险险种，提高保险服务质量，保障投保农户的合法权益。鼓励保险机构在贫困地区设立基层服务网点，进一步提高贫困地区保险密度和深度。鼓励发展特色农业保险、扶贫小额保险，扩大特色种养业险种。积极探索发展涉农信贷保证保险，提高金融机构放贷积极性。加大农业保险支持力度，扩大农业保险覆盖面。支持探索建立适合贫困地区特点的农业保险大灾风险分散机制，完善多种形式的农业保险。拓宽保险资金运用范围，进一步发挥保险对贫困地区经济结构调整和转型升级的积极作用。

(九)加大贫困地区金融知识宣传培训力度。加强对贫困地区县以下农村信用社、邮储银行、新型农村金融机构及小额信贷组织的信贷业务骨干进行小额信贷业务和技术培训，提升金融服务水平。对贫困地区基层干部进行农村金融改革、小额信贷、农业保险、资本市场及合作经济等方面的宣传培训，提高运用金融杠杆发展贫困地区经济的意识和能力。各相关部门、各级共青团组织、金融机构、行业组织、中国金融教育发展基金会等社会团体要加强协同配合，充分发挥“金融惠民工程”、“送金融知识下乡”等项目的作用，积极开展对贫困地区特定群体的专项金融教育培训。鼓励涉农金融机构加强与地方政府部门及共青团组织的协调合作，创新开展贫困地区金融教育培训，使农民学会用金融致富，当好诚信客户。

(十)加强贫困地区金融消费权益保护工作。各金融机构要重视贫困地区金融消费权益保护工作，加强对金融产品和服务的信息披露和风险提示，依法合规向贫困地区金融消费者提供服务。公平对待贫困地区金融消费者，严格执行国家关于金融服务收费的各项规定，切实提供人性化、便利化的金融服务。各金融机构要完善投诉受理、处理工作机制，切实维护贫困地区金融消费者的合法权益。各相关部门要统筹安排金融知识普及活动，建立金融知识普及工作长效机制，提高贫困地区金融消费者风险识别和自我保护的意识和能力。

四、保障政策措施

(一)加大货币政策支持力度。进一步加大对贫困地区支农再贷款支持力度，合理确定支农再贷款期限，促进贫困地区金融机构扩大涉农贷款投放，力争贫困地区支农再贷款额度占所在省(区、市)的比重高于上年同期水平。对贫困地区县内一定比例存款用于当地贷款考核达标的、贷款投向主要用于“三农”等符合一定条件的金融机构，其新增支农再贷款额度，可在现行优惠支农再贷款利率上再降 1 个百分点。合理设置差别准备金动态调整公式相关参数，支持贫困地区法人金融机构增加信贷投放。继续完善再贴现业务管理，支持贫困地区农村企业尤其是农村中小企业获得融资。

(二)实施倾斜的信贷政策。积极引导小额担保贷款、扶贫贴息贷款、国家助学贷款等向贫困地区倾斜。进一步完善民族贸易和民族特需商品贷款管理制度，继续对民族贸易和民族特需商品生产贷款实行优惠利率。各金融机构要在坚持商业可持续和风险可控原则下，根据贫困地区需求适时调整信贷结构和投放节奏，全国性银行机构要加大系统内信贷资源调剂力度，从授信审查、资金调度、绩效考核等方面对贫困地区给予优先支持，将信贷资源向贫困地区适当倾斜。贫困地区当地地方法人金融机构要多渠道筹集资本，增加信贷投放能力，在满足宏观审慎要求和确保稳健经营的前提下加大对贫困地区企业和农户的信贷支持力度。

(三)完善差异化监管政策。要充分借鉴国际监管标准，紧密结合贫困地区实际，不断完善农村金融监管制度，改进监管手段和方法，促进农村金融市场稳健发展。适当放宽贫困地区现行存贷比监管标准，对于符合条件的贫困地区金融机构发行金融债券募集资金发放的涉农、小微企业贷款，以及运用再贷款再贴现资金发放的贷款，不纳入存贷比考核。根据贫困地区金融机构贷款的风险、成本和核销等具体情况，对不良贷款比率实行差异化考核，适当提高贫困地区金融机构不良贷款率的容忍度，提高破产法的执行效率，在有效保护股东利益的前提下，提高金融机构不良贷款核销效率。在计算资本充足率时，按照《商业银行资本管理办法(试行)》(中国银行业监督管理委员会令 2012 年第 1 号发布)的规定，对于符合规定的涉农贷款和小微企业贷款适用 75%的风险权重。使用内部评级法的银行，对于符合规定的涉农贷款和小微企业贷款可以划入零售贷款风险暴露计算其风险加权资产。

(四)加大财税政策扶持力度。加强金融政策与财政政策协调配合，有效整合各类财政资金，促进形成多元化、多层次、多渠道的投融资体系，充分发挥财政政策对金融业务的支持和引导作用。推动落实农户贷款税收优惠、涉农贷款增量奖励、农村金融机构定向费用补贴等政策，降低贫困地区金融机构经营成本，调动金融机构布点展业的积极性。支持有条件的地方多渠道筹集资金，设立扶贫贷款风险补偿基金和担保基金，建立健全风险分散和补偿机制，有效分担贫困地区金融风险。鼓励和引导有实力的融资性担保机构通过再担保、联合担保以及担保与保险相结合等多种形式，积极提供扶贫开发融资担保。

五、加强组织领导

(一)加强部门协调。各有关部门要认真履行职责，加强协调配合，建立人民银行牵头、多部门共同参与的信息共享和工作协调机制。人民银行各分支机构要加强统筹协调，灵活运用多种货币信贷政策工具，努力推动相关配套政策落实，确保贫困地区金融服务工作有序、有效开展；财政部门要支持各地立足本地实际，逐步增加财政扶贫贷款贴息资金；银行业监管部门要完善银行业金融机构差异化监管政策和准入制度，实行绿色通道，完善融资性担保机构部际联席会议机制，促进融资性担保机构在扶贫开发金融服务中发挥积极作用；证券监管部门要积极支持和培育贫困地区企业上市，并通过资本市场融资；保险监管部门要积极推进农村保险市场建设，不断增强贫困地区风险保障功能；扶贫部门要完善精准扶贫工作机制，建立健全贫困户、项目库等信息系统，做好优质项目、企业的推荐工作；共青团组织要加大农村青年致富带头人的培养力度，发挥其在贫困地区脱贫致富中的带动作用。

(二)完善监测考核。建立和完善贫困地区金融服务的统计分析制度，及时了解工作进展和存在问题。创新开展贫困地区县域法人金融机构一定比例存款用于当地贷款考核和金融支持贫困地区发展的专项信贷政策导向效果评估，并将考核和评估结果作为实施差别准备金动态调整和再贷款(再贴现)政策、银行间市场业务准入管理、在银行间债券市场开展金融产品创新试点、新设金融机构加入人民银行金融管理与服务体系、差异化监管及费用补贴的重要依据，促进金融政策在贫困地区得到有效贯彻落实。

请人民银行上海总部，各分行、营业管理部、省会(首府)城市中心支行会同所在省(区、市)财政部门、银监局、证监局、保监局、扶贫部门、共青团组织将本意见联合转发至辖区内相关机构，并协调做好本意见的贯彻实施工作。

中国人民银行　财政部　银监会　证监会　保监会　扶贫办　共青团中央

2014年3月6日

中国人民银行关于全面推进深化农村支付服务环境建设的指导意见

银发〔2014〕235号

为全面贯彻落实党中央、国务院关于加强和改善农村金融服务的一系列工作部署，现就进一步深化农村支付服务环境建设有关工作提出如下意见：

一、指导思想

以党的十八大和十八届三中全会精神为指导，充分发挥农村支付服务环境建设对于发展普惠金融和健全城乡发展一体化体制机制的基础性作用，进一步扩大现代化支付体系建设成果在农村的应用和普惠面，丰富农民易于接受和获得的支付服务和支付产品，提升农村支付服务水平，形成以“三农”金融需求为导向，多层次、广覆盖、可持续的农村支付服务体系，推动金融包容性增长和城乡金融服务一体化发展。

二、基本原则

需求导向，因地制宜。立足实际，根据不同农村地区的经济金融发展水平、资源禀赋，实事求是地制定政策措施和工作目标，研究推出符合农民需求、安全好用易操作的非现金支付产品。

丰富主体，鼓励创新。尊重基层首创精神，鼓励引导各类支付服务提供主体参与农村支付服务市场建设，激发其积极性和创造性，发挥各类商业模式的特点和优势，推动农村地区支付服务创新发展。

风险可控，试点先行。稳妥开办新的支付业务、增加新的支付功能。认真总结试点经验，推动形成可复制、可推广的业务模式。密切关注农村地区支付服务风险，强化农村地区用户的风险意识和风险防范能力，在风险可控的基础上，有序推广支付服务新产品、新功能。

政策扶持，包容发展。既要尊重商业规律，使市场在资源配置中起决定性作用，又要积极争取政策扶持，以业务可持续发展为导向，协调推动金融、财税、农业、商务、通信等相关部门支持农村支付服务环境建设。

三、推进综合性惠农支付服务建设

(一)丰富银行卡助农取款服务点(以下简称服务点)的业务功能。银行卡收单机构可根据实际需求，通过服务点新增办理现金汇款、转账汇款、代理缴费业务。现金汇款是指服务点收取汇款人小额现金，并通过扣划服务点的银行账户(包括银行借记卡账户和存折账户，下同)资金，将等额款项转入汇款人指定的银行账户。转账汇款是指服务点不收取汇款人现金，通过直接扣划汇款人的银行账户资金，将相应款项转入汇款人指定的银行账户。代理缴费是指服务点通过现金汇款或转账汇款方式，为缴费人办理的专门面向水电气费、通讯费、新农合、新农保等账单出账单位的费用缴纳业务。现金汇款、转账汇款、代理缴费分别采用专门交易类型，由银行卡清算机构统一设置。本行交易和跨行交易均应遵循该设置，确保交易可识别、可统计、可控制。收单机构和银行卡清算机构应自本意见印发之日起6个月内完成相关设置。

(二)适度调整限额管理要求。服务点办理助农取款或现金汇款业务，原则上单卡、单日累计金额均不得超过2000元；各银行业金融机构根据风险防范能力自行对转账汇款进行限额管理，并向当地人民银行副省级城市中心支行以上分支机构报备。服务点应建立现金汇款业务台账，逐笔登记现金汇款日期、汇款人身份信息、金额等信息，经汇款人或其代理人签字(指纹)后确认，并定期核对。人民银行总行或副省级城市中心支行以上分支机构可根据业务发展情况、风险控制能力等因素调整上述限额。

(三)完善收单机构管理。收单机构已参与助农取款服务并拟在服务点新增现金汇款、转账汇款、代理缴费业务功能的，应选择经营稳定、风险防范能力强且未发生过风险事件的服务点先行试点、稳步推广，并在新增业务功能前向当地人民银行地市中心支行以上分支机构报备。收单机构拟申请参与助农取款服务及新增支付业务试点的，参照《中国人民银行关于推广银行卡助农取款服务的通知》(银发〔2011〕177号)办理。收单机构具体管理要求由人民银行副省级城市中心支行以上分支机构确定。支付机构作为收单机构参与服务点业务的，应将委托划转资金直接转入委托人指定的银行账户，不得通过支付账户划转。人民银行各级分支机构应密切跟踪监测服务点新增支付业务功能的风险和发展，及时总结报告。

(四)提升服务点的服务与管理水平。服务点原则上应设置于无银行业金融机构网点的村、屯。收单机构应积极稳妥采取措施支持服务点业务开办所需资金，切实加强服务点有关现金管理安防措施和能力，在与服务点签订的协议中明确现金管理防范措施等内容，争取将服务点纳入当地公安机关监控网络，有效防范抢劫、盗窃、诈骗、假币等事件发生。收单机构应不断强化服务点的责任意识和风险意识，在合作协议中明确告知责任义务，加强对服务点规范操作培训、运行维护管理、定期巡检，建立服务点准入退出机制、激励约束机制、投诉处理机制及风险管理制度。人民银行副省级城市中心支行以上分支机构应加强对服务点名称的规范管理，依据业务功能指导收单机构为服务点统一悬挂标识牌(如惠农支付服务点)。少数民族地区的服务点应力争双语操作提示。

(五)合理制定收费定价和利益分配机制。收单机构应在服务点经营场所显著位置公示业务收费标准，且不得对余额查询及每卡、每月首笔取款业务收费。收单机构应采取有效措施，适度补偿服务点运营成本，确保其业务办理积极性。人民银行副省级城市中心支行以上分支机构应会同有关各方，按照促进可持续发展、适度优惠农民的原则，确定辖内服务点支付业务收费机制，并及时将相关收费标准及分润模式报告人民银行总行。

(六)切实提升服务点支付设施有效使用率。人民银行副省级城市中心支行以上分支机构应会同有关各方积极推进服务点开通跨行支付业务，并将此项工作作为新增服务点和服务点新增支付业务功能的重要考核因素，确保发卡行和有关收单机构均支持银行卡跨行使用。截至 2015 年 6 月末，所有发卡行和有关收单机构均应开通服务点的跨行支付业务。收单机构要根据需求情况不断优化服务点设置。对于基础条件暂不具备的村、屯，要通过加强临近村、屯服务点建设等方式为农民提供支付便利。鼓励探索其他符合农民需求、有利于服务点持续发展的金融业务功能。

四、优化农民工银行卡特色服务

(七)调整限额收费、扩大受理范围。农民工银行卡特色服务的单卡、单日取款金额累计不得超过 20 000 元。收费标准按照取款金额的 0.5%收取，最低 1 元，最高 20 元，收费分配比例不变。中国邮政储蓄银行、农村商业银行、农村合作银行、农村信用(联)社要持续增加农民工银行卡特色服务网点。鼓励地处农民工输出大省且业务系统较为完备、风险控制措施较好的其他金融机构积极参与农民工银行卡特色服务。

五、丰富支付服务主体

(八)继续发挥涉农金融机构主力军作用，支持农村支付服务市场主体多元化发展。中国农业银行、中国邮政储蓄银行、农村商业银行、农村合作银行、农村信用(联)社、村镇银行等涉农金融机构要认真总结金融支持“三农”发展相关经验，充分利用在网点设置、客户群体培养、社会认知度建立等方面的优势，继续发挥在农村支付服务环境建设中的主力军作用。鼓励其他金融机构积极顺应城乡一体化的趋势，履行社会责任，参与农村支付服务环境建设，合力促进金融包容性增长。银行卡清算机构应加大涉农银行卡支付产品创新，推进银行卡在涉农行业的应用及农村地区的联网通用。支持支付机构利用自身业务特性，开发适合农村需求的支付产品和服务，探索既有助于服务“三农”发展又有利于自身发展的业务模式。鼓励各类型支付服务主体互相合作，共同开发便农惠农支付结算产品和服务。中国支付清算协会应充分发挥自律、维权、服务、协调作用，引导成员机构积极参与农村支付服务环境建设，加强农村消费者权益保护，加大相关宣传培训工作力度。

六、持续推广非现金支付

(九)大力推广银行账户和非现金支付工具。提高银行账户普及率和活跃账户率，增强农村地区银行服务的可获得性。积极发行面向“三农”、切实具有便农惠农特色的银行卡，协调各类财政补贴通过银行卡直接发放，以“一卡多用”为特色功能，拓宽服务领域。不断完善农村地区银行卡受理环境，支持在风险可控情况下开通农村地区支付终端的跨行使用，应在2015年6月末前开通所有转账电话的跨行支付功能。支持在农村地区推广银行卡自助转账业务，为农民提供安全、便利的资金汇划方式。发卡银行可根据业务需要为持卡人默认开通自助转账业务，并应结合不同渠道的业务风险等级设置交易限额，为持卡人提供限额调整服务。银行卡清算机构应会同发卡银行确定跨行自助转账业务的开通及限额管理方案，并向人民银行总行报备。积极稳妥地在有条件的地区推广商业汇票等业务，构建产、供、销一条龙服务的支付结算链。

(十)积极发展手机支付及其他新兴支付方式。认真总结农村地区手机支付试点成功经验，利用手机支付快捷、便利、自助服务管理等业务特点，发挥手机支付在推动农村金融普惠方面的独特优势，推动移动运营商与涉农金融机构、银行卡清算机构、支付机构等有关各方合作，因地制宜推动手机支付业务在农村地区的推广应用。研究开发贴近农村、农民的手机支付产品，加强手机支付特约商户实名制管理及资金结算管理，加强客户身份识别，保障手机支付交易与信息安全。支持在应用环境较为成熟的农村地区发展网络支付业务。积极推广适应农资企业、种养殖大户、农副产品收购企业发展需求的新兴电子支付方式。密切关注农民、农户、贫困人群等有关各方需求特点，研究开发成本相对低廉、操作较简单、安全性能较好的新兴支付产品。

(十一)不断延伸支付清算网络覆盖面。积极稳妥扩大人民银行跨行支付清算系统、农信银支付清算系统、银行卡跨行交易清算系统在农村地区的覆盖面。指导农村地区银行业金融机构进一步完善内部支付清算网络，鼓励新型农村金融机构通过代理方式办理支付结算业务。畅通跨境劳务汇款渠道，降低跨境汇款成本。

七、不断完善政策扶持体系

(十二)健全工作机制，争取政策扶持。建立健全由政府支持，人民银行牵头，各有关部门参与，银行业金融机构、清算机构、支付机构等共同实施的农村支付服务环境建设工作长效机制。人民银行各级分支机构应注重内部相关部门的协作，充分利用自身政策资源，对积极参与农村支付服务环境建设的机构给予支持；积极与地方政府沟通协调，力争通过财政补贴、税收减免、通信优惠、专项资金、纳入地方政府工作考核内容等形式，对政策性便农惠农支付业务给予扶持；协调各地各类财政补贴优先通过积极参与农村支付服务环境建设的涉农金融机构代发。

八、加强风险管理

(十三)加强风险管理，保障支付安全。涉农金融机构、支付机构应建立健全符合“三农”发展特点的风险管理体系，提升安全保障能力；严格落实账户实名制要求，不断强化支付结算业务的合规性；建立健全客户资金赔付责任机制，明确支付结算业务所涉消费者权益保护责任；强化内部控制，特别是加强对基层营业网点和服务点的业务管理；通过安全宣传、警示教育、操作培训等方式，不断提高从业人员和用户的安全意识。人民银行各级分支机构要适时对服务点运营情况、风险状况进行检查调研，发现问题及时反映；加大农村地区支付业务监测力度，会同公安等有关各方，建立健全农村地区支付结算风险防范和打击犯罪的长效机制，及时通报各类风险信息，迅速发现、处置、管控风险；充分利用联合整治支付结算重大违法犯罪机制的作用，适时对农村地区支付结算领域的犯罪活动开展集中打击，营造安全的支付服务环境。

九、强化宣传培训长效机制建设

(十四)深化支付结算知识宣传培训工作，提升农民认知度。以涉农金融机构实体营业网点为基地，加大日常宣传工作力度，有条件的地方可组织现场体验式宣传。发挥服务点面向群众、扎根乡村的特点，依托服务点开展综合金融知识宣传。鼓励银行业金融机构、清算机构、支付机构等各类支付服务主体充分借助多样化宣传渠道，积极探索新型宣传网络，不断创新宣传方式。适时开展阶段性工作成效展示，引导新闻媒体客观全面宣传报道。人民银行副省级城市中心支行以上分支机构至少每年在辖区内组织开展 1 次农村支付业务宣传，并督促有关各方加强支付安全知识宣传，加强对服务点、柜台等业务具体经办人员的支付业务知识培训，使其全面掌握并熟练操作所使用或代理的支付服务产品，不断提升其向农民进行宣传的公益服务意识和能力。

十、工作要求

(十五)制定方案，有序推进。人民银行各级分支机构要客观分析当地实际情况，依据本意见研究制定符合辖内实际的工作方案和目标。银行业金融机构、清算机构、收单机构应主动履行工作职责，对本意见确定的工作内容积极探索、研究和落实，加强信息反馈。人民银行副省级城市中心支行以上分支机构可组织收单机构在辖内选择服务点开展新增支付业务试点，人民银行总行也将选取部分地区进行综合服务试点。

(十六)认真总结,及时报告。人民银行副省级城市中心支行以上分支机构、中国农业银行、中国邮政储蓄银行、中国银联股份有限公司、农信银资金清算中心及各省级农村信用联社，应及时总结年度农村支付服务环境建设工作情况，并于下一年 1 月 20 日前报送人民银行支付结算司。各省级农村信用联社年度总结由当地人民银行省会(首府)城市中心支行以上分支机构代为上报。

(十七)正向激励，按绩评优。人民银行分支机构要重视农村支付服务环境建设工作的数据统计分析，客观反映工作进展，及时总结经验、查缺补漏，据此对有关各方的工作情况进行检查、督促和评价。人民银行总行将对做出突出贡献的单位和个人进行表彰。

中国人民银行南京分行关于江苏省农村金融综合服务站推广建设工作的指导意见

南银发〔2014〕34 号

近年以来，人民银行南京分行在江苏省开展了农村地区银行卡助农取款服务(以下简称助农取款服务)工作,疏通农村结算渠道,解决农村金融服务“最后一公里”问题。截至 2012 年底，全省共有助农取款服务点 28 473 个，实现了全省 13 223 个行政村全覆盖。在此基础上，2013 年人民银行南京分行根据在江苏省农村地区开展人民币反假、零钞兑换、国债和征信知识宣传、金融消费者权益保护等工作的需要，对部分助农取款服务点的服务功能进行扩充或整合，形成了一批多功能综合服务站点，为农民提供支付结算、现金、国库、征信、金融消费者权益保护等综合服务功能，扩大了服务“三农”的金融惠民项目范围。截至目前，江苏省共有 3180 个助农取款服务点具有了金融综合服务功能。但总体来看，综合服务站点仍处于分散状态，尚未能覆盖全省各行政村，同时由于缺乏统一规划，资源利用效率不高，功能发挥不充分。随着新农村建设和农村社区化的发展，农村地区金融服务需求更趋多样化，农民对农村金融服务站点综合化的呼声越来越高。为整合目前江苏省农村地区金融服务网点资源，满足农民对农村金融服务多样化的需求，提升金融服务“三农”的质量和水平，现提出以下指导意见：

一、指导思想

认真贯彻落实总行年初工作会议精神，通过协调发动多方力量，建立农村金融服务平台，以金融普惠制为切入点，以为农民提供优质便捷高效的金融服务、保护农村金融消费者合法权益为出发点和落脚点，实现便民服务、商户收益、银行效益三方共赢的可持续发展模式，拓展基层人民银行履职的范围和领域，提升金融服务“三农”的质量和水平，促进农村区域经济快速发展。

二、工作目标

通过科学统一规划，整合目前江苏省农村地区金融服务网点资源，建立一批农村金融综合服务站，发挥示范作用，带动农村金融服务水平的整体提高，构建覆盖乡村的基础金融服务供给网络。

在2014~2016年三年内，分三个阶段，实现农村金融综合服务站在无银行网点的行政村(下同)全覆盖的目标。其中2014年为宣传和推广阶段，实现农村金融综合服务站覆盖30%以上行政村；2015年为提高和攻坚阶段，实现农村金融综合服务站覆盖80%以上行政村；2016年为巩固和总结阶段，实现全省行政村全覆盖。对于基础扎实、条件成熟地区，力争两年之内完成行政村农村金融综合服务站全覆盖目标。

三、农村金融综合服务站功能

拓展助农取款服务的广度和深度，提高农民非现金支付工具使用率，进一步提升农村地区支付服务水平。净化农村地区人民币流通环境，增强农民的人民币识假、防假的意识和能力，提高农村地区流通中人民币的整洁度，优化流通中人民币券别结构，提升农村地区现金服务水平。借助农村金融综合服务站的地理优势，为农户与金融机构之间构建征信相关信息传递的桥梁。以一个农村金融综合服务站为中心辐射一个片区，以通俗易懂的方式，为片区农民提供金融知识、金融资讯服务，提供维权咨询和指导，切实提高农民的金融知识水平和防范金融风险能力。

各地根据辖内实际和农民需求，在满足助农取款服务、人民币真伪识别和金融知识宣传等基础功能的前提下完善和扩展农村金融综合服务站功能，有选择的实现但不局限于以下五大类功能：

(一)支付结算类

1. 小额现金支取；2. 转账；3. 刷卡消费；4. 余额查询；5. 补贴、社保、保险金、工资支付；6. 水电话费等公用事业费的缴纳；7. 支付结算知识宣传。

(二)现金服务类

1. 反假货币宣传及人民币真伪识别；2. 小面额货币兑换；3. 残损人民币兑换。

(三)国库类

1. 财政补贴资金取现；2. 国债知识宣传；3. 税费 POS 缴纳。

(四)征信类

1. 征信知识宣传；2. 农户信用信息采集和传递；3. 信用报告查询方法引导。

(五)金融消费者权益保护类

1. 金融维权知识宣传；2. 金融消费者咨询解答；3. 对农村金融消费纠纷进行投诉指导；4. 农村金融消费需求及金融知识教育有效性调查。

四、工作重点

(一)因地制宜，统筹安排农村金融综合服务站网点和功能选取

各地根据辖内农村地区金融发展实际，统筹安排，合理规划，按照“平等自愿、风险可控”的原则，主要以现有助农取款服务点为依托，选择场所条件较好、信用状况优良、人员素质较高、业务需求较大的助农取款服务点，建设农村金融综合服务站。在满足基本功能需求的前提下，根据辖内农村地区实际、农村金融综合服务站承载能力、站长素质和人民银行履职实际，按照“先易后难、循序渐进”的原则扩展功能。

(二)做好农村金融综合服务站现金供应以及残缺、污损人民币兑换工作

农村金融综合服务站应配备1台符合国家标准的A类级别的点验钞机具，配备1名以上反假货币义务宣传员，供应与发放各类反假货币宣传资料并开展反假货币宣传活动，无偿为当地农民提供人民币真伪识别服务。对具有小面额货币兑换和残损人民币兑换功能的农村金融综合服务站，建立与银行业金融机构的“一对一”联动制度，确定小面额货币供应主办银行和主办网点。主办银行和主办网点负责农村金融综合服务站小面额货币兑换日常管理、接受预约、登记、配送等相关工作。农村金融综合服务站在主办银行的指导、培训下，开展残缺、污损人民币兑换政策宣传，办理较易识别真伪的残缺、污损人民币兑换。主办银行负责回收农村金融综合服务站兑换的残缺、污损人民币。

(三)做好金融知识宣传普及和金融消费者权益保护工作

农村金融综合服务站应配备金融知识宣传画报、手册等，汇集非现金支付工具、假币防范、资金诈骗防范、国库知识、征信知识、“三农”领域信贷政策、农村信贷产品、金融消费小贴士、消费权益保护等金融知识，供农民自助索取学习。对于条件成熟的农村金融综合服务站，可对农民办理一般性金融业务提供咨询和指导，并根据实际情况指引农民向当地人民银行进行咨询或反映；指导农民通过合法途径维护自身金融消费权益，如果农民缺乏直接向人民银行反映的条件，农村金融综合服务站可代为受理；协助开展农村金融教育需求调查、客户满意度调查等，作为问卷调查的延伸点，充实基层调查信息。

(四)做好农户信息采集和征信服务工作

向有需求的农户介绍信用报告查询、异议处理及征信投诉的相关流程及注意事项。对于具有农户信用信息采集和传递功能的农村金融综合服务站，在采取有效措施确保信息采集、传递安全的基础上，积极帮助涉农金融机构或人民银行将农户信用档案的模板提供给有信贷需求的农户，并根据农户的授权将农户填写好的信用档案传递给相关金融机构或人民银行。

(五)加强对农村金融综合服务站站长和银行基层网点服务人员培训工作

农村金融综合服务站站长和银行基层网点服务人员直接面向一线群众，是农村金融综合服务站发挥效果的关键因素。要对站长组织开展助农取款服务操作、反假货币知识、国债知识、征信知识和金融消费者权益保护知识等方面培训，明确日常工作职责，提高风险意识和服务水平。要做好对农村基层网点客户经理和机具维护管理人员的培训，确保操作层面的员工能够熟悉业务流程、产品属性。建立激励制度，对于优秀站长和银行基层网点服务人员给予物质和精神奖励。

(六)切实防范各种风险

有条件的地区，应协调当地乡镇政府、村委会，采取将农村金融综合服务站纳入当地社会治安重点保护对象、与附近农户签订互防协议等方式，增强农村金融综合服务站安防能力。在具有农户信用信息采集和传递功能的农村金融综合服务站建立农户信用信息保密制度，防范农户信用信息采集、传递中的信息泄露风险。要防范盗抢、假币、业务差错等纠纷，杜绝农村金融综合服务站假借银行名义进行非法集资等违法行为。鼓励主办银行充分利用科技手段，加强远程监控管理，跟踪监测分析交易记录，加强交易资金监管，有效识别、评估、监测和控制违规交易。

五、工作要求

(一)进一步提高认识，高度重视农村金融综合服务站推广建设工作的重要意义

农村金融综合服务站不仅可以满足农民基本的金融需求，对于缓解涉农银行网点的柜面压力、提升银行网点服务质量和效率、提高银行认知度也发挥积极作用。农村金融综合服务站推广建设工作是提高农村地区金融服务水平，推进城乡公共资源均衡配置，促进社会主义新农村建设的重要举措。各单位要充分认识到农村金融综合服务站推广建设工作的重要意义，将农村金融综合服务站建设成为农村地区金融服务的“桥头堡”，使之成为一项真正惠

及千家万户的民生工程。

(二)加强协作，形成合力，共同推进农村金融综合服务站推广建设工作

人民银行南京分行统筹规划和指导江苏省农村金融综合服务站推广建设工作。分行支付结算处、货币金银处、国库处、征信管理处、金融消费权益保护处等部门要加强协调配合，形成工作合力，重点加以推进，并将此项工作纳入本部门年度考核的内容。各地人民银行要积极协调当地政府有关部门、指导和督促辖内各参与银行业金融机构共同推进农村金融综合服务站推广建设工作。各单位在农村金融综合服务站推广建设和业务开展过程中的特色做法、经验以及遇到的问题和情况，应及时报告人民银行南京分行。各地人民银行、各开展助农取款服务的省级银行业金融机构应于每半年结束后10日内将前半年农村金融综合服务站推广建设工作开展情况以书面报告形式报送人民银行南京分行。

(三)加强与政府各部门沟通与联系，强化监管与考核

各地人民银行要加强与地方政府、财政、税务等有关部门的沟通联系，争取配合和支持。要加强对农村金融综合服务站推广建设工作的监督、检查和验收，建立农村金融综合服务站准入、退出机制，建立对主办银行的奖惩机制，将农村金融综合服务站推广建设情况作为对主办银行考核评价的一项重要内容。对于在农村金融综合服务站推广建设运行中出现的问题要及时协调解决，并做好经验总结和成效宣传。

中国人民银行南京分行

2014年4月3日

中国银监会办公厅关于推进基础金融服务“村村通”的指导意见

银监办发〔2014〕222号

为深入推进农村地区普惠金融发展，着力推动基础金融服务向行政村延伸，打通农村基础金融服务“最后一公里”，结合“金融服务进村入社区工

程”，现就做好基础金融服务“村村通”工作提出如下指导意见：

一、总体目标和基本原则

(一)总体目标

引导和鼓励银行业金融机构向行政村延伸基础金融服务，力争用三至五年时间，总体实现行政村基础金融服务“村村通”。

(二)基本原则

1. 市场导向。坚持市场化原则，合理引导金融机构按照商业自愿原则积极参与。

2. 多策并举。从各地实际出发，紧密结合地域差异和服务需求特点，因地制宜采取多样化服务措施。

3. 协同联动。发挥银行业金融机构各自比较优势，分工协作，发挥整体合力。

4. 商业可持续。坚持收益覆盖成本和风险原则，有效管理成本，坚持风险可控，保证行政村基础金融服务持续长久发展。

二、灵活采取多样化手段延伸村级基础金融服务

(一)拓展服务渠道。采取乡镇网点延伸服务，在符合条件的行政村建设简易便民网点和布设电子机具等方式，夯实基础金融服务“村村通”的渠道基础，提高服务普惠度。

扩大服务半径。利用现有的乡镇网点，采取定时定点派工作人员到周边行政村开展巡回流动服务方式，使乡镇网点服务有效覆盖周边行政村。

设立简易网点。按照“业务简易、组织简化、成本可控”原则，在行政村内设立简易便民服务网点，灵活安排和设定营业时间。

布设多种电子机具。依托行政村“村两委”所在地、特约商户、农村社区超市、供销社系统经营网点以及农民合作社等具有安全条件的场所，广泛布设 ATM、POS、EPOS 和其他金融自助服务终端等电子机具。

(二)丰富服务功能。大力推进服务精细化，创新服务产品，持续提高村级基础金融服务的多样性和满足度。

对于目前仍没有任何形式金融服务的行政村，优先解决好存取款和转账等基础金融服务问题；对于已经解决基础金融服务问题的，要积极创造条件，不断丰富服务功能，逐步充实查询、银行卡、小额贷款申请受理和基础信用信息搜集等方面的服务；具有潜在服务需求和业务基础的，进一步增加代理缴费、保险、理财和证券业务。

(三)强化技术运用。充分利用互联网金融技术，在具备通信条件的行政村，与网络通信运营商合作，利用固定电话、互联网、移动通讯网等，打通人力、网点无法到达的“最后一公里”制约，使申贷、查询、转账、汇款、消费、缴费等金融业务，通过网络技术运用，直接服务到户到人。积极引导村民推广使用银行卡。

(四)加强社区融合。根据行政村金融服务需求，银行业金融机构要主动送服务、送资金、送产品、送知识进村屯入社区，定期走访，提供政策咨询，从减少客户排队、周到热情服务、主动登门办理等细微处着手，为村民提供更好的服务体验，构建紧密互动、互惠共荣的新型金融服务和消费关系，积极参加社区活动，打造社区生活共同体。畅通信息沟通渠道，采取有效的服务信息公开公示措施，最大限度地将服务功能、内容、价格等送达村民，同时建立服务质量信息反馈机制，及时跟踪了解村民意见建议。

三、加强村级基础金融服务环境建设

(一)持续推进村级信用文化建设。开展农户信用等级评定，发挥“村两委”人缘、地缘优势，吸收农户参加，增强信用评定的透明度和公平性。培育农户信用意识，夯实行政村金融服务信用基础和服务环境。广泛开展“送金融知识下乡”活动，培育农户金融消费意识，提高金融知识水平。

(二)促进形成合作联动外部环境。密切与各级地方政府及有关部门的工作联系，共同构建多方参与、互惠共赢的协调推进机制。积极协调地方政府，在营业用房、费用补贴、税收减免、风险补偿、担保机制、安全保卫、打击逃废债等方面予以扶持，充分发挥政策激励引导作用。积极协商地方政府探索改进各种补助款项的发放方式，争取由具备村级服务能力的机构代理，提高现有机构网点利用率，方便当地群众。

(三)优化整合金融服务资源。指导银行业金融机构加强业务合作，整合服务资源，最大程度发挥好各自在机构、网络、人员等方面的服务优势。灵活调配乡镇网点人力，适当调整服务频率，对人口少、业务量小的网点可适当拉长服务间隔，采取电话预约方式提供服务；将有限人力资源集中使用于人口多、业务量大的网点，适当增加服务频率，延长服务时间。

(四)开辟市场准入绿色通道。对于金融机构在行政村设立网点的，要予以优先审核，对符合市场准入条件的，要快审快批，限时办结。对在行政村延伸金融服务成效显著的银行业金融机构，优先审核在异地设立分支机构和在城区增设网点申请。科学调整在行政村设立持牌网点的市场准入要求，适度放宽在行政村开展定时定点或流动金融服务的营业场所、人员数量等方面的准入标准。

四、加大工作推进力度

(一)加强组织领导。各级监管部门和银行业金融机构要把推进基础金融服务“村村通”作为一项持续性工作，落实分管负责人、职能部门加以推动。要加强工作调研，摸清行政村金融服务的基本情况，研究制定本地区、本机构推进基础金融服务“村村通”的具体方案，明确任务，落实责任，分步实施，扎实推进。各银监局要在 2014 年 10 月底前将行政村金融服务的基本情况、具体方案报送银监会，之后每半年报告一次工作推进及效果情况。

(二)强化合规监管。落实法人监管要求，强化法人机构对村级基础金融服务的管理责任，督促落实各项内控要求和安保措施，争取地方公安部门的指导和支持，确保新设网点人员和营业安全。指导做好定时定点服务及流动服务的公示公告，防止操作风险和道德风险，排除金融诈骗隐患。

(三)注重总结推广。各银监局和银行业金融机构要加强信息沟通和舆论宣传，总结成功经验，发挥示范带动效应，展示银行业践行普惠金融取得的新成效，形成舆论监督、社会宣传和优化服务的多方良性互动。

2014年8月11日

省政府办公厅关于做好2014年全省农业保险工作的通知

苏政办发〔2014〕21号

为深入贯彻中共中央关于全面深化改革若干重大问题的决定和中共中央国务院关于全面深化农村改革加快推进农业现代化的若干意见，认真落实全省农村工作会议精神，提高农村金融服务水平，完善农业保险经营模式和发展机制，促进我省农业、农村经济持续健康发展，现就做好2014年全省农业保险工作通知如下：

一、总体要求

以服务“三农”为宗旨，按照“稳定政策、改革创新、持续发展”的要求，坚持政府引导、市场运作、自主自愿、协同推进的原则，适应农村生产力和生产关系变化的新趋势，进一步巩固成果、总结经验、完善机制、提升服务，促进我省农业保险工作再上新水平。

二、发展方向

(一)夯实基础，推动农业保险持续发展。夯实政策基础，巩固完善全省统一的“联办共保”运行模式，保持农业保险政策稳定性，不断加大对农业保险的支持力度。夯实群众基础，继续优化农业保险条款，进一步降低费率和起赔点，提高保额和赔付标准，更好地得惠于农、让利于民。夯实服务基础，加快完善基层服务体系建设，健全基层服务网络，提高服务效率；加强基层人才队伍建设，继续推动人员配置和经费保障向农业保险一线倾斜，提高农业保险精细化管理水平。

(二)适应形势，推进农业保险创新发展。针对农民生产实际需求，促进农业保险由保险服务向保险和农业生产技术服务相结合转变，由保成本向保产量、保收入和保市场价值转变。不断丰富农业保险内涵和外延，促进农业保险责任由单一风险描述向指数型复合风险覆盖拓展。加大农业生产灾害预防、预警、施救等防灾防损工作力度，促进保险服务由单一灾后理赔向农业生产全过程服务转变。紧密结合农村金融改革创新，加强农业保险与农村信贷、农业担保、农村信用体系建设的联动，推动保险服务由单一式向综合型转变。

(三)加强监管，确保农业保险规范发展。加强财务监管，严禁虚构保险标的、虚增承保数量、编报虚假赔案套取国家财政补贴。加强业务监管，严禁截留挪用农户保费或赔款、私设“小金库”或用于其他支出。加强服务监管，严禁封顶赔付、平均赔付、少赔、惜赔，侵害农民合法权益。

(四)整合资源，促进农业保险协同发展。明确各参与主体工作职责，加强统筹协调，充分调动各方积极性，防止农业保险经营和管理缺位、错位或越位。省各有关部门、各地要结合实际，建立高效设施农业保险理赔便利化机制，进一步缩短理赔周期，提高理赔效率；建立动物防疫与农业保险联动机制，加大对死亡保险畜禽无害化处理力度，维护环境卫生和食品安全。

三、主要工作

(一)巩固农业保险运行模式。2014 年，全省农业保险工作继续以省辖市为单位开展，政府和保险公司的风险责任承担比例各 50%。农业保险市场主体宜保持相对稳定，各地要在公平市场准入、健全市场退出方面，进一步加强对农业保险工作的组织领导，规范农业保险政府采购行为。招标文件中不得设置违反省农业保险工作领导小组办公室(以下简称省农险办)有关规定和有碍公平的条款，保险经纪人、代理人原则上不得作为采购代理机构；重点考量农业保险经办机构(以下简称保险机构)所具备的条件，择优审慎确定当地保险机构，鼓励有资质、服务好、网络全的保险公司参与农业保险工作。严格履行农业保险服务协议，变更、续约实行逐级报批备案制。

(二)扩大农业保险覆盖面。

1. 进一步扩大主要种植业保险承保规模。水稻、小麦、棉花、玉米、油菜保险面广量大，对落实国家粮食安全地区责任具有重要意义。各地要高度重视，不断提高主要种植业保险的覆盖面和风险保障水平，尽快实现主要种植业保险承保全覆盖。以补偿承保对象物化成本为基础，以保障灾后恢复生产为出发点，逐步提高保障水平。

2. 大力发展高效设施农业保险。各地要加强对现有高效设施农业保险的宣传和推动，不断扩大高效设施农业保险覆盖面。积极发展养殖业保险，对能繁母猪和奶牛努力做到“应保尽保”。鼓励保险机构开展特色农产品保险创新，探索生猪等农产品目标价格保险试点。在确保主要种植业保险保费收入稳定的同时，逐步提高高效设施农业保险保费收入的占比。

3. 扎实做好渔业互助保险工作。加大险种创新力度，积极开展水产养殖保险，稳步扩大渔业保险承保面，努力提高渔业保险保障水平。认真组织船东小额贷款业务试点工作，强化风险管控，确保资金安全。完善渔业互助保险保费财政补贴制度，鼓励渔业互助保险与商业保险合作，逐步建立覆盖渔业全行业的风险保障体系。

4. 继续推进农机具保险。加快推动拖拉机交强险、联合收割机第三者责任险和农机驾驶人员意外伤害保险实施工作，努力实现全省农机具保险全覆盖。各保险公司不得以任何理由拒绝或拖延承保拖拉机交强险，农业保险承办公司不得拒保农机保险。探索农机财产保险，研究制定农机财产保险条款，积极开展相关试点工作。农机具保险经办机构可以与基层农机部门签订委托协助办理保险业务协议，约定费用支付，专项用于农机具保险支出。

5. 稳妥开办涉农贷款保证保险和信用保险。建立农业保险与农村信贷相结合的银保互动机制，鼓励家庭农场、农业合作社、农业企业通过投保贷款保证保险获得融资；鼓励发展家庭财产险、人身意外险及相关责任险等农村小额保险，积极推进农村小额贷款保证保险试点。

(三)研究制定保险费率动态调整机制。开展历年农业保险理赔情况统计分析，结合我省农业风险损失和农险经营状况，对农业保险费率实行动态调整，进一步降低主要种植业保险费率，降低免赔率，提高保险金额，切实发挥好农业保险的支农惠农作用。

(四)落实好财政保费补贴政策。对水稻、小麦、棉花、玉米、油菜等主要种植业保险，能繁母猪、育肥猪、奶牛等主要养殖业保险，现有高效设施农业保险，以及农机具、渔业等农业保险险种，仍按原财政补贴政策执行。研究完善高效设施农业保险财政奖补机制，进一步提高财政补贴资金使用效益。

(五)规范承保理赔工作。严格贯彻《农业保险条例》及配套制度的相关规定，进一步提高农业保险运作规范程度，各地要将“五公开、三到户”的规定严格执行到位，实现承保分户、理赔损失和财务支付清单“三单一致”，严格执行一卡通“转账直赔到户”制度。进一步扩大承保理赔情况公示面，除在行政村村务公开栏公示外，将公示范围扩展到自然村或生产队组，让群众充分监督。对已出险但未进行无公害处理的死亡育肥猪、能繁母猪、奶牛等一律不予赔付。2014年，各县(市、区)按进度拨付保费补贴，按季度结清应收保费，优先落实理赔资金，加快赔款支付速度，提高理赔工作效率，养殖业保险从报案到赔付不得超过10个工作日。

(六)完善大灾风险准备金和政府巨灾风险准备金制度。全面落实《农业保险大灾风险准备金管理办法》(以下简称《办法》)。依据相关经验数据和保险精算原理，结合我省农业灾害风险水平、风险损失数据、农业保险经营状况等因素，自2014年开始，全省种植业、养殖业、森林保险自留保费准备金由各省级保险机构分别按自留保费收入的2%~4%、2%~3%、4%~6%比例区间，在征得省财政厅等有关部门同意的基础上自主计提，超额承保利润准备金计提标准按《办法》执行。各保险机构要按保费收入一定比例提取防灾防损基金，专项用于防灾减灾工作；发挥能动作用，结合我省各季节天气、灾害情况，配合各地农业技术部门积极开展自然灾害和病虫害预防治理工作，更好地实现保险业社会服务功能。修订《江苏省农业保险试点政府巨灾风险准备金管理办法(试行)》(苏财外金〔2008〕49号)，进一步增强我省农业保险抗风险能力。各级人民政府巨灾风险准备金使用范围包括主要种植业、养殖业险种和其他高效设施农业在内的所有农业保险险种。

(七)加强农业保险信息化建设。进一步提高农业保险信息化管理水平，重点加快全省农业保险网建设，围绕建设农业保险的重要宣传载体，引导农户深入了解农业保险知识，及时掌握各项惠农政策；围绕提供农户查询投诉的主要途径，方便农户及时了解投保理赔信息，畅通农户信访渠道，提高基层农险工作透明度；围绕打造全省农业保险的监督管理和工作交流平台，发挥上情下达、下情上传、典型示范的作用，提高各地农业保险工作水平。

(八)严肃查处各类违反财经纪律行为。各地财政部门要认真执行《江苏省财政厅关于进一步加强农业保险保费资金管理的意见》(苏财金〔2012〕31号)，进一步规范农业保险保费资金的筹集、核算、使用与管理，切实加强农业保险保费资金的监督检查，每年对辖区内抽查的覆盖面不低于50%。加快建立对各地农业保险工作动态跟踪检查机制，对有各类虚假投保、虚假理赔、截留挪用保费资金及理赔资金等违法违规行为的单位和个人，省将按照《会计法》《农业保险条例》《财政违法行为处罚处分条例》《江苏省省级财政专项资金管理办法》等法律法规予以严肃处理，收回相关财政补贴资金，实施行政处罚，并在全省范围内通报；对于参与虚假投保、虚假理赔等行为的保险机构，将取消其在省内开展农业保险业务的资格；涉嫌刑事犯罪的，依法移交司法机关处理。

四、保障措施

省农业保险工作领导小组成员单位要切实加强对全省农业保险工作的组织协调和工作指导，按照职能分工，各司其职、密切配合、协同推进。省农险办要加强全省农业保险的顶层设计和工作领导，不断健全和完善工作机制，建立成员单位例会制度，及时通报工作情况、研究解决问题、制定处置方案。各地要切实履行领导、组织、协调职责，认真分析研究农业保险工作中出现的新情况、新问题，采取有效措施切实加以解决。

省各有关部门和各地要加强分工协作，共同做好农业保险宣传培训工作。切实加大农业保险政策、保险知识的宣传力度，增强广大农民群众的保险意识，引导广大农民群众自觉自愿参与农业保险，为农业保险工作深入推进创造良好氛围。省、市两级农业保险工作领导小组成员单位要重点加强对有关部门农业保险工作人员政策、理论和实务等方面的培训。县(市、区)农业保险工作领导小组成员单位要重点做好对乡镇、行政村工作人员、农民专业合作组织、种养大户等的保险培训工作。

各级农业保险工作领导小组成员单位要高度重视农业保险工作的规范健康发展，着力构建农业保险监督体系。各省辖市农业保险工作领导小组成员单位，每年至少对辖区内农业保险工作开展情况组织 1 次自查，并及时将自查情况向省农险办汇报。省农业保险工作领导小组成员单位要联合对各地农业保险规范经营情况开展定期检查，适时组织外部审计力量进行抽查。对侵害参保农民利益的行为，一经发现将严肃查处，问题严重的在全省范围内通报。

江苏省人民政府办公厅

2014 年 3 月 12 日

江苏省政府办公厅关于加强金融环境整治防范化解金融风险的通知

苏政办发〔2014〕30 号

最近，盐城市射阳农村商业银行和黄海农村商业银行部分网点发生集中取款事件，省、市、县三级政府和金融监管单位、机构迅速启动风险处置预案，及时有序开展 24 小时兑付、秩序维护和舆论引导工作，目前事态已经得到平息，事发网点恢复正常经营。这次集中取款事件虽源于少数不法分子的恶意造谣，但更深层次原因在于当地农村金融市场秩序不够规范，部分融资性担保公司、农民资金互助合作社存在违规经营行为，发生资金风险后导致一些储户对存款安全问题较为敏感。为总结和吸取这次集中取款事件的教训，加强金融环境整治，防范化解金融风险，现就有关事项通知如下。

一、充分认识防范化解金融风险的重要性

当前，全省经济金融形势平稳，经济金融秩序良好，但个别领域潜在的风险和隐患不容忽视。集中取款等金融突发事件传播速度快、涉及面较广、破坏力较强，不仅对经济金融秩序和社会大局稳定产生冲击，而且对经济金融生态环境产生严重影响，具有很大的危害性。各地、各部门和各金融机构要切实增强大局意识、责任意识和忧患意识，各司其职，各负其责，以更大力度和扎实举措，加强金融领域规范管理和专项整治，做好金融风险防范化解工作，确保对各类风险早发现、早应对、早处置，坚决守住不发生区域性、系统性金融风险的底线。

二、组织开展全省金融风险隐患摸底排查行动

人民银行南京分行要进一步加强对全省金融机构和第三方支付机构的流动性监测、评估和预警。摸清各地发行库库存底数，测试支付系统应急压力，确保处置突发事件兑付时现金供应充足、资金调度畅通。

江苏银监局要组织开展全省银行业金融机构和信托公司等非银行业金融机构风险自查自纠活动，进一步规范理财、信托业务，加强流动性管理，严格按照有关要求，保持一定资金备付水平，制定相关应急预案并开展应急处置突发事件演练。

江苏证监局要切实做好退市公司投资者权益保护和宣传疏导工作，防止发生群体性事件；加强全省各类交易场所和私募投资基金风险隐患排查，进一步规范证券期货机构的理财业务。

江苏保监局要督促保险公司进一步规范保险理财类产品营销行为，制止恶性竞争；妥善处置因保险理财产品到期赔付引起的纠纷，防止个别机构纠纷扩散蔓延。

省农联社要切实履行行业管理职责，加强农村商业银行等机构金融风险隐患排查、管理和控制；建立行业流动性资金互助应急机制，强化系统后台支撑保障能力，确保处置突发事件时资金调剂及时到位。

三、集中开展全省金融生态环境专项整治行动

从今年4月起，由各责任管理部门和单位牵头开展专项整治活动。人民银行南京分行要抓紧研究制定第三方理财和非金融机构资产证券化、网络金融等活动管理办法。省金融办、经济和信息化委、商务厅、工商局要进一步加强小额贷款公司、再担保公司、担保公司、典当行、融资租赁公司的监管，结合年检开展专项检查工作。省农委要按照“谁审批、谁负责”原则，督促各地农村工作部门开展农民资金互助合作社专项清理整顿工作，依法关停和取缔一批违法违规经营机构。省金融办、人民银行南京分行、江苏银监局共同牵头，协调省各有关部门，结合省打击和处置非法集资领导小组组织开展的非法集资风险专项排查活动，在全省范围开展为期2个月的金融生态环境集中整治行动，重点打击非法集资等涉众涉稳不法金融活动，加强对中介机构和涉高利贷企业、个人的监控，严防民间借贷演化为非法集资案件。把集中整治行动成效与金融生态县创建评比工作挂钩，对出现重大涉众涉稳金融案件的县(市、区)实行一票否决制。

四、进一步加强舆情监测引导和投资者宣传教育活动

要加强舆论引导，通过各种媒体向广大群众宣传我省金融机构特别是农村金融机构改革发展成效和稳健经营情况，劝导群众不盲目听信谣言，不参与金融群体性事件。坚决打击造谣传谣行为，制止澄清不实新闻报道。持续开展金融宣传教育活动，通过金融机构网点滚动宣传等方式加强对投资者的风险教育，采取群众喜闻乐见的方式送金融知识下乡到户。

五、加快构建地方金融突发事件应急处置机制

充分发挥省金融稳定协调联席会议工作机制作用，由人民银行南京分行、省金融办共同牵头，制定全省金融突发事件应急处置预案，并指导各市、县(市、区)制定辖区内金融突发事件应急处置预案。人民银行各分支机构负责协调金融监管部门之间的处置行动，各级金融办负责协调政府各有关部门之间、各有关部门和金融监管部门之间的处置行动。建立金融突发事件应急处置信息共享和报告机制，提高金融风险预警监测水平和金融突发事件应急处置能力。

江苏省人民政府办公厅

2014年4月9日

省政府办公厅关于开展小微企业转贷方式创新试点工作的意见

苏政办发〔2014〕36号

为认真贯彻《国务院办公厅关于金融支持小微企业发展的实施意见》(国办发〔2013〕87 号)精神，着力提升小微企业金融服务能力，有效缓解小微企业贷款转贷中"先还后贷"造成的资金周转压力，现就在全省开展小微企业转贷方式创新试点工作提出如下意见：

一、重要意义

近年来，为控制信贷资产风险，提高企业现金管理水平，银行业金融机构在企业流动资金贷款转贷中普遍要求"先还后贷"。但在实际操作中，小微企业由于受流动资金需求时效、"两项资金"占比、技术创新投入周期等因素制约，资金周转难度较大，有些企业被迫采取"资金过桥"等办法，不仅增加了融资成本，也在一定程度上助长了社会不法金融行为，影响了企业正常生产经营活动和社会金融秩序。目前，省有关部门和部分地方政府、银行业金融机构在创新小微企业转贷方式上开展了有益探索，取得了一定成效。在总结经验的基础上开展小微企业转贷方式创新试点，对切实降低小微企业融资成本，着力提高小微企业信贷管理水平，有效挤压不法金融活动生存空间具有重要意义。

二、基本原则

(一)市场主导。试点工作要充分发挥市场机制的决定性作用，鼓励银行业金融机构自愿参加、自主决策。各地不得以试点的名义对银行业金融机构正常信贷工作进行行政干预。

(二)风险可控。参与试点的银行业金融机构要充分认识和评估试点工作可能带来的风险，建立健全风险防范机制，加强对相关贷款真实性、用途、质量的控制，着力提高风险防控水平，防止出现道德风险。

(三)灵活优惠。尊重基层首创精神，鼓励参与试点的银行业金融机构在全省统一的试点政策指导下，探索形式多样的创新业务模式，不得以试点名义额外增加小微企业融资成本。

三、试点范围

(一)试点银行业金融机构范围。首批试点银行业金融机构以农村商业银行和城市商业银行为主，其中，农村商业银行 8 家，城市商业银行 2 家。首批试点 1 年后，各省内银行业金融机构的省级分行或一级分行、地方法人银行业金融机构(村镇银行除外)可自愿申报，经审核通过后参加试点。

(二)试点小微企业范围。参与试点的小微企业需符合工业和信息化部对小微企业的最新划型标准(详见工信部联企业〔2011〕300 号文)。试点银行业金融机构对生产经营正常、符合转型升级方向、具有较好市场前景、有转贷需求的小微企业建立准入名单，纳入名单制管理的小微企业作为试点业务对象。试点银行业金融机构对名单采取动态管理，按季进行检验或更新，根据小微企业经营发展以及相关条件的变化情况，适时在名单中加入或退出部分企业。

四、试点模式

(一)基本思路。允许符合条件的小微企业在转贷过程中部分还贷，以缓解小微企业融资难、融资贵困难。企业在转贷前归还部分当期贷款本金，一方面减轻资金周转压力，另一方面检验企业现金流管理能力，将银行信贷风险控制在一定范围内。

(二)基本模式。纳入名单制管理的小微企业，可在结清当期所有贷款利息的前提下实行转贷。名单制企业当期贷款到期前，试点银行业金融机构重新进行授信审查或追加贷款保证措施，审查通过新的授信额度和期限后，按照风险可控原则，制定不同企业的当期贷款还本比例，最高不超过60%，最低不少于30%。名单制企业按规定未结清的当期贷款本金自动转入下期贷款本金。

(三)符合试点政策的现有小微企业转贷模式。

1. 限额循环模式。银行与借款企业签订一次性授信合同，在授信存续期间和授信额度内，允许借款企业多次滚动取得贷款资金。授信期不低于2年，不超过3年。滚动期间借款企业还本比例不高于60%，不低于30%。

2. 宽限期模式。银行业金融机构对借款企业二次审批后，可对部分贷款本金给予一定的还款宽限期，还本比例不高于60%，不低于30%。还款宽限期不超过原贷款周期。

3. 其他符合试点政策的现有模式。

五、政策保障

(一)省财政厅要将试点银行业金融机构相关贷款纳入小微企业贷款风险补偿范围。按规定享受风险补偿，且对试点工作成效突出的银行业金融机构，可由所在地财政局和金融办联合推荐申报即将出台的省金融创新奖励资金。

(二)人民银行南京分行要充分利用差别存款准备金动态调整、支农再贷款、支小再贷款、再贴现等货币政策工具，对试点银行业金融机构给予政策倾斜。

(三)江苏银监局要在不良贷款率、资本充足率、存贷比等监管指标方面，对试点银行业金融机构相关贷款适当提高容忍度，支持试点成效突出的银行业金融机构发行小微企业专项金融债。

(四)省农联社要筛选推荐首批参与试点的农村商业银行，并做好试点业务系统支撑，加强对试点农村商业银行风险排查、管理、控制的指导。

六、组织领导

(一)工作机构。省金融办、省财政厅、人民银行南京分行、江苏银监局、省农联社共同建立省小微企业转贷方式创新试点工作联席会议制度，联席会议办公室设在省金融办，负责具体工作。

(二)工作程序

1. 完善政策保障措施。省试点工作联席会议各成员单位按照本意见制定试点具体保障政策措施，经省试点工作联席会议讨论通过后实施。

2. 提出试点申请。拟参与试点的银行业金融机构应认真测算辖内有转贷需求的小微企业情况，科学判断存量与增量，合理安排业务资源，制定详细的试点工作方案，向省试点工作联席会议办公室提出试点申请。农村商业银行的试点申请由省农联社筛选后报送，其他银行业金融机构直接报送。

3. 确定试点资格。省试点工作联席会议办公室收到全部试点申请后，组织专家评审。经专家评审后的试点名单，报省试点工作联席会议讨论通过，并向社会公布。

4. 建立试点工作机制。参与试点的地方法人银行业金融机构，应将小微企业转贷方式创新试点工作纳入总行层面管理，建立完善相应的风险管理控制机制，防止承办分支机构和信贷人员放大风险偏好。参与试点的非地方法人银行业金融机构，在获得总行授权后，实施相应的业务推进和风险防控措施。

5. 建立信息报告制度。试点银行业金融机构应建立试点工作月度信息报告制度，根据有关要求及时向省试点工作联席会议报送工作进展情况。

(三)试点退出。试点银行业金融机构在试点中若出现相关贷款质量下降较快、信贷人员道德风险、提供虚假信息争取试点扶持政策等行为，省试点工作联席会议可以对其停止试点，并提请有关部门依法查处。

江苏省人民政府办公厅

2014年5月6日

省政府办公厅关于引导新型农村合作金融组织规范发展的通知

苏政办发〔2014〕61号

近年来，根据中发〔2006〕1号文件和十七届三中全会《决定》精神，我省部分地区探索设立了一批农民资金互助合作社、农民专业合作社信用合作等新型农村合作金融组织，为缓解农民贷款难、支持“三农”发展起到了积极作用。但发展中也出现了一些值得关注的问题，部分未经审批从事资金互助活动的组织假借信用合作名义，非法吸收农民资金，转移投放非农产业，产生较大的风险隐患，对当地经济金融秩序形成了冲击。为进一步引导新型农村合作金融组织规范发展，切实保护农民合法权益，现就有关问题通知如下：

一、明确新型农村合作金融组织范围和发展原则

新型农村合作金融组织是指农村地区以资金互助、信用合作为名义或主要形式开展经营活动的各类经济组织和社会组织。主要有三类：第一类是经地方党委、政府有关部门批准成立的各类农民资金互助合作组织(以下简称第一类组织)；第二类是按照《江苏省农民专业合作社条例》成立的农民专业合作社内部信用合作的组织(以下简称第二类组织)；第三类是未经任何部门审批成立的各类农民资金互助合作组织或农民信用合作组织(以下简称第三类组织)。新型农村合作金融组织必须坚持社员制、封闭性原则，按照对内不对外、吸股不吸储、分红不分息、风险可掌控的要求，开展资金互助，服务“三农”发展，严禁对外吸储放贷，严禁支付固定回报，严禁投向非农行业企业。

二、按照“谁审批谁负责”和属地管理的要求落实监管指导职责

地方政府要切实负起对新型农村合作金融组织的监管职责。各县(市、区)人民政府作为监管责任主体，应明确相关部门负责日常监管和规范发展工作。在规范整顿期间，各地要建立地方金融管理机构和审批部门协同监管机制。对于第一类组织，由审批部门牵头负责对其进行规范整顿和监管。要以县(市、区)为单位，统一建立农民资金互助合作组织规章制度、监管指标和业务监管系统。对于第二类组织，由农村经营管理部门牵头负责对其进行规范整顿和监管。对于第三类组织，由地方金融管理机构牵头，工商、公安等部门配合，负责对其进行规范整顿。规范整顿和日常监管工作中，各地人民银行中心支行、银监分局要主动配合地方政府及主管部门开展工作，加强沟通协作，充分发挥金融稳定协调作用。

三、审慎稳妥开展新型农村合作金融组织规范整顿工作

自本通知下发之日起，各地暂停审批新设、各级民政和工商部门暂停登记注册各类新型农村合作金融组织，各类新型农村合作金融组织不得使用“中国信合”标志，并不得在对外宣传中使用易与“农村信用社”相混淆的名称字号。同时，以省辖市为单位开展为期 1 个月的新型农村合作金融组织摸底排查，准确了解辖内新型农村合作金融组织基本情况。在摸底排查基础上，用 3 个月时间，对辖内新型农村合作金融组织进行规范整顿工作。对于第一类组织，属于制度不健全、运作不规范的，要责令限期整改；存在高息揽储、非法借贷等行为的，要取消其资金互助合作业务资质。对于第二类组织，章程不健全、信用合作不规范的，要责令整改规范；违背《江苏省农民专业合作社条例》规定，借农民专业合作社名义，从事吸储放贷的，要取消其信用合作业务资质。对于第三类组织，要区分情况，妥善处理，凡是遵循信用合作基本原则、运作比较规范、成员反映良好的，经牵头管理部门批准可继续经营或开展信用合作和资金互助合作业务；凡是违反信用合作基本原则涉嫌非法集资的，要结合打击和处置非法集资工作进行清理整顿，对涉嫌严重违法的，移交司法机关追究法律责任。规范整顿中，各地要针对辖内新型农村合作金融组织的实际情况，制定有针对性的维稳工作预案，加强舆论监测引导，逐步消化前期积聚的风险，全力避免引发系统性、区域性风险。

四、切实加强对新型农村合作金融组织的组织领导

省金融办和省农委共同牵头建立全省新型农村金融合作组织规范整顿工作联席会议制度(以下简称联席会议)，成员单位包括省财政厅、省公安厅、省工商局、省民政厅、人民银行南京分行、江苏银监局。其中，省金融办承担第一类、第三类组织规范整顿的日常工作，省农委承担第二类组织规范管理的日常工作。各省辖市也要建立相应的工作协调机制。摸底排查阶段结束后，各省辖市人民政府办公室(厅)应于8月31日前向省有关部门报送本市三类新型农村合作金融组织发展情况调查报告和汇总表(见附件1、附件2)，其中，第一类、第三类组织调查报告和汇总表报送至省金融办，第二类组织调查报告和汇总表报送至省农委。规范整顿期间，各省辖市要加强统一领导，明确责任部门，制订工作方案，审慎稳妥开展规范整顿工作。规范整顿工作结束后，各省辖市应参照摸底排查情况报送流程，于12月15日前向省有关部门报送本市三类新型农村合作金融组织规范整顿报告和汇总表。省金融办和省农委要根据规范整顿情况，分别牵头制订全省农民资金互助合作组织管理办法和全省农民专业合作社信用合作管理办法。

江苏省人民政府办公厅

2014年7月22日

江苏省财政厅关于促进金融业创新发展的若干意见

苏财金〔2014〕23号

为全面贯彻党的十八届三中全会和省委十二届七次全会精神，落实省委、省政府《关于深化财税体制改革加快建立现代财政制度的实施意见》(苏发〔2014〕16号)和《关于加快推进金融改革创新的意见》(苏发〔2014〕17号)，积极发挥财政政策、货币政策和产业政策的协同作用，促进我省金融业进一步创新发展，推进金融市场体系建设，引导金融业支持我省实体经济发展和经济转型升级，现提出如下政策意见：

一、鼓励金融组织体系创新、服务创新和产品创新，增强金融业发展活力

(一)发展壮大经济薄弱地区金融业规模，优化金融业布局结构。对在苏北、苏中地区设立的县级银行、保险业分支机构，省财政给予20万元奖励；对在苏北、苏中地区设立的县以下银行营业网点，给予10万元奖励，引导金融机构在网点布局上向苏北、苏中地区倾斜，扩大农村地区基础金融供给，促进区域金融协调发展。

(二)大力支持新型金融组织发展，拓宽金融竞争领域，推动金融组织体系创新。

1. 鼓励民营资本进入金融领域。鼓励有实力的民营企业加快产融结合，发起设立自担风险的中小型民营银行以及金融租赁公司、消费金融公司等民营金融机构。

2. 支持开展专营式金融服务。鼓励境内外金融机构在省内组建科技银行、科技保险机构、科技小额贷款公司、小微企业融资服务中心等各类专营式金融服务机构，充分发挥专营机构业务流程简捷、信息渠道广泛、考核机制创新、团队服务专业等优势，更好地为我省小微企业与科技创新领域提供专业金融服务。

3. 支持村镇银行、农村小额贷款公司健康发展，引导其坚持服务“三农”、小微企业的市场定位。

省财政对上述各类新型金融组织自批准设立起三年内按其对地方经济贡献度给予奖励。

(三)鼓励金融机构积极开展金融产品和服务方式创新，不断推动金融模式转型。设立“省金融创新奖”，会同省有关金融监管部门，制定具体实施办法，对金融机构在创新领域、创新产品、创新服务等方面进行综合评价，重点突出对包括农村金融、科技金融、文化金融、绿色金融、民生金融等方面的考核，并对获奖金融机构按年度予以表彰奖励。

二、以“支小、支农、支科”为着力点，引导金融资源支持实体经济发展

(一)建立贷款风险补偿机制，引导金融机构在做大信贷总量的基础上，增加对小微企业、涉农、科技等薄弱环节和重点发展领域的信贷投放。

1. 强化信贷导向，优化信贷结构。每年度对全省银行业金融机构(含非地方法人银行机构和省内城商行、农商行、农信社、村镇银行、金融租赁公司)的信贷投放情况进行考核，当其在省内投放的小微企业、涉农、科技三类贷款的增速高于全省全部贷款平均增速，省财政对增量贷款部分按不超过2.5‰的标准给予相应的贷款风险补偿。

2. 创新财政奖补方式，提升资金使用绩效。对非地方法人银行机构及省内城市商业银行符合奖补标准的，以省级机构为单位设立贷款风险补偿专项资金，存入专户管理，分银行专账核算，对银行发放的小微企业、涉农、科技类贷款出现逾期风险时按程序进行代偿，以降低相关贷款的不良率，提高银行机构发放相关贷款的积极性及风险容忍度。对农村商业银行、村镇银行等中小型地方法人银行机构采取直接给予风险补偿方式。

3. 鼓励农村小额贷款公司、科技小额贷款等新型金融组织加大对小微企业、涉农、科技的贷款投放，充分发挥其组织层级少、决策链条短、授信时效快的服务优势，强化市场补充作用。省财政对农村及科技小额贷款公司发放的小微企业、涉农、科技型小微企业三类贷款，按其季均余额不高于3‰的奖补标准给予直接风险补偿。

(二)扩大科技型中小企业贷款风险补偿资金池覆盖面。围绕我省科技金融工作的开展和创新驱动战略实施，进一步加大省与市县财政共建风险补偿资金池力度，总结完善已建风险补偿资金池运作模式，逐步实现市县全覆盖。积极推进“银行+政府+担保(保险)”业务运作模式，变消耗性使用为可持续滚动使用，进一步放大财政资金的撬动作用，拓宽科技型中小企业融资渠道。

(三)建立担保业务风险补偿机制，完善我省小微企业、涉农、科技信贷担保体系。

1. 对担保机构开展小微企业担保业务，省财政按担保金额给予不超过2‰的风险补偿。

2. 重点加强并完善对涉农、科技贷款担保的政策扶持，按担保金额分别给予不超过1%的风险补偿。

3. 鼓励各地政府出资设立或参股政策性担保公司，执行优惠担保费率，帮助小微企业增信融资，省财政按当地政府新出资或增资资本的 2%给予奖励。

4. 积极搭建合作平台，研究推动银行与担保机构业务合作及风险共担机制，鼓励进一步发展对小微企业信用担保机构的再担保业务。

(四)建立保险业务风险补偿机制，促进银行、保险机构开展银保合作。鼓励保险公司为小微企业融资提供优惠费率的小额贷款保证保险、小微企业国内贸易信用保险等业务，省财政按其年度保费收入给予不超过 8%的风险补偿，探索建立政府、银行和保险公司共担小微企业贷款风险的机制。

(五)引导金融机构加大对沿海地区信贷投放，支持沿海开发战略实施。对银行业金融机构，以省级分行为单位，当年度投向南通、连云港、盐城三市的贷款增速超过全省全部贷款平均增速的，省财政按沿海三市新增贷款的 0.3‰给予奖励。

三、提高直接融资比重，支持建设多层次资本市场体系

(一)继续推动直接债务融资加快发展。在做大总量的基础上，围绕实体经济，重点支持我省中小企业、涉农企业、科技企业、苏北苏中地区企业发行债务融资工具，支持发行中长期限产品和创新产品应用。通过财政奖补政策，降低企业直接债务融资的评级、担保、承销等成本和费用，提高直接债务融资比重，促进全省经济转型发展。

(二)推动场外市场融资，打造区域性股权交易平台。支持省内企业在全国中小企业股份转让系统(“新三板”)挂牌，并推动挂牌企业与投资机构的对接，实现定向增资。促进我省的股权交易市场发展，为我省非上市企业提供股权登记、挂牌、规范辅导、报价交易等服务，为企业并购重组、股权流通、创投资本退出等提供交易平台。对省内企业在“新三板”成功挂牌的，省财政给予每家挂牌企业 30 万元奖励；对在江苏股权交易中心成功挂牌的前 200 家企业，省财政给予每家挂牌企业 20 万元奖励。

(三)加快发展股权投资，引导投资基金支持创新型、创业型企业发展。通过财政引导资金，并利用我省在项目资源、科教水平和人才队伍等方面的优势，吸引境内外合格机构投资人以民营资本为主，在我省设立股权投资基金及基金管理公司，重点投向省内高新技术企业，支持我省企业加快科技创新步伐。对符合条件的基金管理公司，省财政按其投资省内中小高新技术企业的规模给予不超过1%的奖励。

(四)鼓励资产证券化业务发展，提高金融资源配置效率。积极推动银行信贷资产证券化，实现信贷体系与证券市场的对接，分散银行体系信贷风险，扩大银行信贷投放空间；鼓励我省证券公司积极开展企业专项资产证券化业务，积极拓宽企业融资渠道，优化金融市场融资结构。对金融机构承销并成功发行的银行信贷资产、企业专项资产等资产证券化项目，省财政按发行金额不超过1‰的比例结合相应期限给予奖励。

(五)大力推广运用PPP(政府与社会资本合作)融资模式，深化公共服务基础设施建设投融资机制改革。通过运用PPP模式，引导社会资本参与公共服务基础设施建设和运营，拓宽企业的发展空间，缓解财政支出压力，提高公共产品供给效率，有效解决城镇化融资需求。省财政按项目落实情况，对列入省级以上试点的PPP项目，按融资规模给予适当费用补贴。

江苏省财政厅

2014年8月4日

江苏省金融办关于农村小额贷款公司扶优限劣工作意见(暂行)

江苏省人民政府金融工作办公室

第一章 总则

第一条 为引导农村小额贷款公司(以下简称“农贷公司”)合规经营，实现分类监管、扶优限劣，依据国家、省相关政策及法规，制定本办法。

第二条 本办法适用于经江苏省人民政府金融工作办公室(以下简称“省

金融办”)批准设立的农贷公司。

第三条　本办法对农贷公司的级别划分，依据省金融办组织开展的监管评级结果，共分为 AAA、AA、A、BBB、BB、B、CCC、CC、C 等九个级别。

第四条　未经监管评级的农贷公司原则上不得从事本办法规定的相关业务。

第二章　业务准入

第五条　融资类业务准入范围

(一)融资类业务主要包括银行融资、股东借款、股东特别借款和其他机构借款等。

(二)农贷公司融资加总余额不得超过相应级别直接融资上限。各级别农贷公司的债务融资上限分别为：AAA 和 AA 级为资本净额的 100%；A 级为资本净额的 80%；BBB、BB、B 级为资本净额的 50%；CCC 级及以下级别不得从事对外直接融资业务。

(三)银行融资

各级别农贷公司的银行融资上限分别为：AAA 级为资本净额的 100%；AA 为资本净额的 50%；A 级为资本净额的 40%；BBB 级为资本净额的 20%；BB 级及以下级别不得开展银行融资业务。

(四)股东借款(股东特别借款)

各级别农贷公司的股东借款(股东特别借款)上限分别为：AAA 级为实收资本的 100%，且原则上单一股东不得超过其实际出资的 100%；AA、A 级为实收资本的 80%，且原则上单一股东不得超过其实际出资的 80%； BBB、BB 级为实收资本的 50%，且原则上单一股东不得超过其实际出资的 50%；B 级及以下级别不得开展股东借款(股东特别借款)业务。

(五)其他机构借款

各级别农贷公司的其他机构借款上限分别为：AAA 级为资本净额的 50%；AA 级为资本净额的 40%；A 级为资本净额的 30%；BBB 级及以下级

别农贷公司不得开展其他机构借款业务。

第六条 或有负债类业务准入范围

(一)或有负债类业务主要包括融资性担保、应付款保函、开鑫贷、统贷等业务。

(二)农贷公司或有负债类业务加总余额不得超过相应级别或有负债上限。各级别农贷公司的或有负债上限分别为：AAA 级为资本净额的 300%；AA 级为资本净额的 250%；A 级为资本净额的 200%；BBB 级为资本净额的 150%；BB 级为资本净额的 100%；B 级为资本净额的 50%；CCC 级及以下级别不得从事或有负债类业务。

(三)融资性担保

各级别农贷公司的融资性担保业务(含统贷业务)上限分别为：AAA 级为资本净额的 200%；AA、A、BBB 和 BB 级为资本净额的 100%；B 级为资本净额的 50%；CCC 级及以下级别不得开办融资性担保业务。

(四)应付款保函

各级别农贷公司的应付款保函业务开票总额上限分别为：AAA 级为资本净额的 200%；AA、A 和 BBB 级为资本净额的 100%；BB 级及以下级别不得开办应付款保函业务。

(五)开鑫贷业务

各级别农贷公司的开鑫贷业务承保上限分别为：AAA 级为资本净额的 150%；AA 级为资本净额的 120%；A 级为资本净额的 80%。BBB 级及以下级别农贷公司不得开办开鑫贷业务。

第七条 BBB 级及以上级别农贷公司可开展现金池调剂业务；BB 级及以下农贷公司可加入现金池，季末利润分成不受影响，但不得开展资金调剂业务。

第八条 中间业务准入范围

(一)中间业务主要包括委托贷款、保险业务代理、融资租赁代理等不占用资本金且不形成直接负债、或有负债的业务。

(二)委托贷款

各级别农贷公司的委托贷款业务上限分别为：AAA 级为资本净额的 200%；AA 级为资本净额的 150%；A 级为资本净额的 100%；BBB 级为资本净额的 50%；BB 级及以下级别不得开办委托贷款业务。

(三)BBB 级及以上农贷公司可开展保险业务代理业务。

(四)BBB 级及以上农贷公司可开展融资租赁代理业务。

第九条 原则上 A 级及以上农贷公司可开展中小企业私募债、信贷资产证券化等业务。

第三章 监管强度

第十条 主监管员应定期走访农贷公司，走访记录归入监管档案。各级农贷公司的走访最低频率为：AAA 级为每半年一次；AA、A 级为每季度一次；BBB、BB、B 级为每两月一次；CCC、CC、C 级为每月一次。

第十一条 市、县(市、区)金融办重点负责对农贷公司的现场检查。现场检查可采取专项检查、抽查、结合定期走访等方式进行。各级农贷公司的现场检查频率分别为：AAA 级农贷公司不少于每两年一次；AA 和 A 级农贷公司不少于每年一次；BBB、BB、B 级农贷公司不少于每半年一次；CCC、CC、C 级农贷公司每季度一次。

第十二条 省金融办重点负责农贷公司的年度审计、监管评级核查、电话回访等。

(一)年度审计采取抽查方式，原则上每年抽取比例不低于已开业农贷公司总数的三分之一。

(二)省金融办委托专业机构开展评级核查工作，核查对象以 AAA、AA、A 级以及有直接负债、或有负债的农贷公司为重点。

(三)省金融办建立电话回访检查机制，通过授权专业机构通过电话回访方式检查农贷公司业务真实性。回访比例为：AAA 级不低于客户数的 10%；AA

和A级不低于客户数的8%；BBB级不低于客户数的5%；BB级及以下不低于客户数的2%。

第四章　机构发展

第十三条　A级及以上农贷公司，经市金融办批准，报省金融办备案后，可在本县(市、区)尚未设立农村农贷公司的乡镇设立分支机构。

第十四条　AA级及以上农贷公司经批准，可在省内空白乡镇(涉农街道)设立分支机构。

第十五条　引导支持AA级及以上农贷公司兼并重组经营不善的农贷公司。

第十六条　BBB级及以下级别农贷公司不得设立分支机构。

第五章　其他

第十七条　本细则由省金融办负责解释。

第十八条　本细则自发布之日起施行。

江苏省人民政府金融工作办公室

2013年12月26日印发

关于开展涉农贷款保证保险试点工作促进涉农信贷增长的意见

苏金融办发[2014]62号

为深入贯彻《中共中央国务院关于全面深化农村改革加快推进农业现代化的若干意见》和《中共江苏省委江苏省人民政府关于加快推进金融改革创新的意见》精神，全面落实中央农村工作会议和全省农村工作会议要求，创新保险支农惠农方式，探索开办涉农金融领域的贷款保证保险和信用保险等业务，提高金融机构服务“三农”水平，促进涉农信贷增长，结合前期省内部分地区试点经验，制定本意见。

一、重要意义

近年来，随着农村生产力、生产关系的变化发展，农村种养大户、农民专业合作社、家庭农场、涉农企业等新型农业经营主体数量和规模不断增长，对资金的需求日益旺盛。贷款保证保险通常不需要贷款人提供抵押或反担保，具有程序简单易操作、投保方便、成本合理等特点。开展涉农贷款保证保险试点工作有利于加强银保合作，充分发挥银行与保险公司联合优势，缓解涉农贷款融资难等问题，有利于金融机构提高业务创新能力和风险管理水平，对于促进我省金融服务“三农”创新发展具有重要的现实意义和示范作用。

二、基本原则

(一)政府引导。各地政府部门应对涉农贷款保证保险试点前期运作加强引导和政策支持，要把发展涉农贷款保证保险与发展农业保险及其他惠农政策有机结合起来，充分发挥政策的综合效应。

(二)市场运作。鼓励银行业金融机构加强产品创新、服务创新和合作机制创新，加大涉农贷款投放量，提高金融资源在“三农”领域的配置效率，并运用市场化手段和保险技术，有效转移涉农信贷风险。

(三)平等互利。充分尊重合作对象的利益诉求，平等协商，规范合作，严禁诱惑性、误导性、承诺性宣传，切实维护农村金融消费者合法权益。

(四)风险共担。金融机构开展涉农贷款保证保险业务要高度重视业务经营风险，建立风险共担机制，制定风险防范化解措施，保障稳健经营。

三、主要内容

(一)定向保障

涉农贷款保证保险试点工作以县(市、区)为单位开展。借款申请人须为在当地生产经营一年以上的种养大户、家庭农场、农民专业合作社和涉农企业，且已投保特定的农业保险。借款人为个人的，须已在当地连续居住 3 年以上，并具有固定住所；借款人为法人的，法人代表(或实际控制人)须承担无限担保责任，不得有欠缴税费、逃废债务等违法违规行为和不良记录。贷款资金只能用于生产性用途，不得用于消费及其他用途。

(二)风险分担

试点地区应建立保险公司、银行及政府风险共担机制，共同承担借款人贷款损失。风险分担比例由合作各方协商确定，其中通过保险承担的风险比例不低于70%。当试点地区保险公司协议年度支付赔款总额超过涉农贷款保证保险业务实收保险(无)费总额的150%时，不再承担赔付责任。

试点地区政府应设立涉农贷款保证保险风险补偿基金，用于承担政府风险分担比例部分贷款损失，以及超过保险公司协议年度涉农贷款保证保险业务实收保费总额 150%以上部分的赔付。银行、保险公司、政府(涉农贷款保证保险风险补偿基金)应建立相应的赔款划拨办法，并在保险合同中明确保险赔款扣划的相应内容。一旦发生贷款损失，保险公司、涉农贷款保证保险风险补偿基金应及时按合同约定进行赔付。鼓励各省辖市政府设立专项资金对所辖试点地区涉农贷款保证保险风险补偿基金进行配套补充，支持试点工作的顺利开展。

(三)融资成本

借款人融资总成本由银行贷款利息和保证保险费组成：银行贷款利率最高不超过同期基准利率上浮30%的水平；保证保险年化费率不超过3%，承办金融机构可根据借款人实际风险与资信状况实行差别利率(费率)。鼓励各地政府通过财政贴息或保费补贴等方式，进一步降低借款人融资成本。

(四)承办金融机构

试点地区农业保险经办保险公司应承办涉农贷款保证保险业务，鼓励其他保险公司积极参与承办。鼓励各国有商业银行、股份制商业银行、城市商业银行和农村商业银行(农村信用合作社)充分利用涉农贷款保证保险，提高涉农贷款发放规模。

(五)贷款额度

为避免涉农贷款个体风险过度集中，对不同借款人单户贷款金额予以控制；农村种养大户、家庭农场单户贷款金额原则上不超过50万元；农民专业合作社、涉农企业单户贷款金额原则上不超过200万元。

四、风险管控和组织保障

(一)加强风险管控机制建设

承办银行和保险公司要建立联合风险管控机制，在借款人申请受理、贷前调查、分析决策、贷后跟踪管理、逾期催收、损失追偿等各个环节中，加强信息共享和工作配合。承办银行要全程严格把好贷款授信质量关，确保客户信息真实性及资金用途合理性，严控资金专款专用，绝不能因为有了保证保险而降低贷款发放标准，放松贷款质量与风险管控。当涉农贷款保证保险对应贷款逾期率达到10%时。承办金融机构可暂停开展此项业务；待风险处置化解完成后，可恢复开展业务。

(二)加强组织领导和宣传发动

试点地区政府金融管理部门应根据本意见要求，牵头建立相关部门联合工作机制，研究出台当地涉农贷款保证保险试点具体方案，并负责组织实施，确保试点工作取得实效。各市金融办要在每季度末将当地涉农贷款保证保险试点工作开展情况汇总后报省金融办。试点工作开展一年后，省金融办将会同有关部门对试点情况组织评估。承办金融机构要切实履行各项职责，在风险可控的基础上，简化业务办理手续，提高资信调查和业务办理效率；完善考核激励办法，调动基层机构和业务人员积极性，促进涉农贷款保证保险业务常态化、有序化开展。试点地区相关部门和承办金融机构要加大对涉农贷款保证保险试点的宣传力度，普及贷款保证保险知识，营造良好的舆论氛围，激发、引导农村种养大户、合作社和涉农企业等参保积极性和发展热情。

省金融办　江苏银监局　江苏保监局　省农委

2014年9月23日

附录二　2014年江苏省农村金融发展大事记

- ✧ 2013年12月26日，江苏省人民政府金融工作办公室印发《江苏省金融办关于农村小额贷款公司扶优限劣工作意见(暂行)》，为引导农村小额贷款公司合规经营，实现分类监管、扶优限劣提供依据，同时明确各类业务准入范围、监管与发展等事项。
- ✧ 2014年1月3日，江苏省财政厅印发《关于下达2014年第一批省级以上财政农机购置补贴资金的通知》(苏财农〔2014〕1号)，将2014年第一批省级以上财政农机购置补贴资金7.5亿元下达给各市、县财政局、农机主管部门，第一批省级以上资金可继续用于已购机补贴兑付。
- ✧ 2月14日，中国人民银行印发《关于做好家庭农场等新型农业经营主体金融服务的指导意见》(银发〔2014〕42号)，鼓励和引导银行业金融机构积极推动金融产品、利率、期限、额度、流程、风险控制等方面创新，合理调配信贷资源，扎实做好家庭农场、专业大户、农民合作社、农业产业化龙头企业等新型农业经营主体各项金融服务工作。
- ✧ 2月18日左右，中共江苏省委一号文件《中共江苏省委江苏省人民政府关于全面深化农村改革深入实施农业现代化工程的意见》，要求按照中央提出的稳定政策、改革创新、持续发展的总要求，全面深化农村改革，扎实推进农业现代化和城乡发展一体化，确保粮食等重要农产品有效供给，确保农民收入持续较快增长，巩固和发展农业农村好形势。
- ✧ 2月21日，印发《中国人民银行办公厅关于做好2013年度涉农和小微企业信贷政策导向效果评估有关事项的通知》(银办发〔2014〕36号)，从中小企业信贷政策导向效果评估平稳过渡到小微企业信贷政策导向效果评估，加强了评估工作的有效性和针对性，鼓励和引导金融机构着力改进和完善“三农”、小微企业金融服务。

✧ 2月28日，中国银监会办公厅印发《关于做好2014年农村金融服务工作的通知》(银监办发〔2014〕42号)，要求银行业金融机构认真贯彻落实中央农村工作会议和中央一号文件精神，持续改善农村金融服务，突出加大对现代农业发展的金融支持。

✧ 3月6日，中国人民银行农村信用社改革试点专项中央银行票据发行兑付考核评审委员会决定对山西省浮山县农村信用社兑付专项票据，额度为1570万元，至此，全国农村信用社专项票据兑付考核工作全面完成，资金支持政策全部落实到位。

✧ 3月6日，中国人民银行联合财政部、银监会、证监会、保监会、扶贫办和共青团中央发布《关于全面做好扶贫开发金融服务工作的指导意见》(银发〔2014〕65号)，要求加强协作，合理配置金融资源，创新金融产品和服务，完善金融基础设施，优化金融生态环境，积极发展农村普惠金融，着力支持贫困地区经济社会持续健康发展和贫困人口脱贫致富。

✧ 3月11日，中国人民银行印发《关于切实做好家禽业金融服务工作的通知》(银发〔2014〕69号)，针对H7N9流感疫情和家禽企业、养殖户的困难和资金需求，从保证正常生产经营的资金供应、灵活确定贷款期限和还款方式、合理确定贷款利率水平、建立金融服务应急机制、加大金融政策支持、加强政策协调配合等方面，提出有针对性的解决措施。

✧ 3月12日，江苏省政府办公厅印发《关于做好2014年全省农业保险工作的通知》(苏政办发〔2014〕21号)，要求以服务“三农”为宗旨，按照“稳定政策、改革创新、持续发展”的要求，坚持政府引导、市场运作、自主自愿、协同推进的原则，适应农村生产力和生产关系变化的新趋势，进一步巩固成果、总结经验、完善机制、提升服务。

✧ 3月13日，中国银监会公布《中国银监会农村中小金融机构行政许可事项实施办法》(银监办发〔2014〕42号)，规范银监会及其派出机构实施农村中小金融机构行政许可行为，明确行政许可事项、条件、程序和期限，保护申请人合法权益。

✧ 3月13日，江苏省财政厅发布《关于印发2014年中央财政现代农业项目申报指南的通知》(苏财农〔2014〕23号)，提出中央财政现代农业生产发展项目由各级财政部门牵头，会同相关主管部门组织申报，县(市)项目直接上报；市辖区项目由省辖市汇总上报；省直属单位项目由计划财务部门牵头组织报送等申报要求。

✧ 3月17日，江苏省财政厅印发《关于发布2014年度江苏省农业科技自主创新资金项目申报指南的通知》(苏财农〔2014〕24号)，加强设施农业等领域的研究，不断提高农业科技自主创新能力，加快推进农业科技进步，着力解决制约全省现代农业发展中的重大科技问题。

✧ 3月25日，中国保监会印发《保险业服务新型城镇化发展的指导意见》(保监发〔2014〕25号)，强调推动保险业更好地服务新型城镇化发展，同时要求健全农业保险服务体系，促进新型城镇化与农业现代化协调发展。

✧ 4月3日，中国人民银行南京分行印发《关于江苏省农村金融综合服务站推广建设工作的指导意见》(南银发〔2014〕34号)，要求以金融普惠制为切入点建立农村金融服务平台，以为农民提供优质便捷高效的金融服务、保护农村金融消费者合法权益为出发点和落脚点，建立一批农村金融综合服务站，构建覆盖乡村的基础金融服务供给网络。

✧ 4月9日，江苏省人民政府办公厅印发《江苏省政府办公厅关于加强金融环境整治防范化解金融风险的通知》(苏政办发〔2014〕30号)，要求通过充分认识防范化解金融风险的重要性、组织开展全省金融风险隐患摸底排查行动和集中开展全省金融生态环境专项整治行动等方式加强金融环境整治，防范化解金融风险。

✧ 4月17日，江苏省财政厅印发《关于下达2014年省级农业经营体系建设项目实施方案和资金的通知》(苏财农〔2014〕48号)，并随文印发省级农业经营体系建设项目实施方案，同时下达项目资金，要求编制项目实施方案、做好项目实施管理、严格项目资金管理和强化项目绩效管理。

✧ 4 月 22 日，中国人民银行决定从 4 月 25 日起下调县域农村商业银行人民币存款准备金率 2 个百分点，下调县域农村合作银行人民币存款准备金率 0.5 个百分点。

✧ 5 月 10 日，江苏省财政厅《关于下达 2014 年中央财政现代农业生产发展(第一批)项目资金的通知》(苏财农〔2014〕59 号)，将 2014 年中央财政现代农业生产发展(第一批)项目资金下达给各有关市、县(市)财政局与省各有关单位，并要求编制项目实施方案与加强项目跟踪管理。

✧ 5 月 26 日，在省十二届人大常委会第十次会议上提出《关于提升农村金融服务能力的议案审议结果的报告》，指出农村“贷款难”、“贷款贵”矛盾仍然突出，金融支持不足依然是制约农村发展的“瓶颈”，建议省政府及有关部门重点从总量保障、功能配套、管理有序、政策扶持四个方面进一步加强。

✧ 6 月 15 日，江苏省财政厅印发《关于下达 2014 年财政涉农补贴“一折通”工作经费补助的通知》(苏财农改办〔2014〕4 号)，明确了经费分配原则与经费开支范围，强调加强经费管理，实现财政资金兑付方式的重大改革，建立高效廉洁政府。

✧ 6 月 15 日，江苏省财政厅印发《关于下达 2014 年农村信用社(农村商业银行)涉农补贴代发工作经费补助的通知》(苏财农改办〔2014〕5 号)，对农村信用社(农村商业银行)在涉农补贴发放工作中业务量大、成本支出较高、业务系统负担较重等实际情况进行考虑，安排 500 万元工作经费专项用于对各地农村信用社(农村商业银行)涉农补贴代发工作的补助。

✧ 6 月 24 日，江苏省财政厅印发《关于做好 2014 年农业生产全程社会化服务工作的通知》(苏财农〔2014〕90 号)，财政部继续安排资金，开展农业生产全程社会化服务试点试点工作，为巩固试点成果，试点县一定两年，同时提出资金额度、时间跨度等要求。

✧ 6月24日，江苏省财政厅印发《江苏省财政厅关于下达2014年财政支农资金整合及改革创新奖励引导资金的通知》(苏财农〔2014〕92号)，财政支农资金整合及改革创新奖励引导资金下达给各市、县财政局。

✧ 6月27日，江苏省财政厅印发《江苏省财政厅关于下达2014年农业结构调整及社会化服务体系资金的通知》(苏财农〔2014〕119号)，将2014年农业结构调整及社会化服务体系资金下达给各相关市、县财政局、江苏省食品集团有限公司，支持我省农业产业结构调整及社会化服务体系建设。

✧ 7月22日，江苏省人民政府办公厅印发《省政府办公厅关于引导新型农村合作金融组织规范发展的通知》(苏政办发〔2014〕61号)，进一步引导新型农村合作金融组织规范发展，切实保护农民合法权益，解决部分未经审批从事资金互助活动的组织假借信用合作名义，非法吸收农民资金，转移投放非农产业，对当地经济金融秩序形成冲击等问题。

✧ 8月4日，江苏省财政厅印发《江苏省财政厅关于促进金融业创新发展的若干意见》(苏财金〔2014〕23号)，提出积极发挥财政政策、货币政策和产业政策的协同作用，促进我省金融业进一步创新发展，推进金融市场体系建设，引导金融业支持我省实体经济发展和经济转型升级。

✧ 8月11日，中国银监会办公厅印发《关于推进基础金融服务“村村通”的指导意见》(银监办发〔2014〕222号)，引导和鼓励银行业金融机构向行政村延伸基础金融服务，深入推进农村地区普惠金融发展。

✧ 8月27日，为贯彻落实国务院常务会议关于“加大支农、支小再贷款和再贴现力度”的要求，提高金融服务“三农”等国民经济薄弱环节的能力，中国人民银行对部分分支行增加支农再贷款额度200亿元，引导农村金融机构扩大涉农信贷投放，促进降低“三农”融资成本。

✧ 8月28日，农业部和保监会在四川成都联合召开保险支持畜牧业发展经验交流会，共同研究部署畜牧业保险工作。会议强调加快发展畜牧业保险，从而减轻畜牧业灾害损失、促进农牧民增收、完善政府调控手段。

✧ 9 月 23 日，江苏省金融工作办公室印发《关于开展涉农贷款保证保险试点工作促进涉农信贷增长的意见》(苏金融办发〔2014〕62 号)，提出开展涉农贷款保证保险试点工作有利于加强银保合作，充分发挥银行与保险公司联合优势，缓解涉农贷款融资难等问题，有利于金融机构提高业务创新能力和风险管理水平，对于促进我省金融服务“三农”创新发展具有重要的现实意义和示范作用。

✧ 10 月 25 日，由证监会和农业部共同主办的第三届风险管理与农业发展研讨会在青岛召开，研讨会以“农产品价格与农业风险管理体系构建”为主题，探讨农业现代化面临的主要问题及解决对策，解读农业政策变化及影响，讨论如何综合发挥信贷、保险、期货等各类金融工具的优势，构建现代农村金融体系和农业风险管理体系。

✧ 11 月 19 日，江苏省财政依据各地申报促进金融业创新发展引导资金情况，审核兑现了奖补政策，共兑现奖补资金 7.52 亿元，惠及 868 家金融机构，对于支持省内金融机构做大做强，引导金融业支持我省实体经济发展和经济转型升级发挥了重要作用。

✧ 11 月 21 日，中国农业保险再保险共同体成立大会在北京召开，24 家农共体发起公司共同签署了《中国农业保险再保险共同体章程》，审议通过了农共体相关规章制度，并推选中国人民财产保险股份有限公司作为农共体成员大会第一届轮值主席，明确中国财产再保险有限责任公司作为农共体管理机构。

✧ 11 月 24 日，中国银监会印发《关于鼓励和引导民间资本参与农村信用社产权改革工作的通知》(银监发〔2014〕45 号)，要求进一步扩大农村信用社向民间资本的开放力度以鼓励、引导和扩大民间资本进入银行业，深入推进农村信用社产权改革，全面提升农村信用社“三农”服务能力与水平。

✧ 12月12号，中国银监会印发《关于进一步促进村镇银行健康发展的指导意见》(银监发〔2014〕46号)，就促进村镇银行发展有关事项提出相关意见，从而进一步健全农村金融服务体系，加快推动村镇银行本地化、民营化和专业化发展，加强“三农”和小微企业金融服务工作。